Learn By **Doing** Learn By **Gaming** Learn By **Accelerating**

경영시뮬레이션게임

Biz-Master 매뉴얼

김상수 최은지

도서출판 청람

머리말

P·R·E·F·A·C·E

경영환경의 변화에 따라서 기업들은 단순한 경영지식만을 갖춘 인재가 아니라 현장의 문제를 해결할 수 있는 종합적인 문제해결과 의사결정 능력, 기업경영의 큰 틀을 이해할 수 있는 전략적 마인드, 팀으로 협업할 수 있는 협업 능력, 환경 변화에 대응할 수 있는 환경대응 능력, 창의적으로 문제를 해결할 수 있는 창의적 문제해결 능력 등을 갖춘 인재를 필요로 하고 있다. 그런데 전통적인 강의 중심의 교육으로는 이 같은 능력을 갖춘 인재를 육성하기가 쉽지 않다. 그래서 기업 현실과 유사한 상황을 설정해서 교육생들이 가상 기업을 경영하면서 다양한 경영 의사결정을 수행하고, 경영성과를 실시간으로 확인할 수 있는 교육 콘텐츠를 개발하기 시작하였는데, 이 같은 콘텐츠가 경영 시뮬레이션 게임(Business Simulation Game)이다.

저자는 경영분석 능력, 종합적 문제해결 능력, 전략적 마인드를 향상할 수 있는 경영 교육시뮬레이션 게임인 Biz-Master를 B2L Soft(사)와 공동으로 개발하였다. Biz-Master는 가상 기업을 경영하면서 기업 경영의 이해, 경영관리 능력 및 분석 능력, 의사결정 능력 및 문제해결 능력, 전략적 마인드, IT 활용 능력을 키울 수 있는 경영교육 전략 시뮬레이션 콘텐츠로서는 국내 최초로 특허를 취득하였다. Biz-Master는 한양대, 전남대, 동국대, 숭실대, 한기대 등과 같은 대학에서 학부 및 대학원 수업 도구로서 활용되고 있다. 또한 전경련 IMI, 포스코, S-Oil, 우리은행, 토지공사, 농촌공사, 동국제강 등과 같은 국내 유수의 기업에서 사원 및 관리자들의 인재육성 도구로 널리 활용되고 있다. 본 저서는 저자가 개발한 Biz-Master를 효과적으로 활용할 수 있도록 사용방법 및 교육방법을 설명한 책으로 2004년에 출판

한 책의 개정판이다.

Biz-Master를 개발하고, 이 책을 집필하는 데 있어서 많은 사람들의 노력과 정성이 들어 있다. BSG software을 개발하기 위해서는 경영전략, 마케팅, 생산, 재무 등 경영학의 여러 분야의 기능들을 하나의 시스템으로 설계하고 통합하는 기획과정, 기획된 콘텐츠를 software로 개발하는 과정, 개발된 소프트웨어를 활용해서 인재를 육성하는 과정 등이 필요하다. 저자의 짧은 지식과 능력으로서 이 모든 작업을 수행할 수 없기 때문에 지난 10년 동안 많은 사람들의 도움을 받았다.

먼저 BSG의 콘텐츠 설계 및 개발과정에 참여했던 연구실의 제자들인 강영구, 나종철, 유성희, 김태현, 황의종, 김형섭, 배용환, 권동환, 윤상웅, 이재원, 우창균 군의 도움 없이는 불가능하였다. 또한 게임 개발 초기 단계에서부터 simulation engine 개발과 프로그래밍을 책임져 준 최태영 사장의 헌신과 지혜가 없었으면 이 프로젝트는 완성할 수 없었다. 또한 웹프로그래밍과 웹사이트를 구축한 송호현 씨의 노력이 Biz-Master를 더욱 빛나게 하였다.

이들의 노력과 헌신을 기반으로 최근에는 박사 과정의 최은지 양, 석사 과정의 정대호 및 김영천 군의 연구와 노력을 통해 다양한 형태의 분석 도구들이 개발되고 있으며 다양한 형태의 연구들이 진행되고 있다. 특히 이번 개정판의 작업에 최은지 양이 큰 기여를 하였기 때문에 개정판의 공동 저자로 참여하게 되었다. 최은지 양은 석사 학위 논문으로 경영 시뮬레이션 게임의 교육 효과에 관한 연구를 진행하였고, 이에 관한 다양한 종류의 연구를 진행하고 있다. 향후 이 분야에 능력있는 전문가로서 성장했으면 하는 바람이다.

또한 남들이 가지 않는 길을 가면서 남들이 하지 않은 일을 하고 있는 멍청한 남편을 묵묵히 지켜봐 주고 힘을 준 나의 아내 은정 씨에게 감사의 마음을 전하고 싶다. 저자는 지난 10년 동안 경영 교육 시뮬레이션 게임(Biz-Master)과 창의적 문제해결 포털 사이트(Biz-Solver, www.bizsolver.co.kr)를 개발하고 있는데 이같은 일을 할 수 있는 힘은 아내의 사랑과 헌신이다. 또한 대학 졸업을 앞두고 사회 진출에 고민을 하고 있는 든든한 큰 딸 지연, 항상 하고자 하는 것이 많고 모든 것에 호기심이 많지만 대학 입시에 고민 중인 둘째 딸 지은에게 아빠의 마음을 전하고 싶다. 또한 우리 가족, 네 식구에 대해서 끝없는 사랑과 애정을 주시고 계시는 부모님과 장모님에게도 다시 한번 머리 숙여 감사의 말씀을 드리고자 한다.

마지막으로 Biz-Master를 활용하는 고객들에게 감사의 말씀을 드리고 싶다. 강의 시간에 열심히 하는 것도 중요하지만 잘하는 것이 더 중요하다고 주장해 온 나로서는 Biz-Master와 이 책이 의미 있는 작품인지에 대해서는 많은 의구심과 부끄러움이 들지만 다시 한번 독자의 넓은 이해를 구하고 싶다.

2009년 뜨거운 여름

한양대학교 안산 캠퍼스 경영학부 연구실

차 례

C·O·N·T·E·N·T·S

제1장 Biz-Master의 이해

제2장 Biz-Master의 의사결정

제6장 Biz-Master를 활용한 경영교육

표 목차

그림 목차

제 1 장

Biz-Master의 이해

1. 경영 시뮬레이션 게임의 이해
2. Biz-Master의 이해
3. Biz-Master의 진행방법

요 약

■ 본 장은 경영 시뮬레이션 게임의 정의와 장점 등을 소개하고 경영 시뮬레이션 게임 기법의 콘텐츠인 Biz-Master의 이해, Biz-Master의 교육 진행방법에 대해 설명하고 있다.

1. 경영 시뮬레이션 게임의 이해

경영 시뮬레이션 게임의 정의와 장점, 경영 시뮬레이션 게임의 발전 과정과 종류에 대해 설명하고 있다.

2. Biz-Master의 이해

경영 시뮬레이션 게임인 Biz-Master의 교육목표와 특징, Biz-Master의 시나리오, 가상기업의 현황에 대해 간단하게 설명하고 있다.

3. Biz-Master의 진행방법

Biz-Master의 경영교육은 준비단계, 경영단계, 평가단계의 3단계를 통해서 진행되며, 각 단계의 진행방법을 설명하고 있다.

1. 경영 시뮬레이션 게임의 이해

1.1 경영 시뮬레이션 게임의 정의와 장점

(1) 경영 시뮬레이션 게임의 정의

- 경영 시뮬레이션 게임(Business Simulation Game)이란 실제 기업현실과 유사한 가상상황 속에서 교육생들이 가상기업을 경영하면서 경영지식을 학습하고, 경영분석 및 관리능력, 종합적인 경영마인드를 향상할 수 있는 체험중심의 교육콘텐츠이다. 경영 시뮬레이션 게임은 현실과 유사한 가상환경, 가상기업을 직접 경영해 보는 롤플레잉, 다양한 경영 의사결정에 대한 시뮬레이션, 타 팀과의 경쟁, 경영성과의 실시간 확인 등의 특징을 갖춘 새로운 개념의 교육콘텐츠이다. 경영 시뮬레이션 게임은 경영 모의 게임, 모의 경영 게임, 경영 전략 게임, 가상 경영 게임 등의 다양한 이름으로 불리우고 있다.

- 현재 많은 기업과 대학에서 경영 시뮬레이션 게임을 인재 육성의 도구로 널리 활용하고 있는데, 그 이유는 경영 시뮬레이션 게임 기반의 교육이 가지고 있는 교육효과 때문이다. 경영환경의 변화에 따라서 기업들은 단순한 경영 지식만을 갖춘 인재가 아니라 현장의 문제를 해결할 수 있는 종합적인 문제해결과 의사결정 능력, 기업경영의 큰 틀을 이해할 수 있는 전략적 마인드, 팀으로 협업할 수 있는 협업능력, 환경 변화에 대응할 수 있는 환경대응 능력, 창의적으로 문제를 해결할 수 있는 창의적 문제해결 능력 등을 갖춘 인재를 필요로 하고 있다. 그런데 전통적인 강의 중심의 교육으로는 이 같은 능력을 갖춘 인재를 육성하기가 쉽지 않다. 그래서 기업 현실과 유사한 상황을 설정해서 교육생들이 가상기업을 경영하면서 다양한 경영 의사결정을 수행하고, 경영성과를 실시간으

로 확인할 수 있는 교육콘텐츠를 개발하기 시작하였는데, 이 같은 콘텐츠가 경영 시뮬레이션 게임이다.

- 경영 시뮬레이션 게임의 교육효과는 여러 연구들에서 실증적으로 입증되고 있다(Nulsen(1996), Fripp(1997), Wolfe(1998), Faria(2005), 김상수(2008)). 경영 시뮬레이션 게임을 활용한 경영교육은 기업경영의 이해, 전략적 마인드와 전략 기획 능력의 향상, 학습에 대한 동기부여와 흥미 유발, 경영지식의 학습, 경영분석 능력 향상, 종합적 경영관리 능력 향상, 의사결정과 문제해결 능력 향상, 팀원 간 의사소통 및 팀워크의 활성화 등의 측면에서 효과가 있는 것으로 입증되었다.

- 현재 경영전략, 마케팅, 생산, 재무, 인사조직, 회계, IT, 기술개발 등 여러 분야에서 다양한 종류의 경영 시뮬레이션 게임이 개발되고 있고, 산업별로 다양한 종류의 경영 교육 게임들이 개발되고 있다. 한 보고서에 의하면 외국에서는 200여 종의 경영 시뮬레이션 게임이 개발되어서, AACSB의 인증을 받은 대학의 95%가 한 종류 이상의 경영 시뮬레이션 게임을 경영교육에 활용하고 있다고 조사되었다. 또한 대기업의 65.2%가 경영 시뮬레이션 게임을 직원 교육훈련 도구로서 활용하고 있다. 반면에 국내의 대학과 기업에서는 경영 시뮬레이션 게임이 경영교육의 도구로서 널리 활용되지 못하고 있다. 그 이유는 국내 기업 현실에 맞는 다양한 경영 시뮬레이션 게임이 개발되지 못하고 있고, 경영 시뮬레이션 게임을 활용한 체계적인 교육방법을 잘 모르기 때문이다. 뿐만 아니라 국내 대학과 기업에서 경영 시뮬레이션 게임을 교육할 수 있는 교육 과정이 부족하

그림 1-1 경영 시뮬레이션 게임의 개념

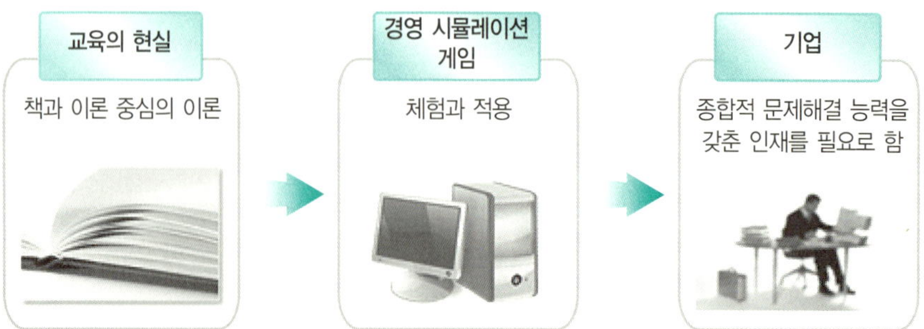

기 때문에 경영 시뮬레이션 게임을 활용하는 데 제한적이다.

(2) 경영 시뮬레이션 게임 기반 교육의 장점

- 기존의 강의 및 사례분석 중심의 교육에 비해서 경영 시뮬레이션 게임을 기반으로 하는 교육은 다음과 같은 장점을 가지고 있다.

1) 문제점과 의사결정(Problem solving and decision making)

실제 환경과 유사한 상황 속에서 기업을 경영하기 때문에 의사결정과 문제해결의 중요성을 알게 된다.

2) 경영성과책임(Financial responsibility)

경영 의사결정의 결과가 즉시 경영성과로 나타나기 때문에 경영성과에 대한 책임을 느끼게 된다.

3) 경영분석의 일상화(Routine)

가상기업을 경영하면서 경영지식과 기법을 자연스럽고 쉽게 학습할 수 있고, 반복학습을 통해 일상화되어진다.

4) 가중학습(Accelerated learning)

가상기업을 분기별로 경영하면서 학습이 가중되고 자연스럽게 학습능력이 커진다.

5) 경영의 큰 그림(Big picture)

가상기업을 경영하기 위해서는 기업경영의 모든 영역을 함께 고려해야 하기 때문에 기업경영의 큰 그림을 보게 된다.

6) 전략적 마인드(Strategic mind)

경영환경의 변화와 경쟁사의 변화에 따라서 기업을 경영해야 하기 때문에 환경 변화에 대처할 수 있는 전략적 사고를 갖게 된다.

7) 미래지향적 사고(Forward thinking)

과거의 의사결정이 현재에 영향을 주고, 현재의 의사결정이 미래에 영향을 주는 것을 경험하면서 어제, 오늘, 내일 간의 관계를 통해서 기업의 미래를 보게 한다.

8) 경쟁의 마인드(Competitiveness)

경쟁 회사와 경쟁을 하면서 강력한 player가 되기 위한 경쟁의 중요성을 느끼게 되고, 경쟁의 방법을 찾을 수 있다.

9) 학제 간 통합(Inter disciplines)

기업을 경영하기 위해서는 경제, 전략, 마케팅, 생산, 재무, 인사, 기술 개발 등 여러 기능들이 통합적으로 관리되어야 하기 때문에 기능 간 및 지식 간의 통합의 필요성을 알게 한다.

10) 팀워크와 지식공유(Team work & Knowledge sharing)

대부분의 경영 시뮬레이션 게임은 혼자가 아닌 팀으로 진행되기 때문에 팀워크와 지식공유의 중요성을 이해하게 된다.

11) 리더십(Leadership)

가상기업을 경영하면서 기업의 임원 및 CEO의 역할을 직접 체험할 수 있기 때문에 리더십의 중요성을 알게 된다.

12) 경험(Experience)

교육생이 가상기업을 경영하고, 의사결정을 수행하고, 경영성과를 직접 경험하기 때문에 학습효과가 오래 지속된다.

그림 1-2 경영 시뮬레이션 게임 교육의 장점

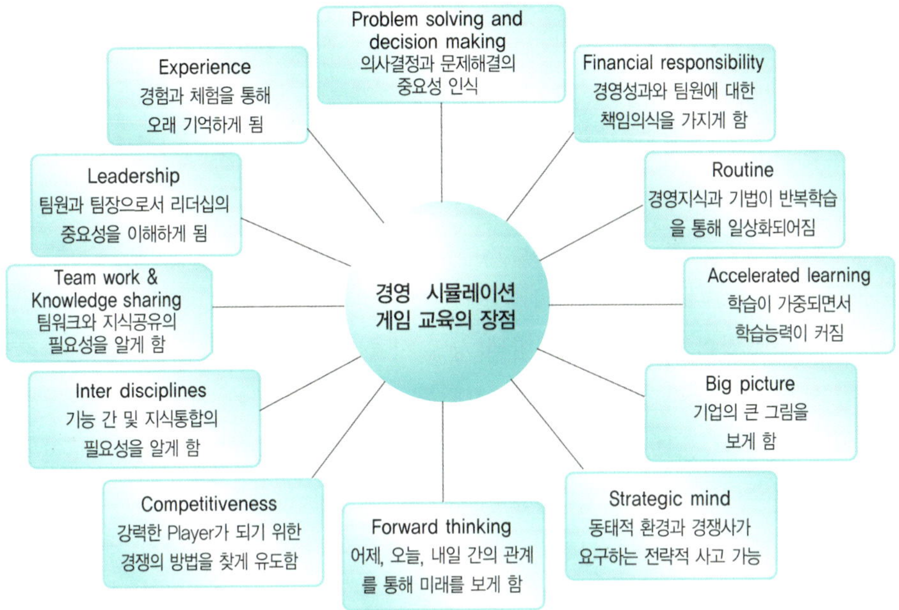

1.2 경영 시뮬레이션 게임의 발전 과정과 종류

(1) 경영 시뮬레이션 게임의 발전 과정

- 경영 시뮬레이션 게임은 크게 세 단계 과정을 거쳐서 발전해 왔다.

1) 태동기 1980년대

1980년대부터 미국과 유럽의 경영학과 교수들이 경영교육의 보조수단으로서 경영 시뮬레이션 게임을 개발하기 시작하였다. 이 당시에 활용된 개발 도구는 Basic이라는 프로그램 언어와 Lotus 123라는 스프레드시트(spreadsheet)를 활용한 형태인데, 초보적인 단계이지만 경영교육 도구로서 그 가치에 많은 관심을 가지게 되었다.

2) 발아기 1990년대

1990년대 초부터 경영전략, 마케팅, 생산, 재무 등 경영학의 여러 분야의 경영 시뮬레이션 게임이 개발되기 시작하였고, 동시에 정규 교육과정에 경영 시뮬레이션 게임이 활용되기 시작하였다. 동시에 오락용 경영 시뮬레이션 게임이 개발되기 시작하였고, 주로 PC 기반의 경영 시뮬레이션 게임이 개발되기 시작하였으며, 대표적인 게임이 capitalism과 같은 콘텐츠이다.

3) 성장기 2000년대

2000년대에 접어들면서 Web기반의 경영 시뮬레이션 게임이 등장하면서 시간과 장소를 벗어나서 온라인으로 교육을 진행할 수 있었다. 또한 기업의 현실을 반영한 다양한 종류의 경영 교육용 시뮬레이션 콘텐츠가 개발되기 시작하였고, 이용자의 편의성을 중요시하게 되었다. 뿐만 아니라 다양한 종류의 오락용 경영 시뮬레이션 게임들이 활성화되면서 일부 대학에서 오락용 경영 시뮬레이션 게임을 경영교육에 적용하기 시작하는 시점이기도 하다.

그림 1-3 경영 시뮬레이션 게임의 발전 과정

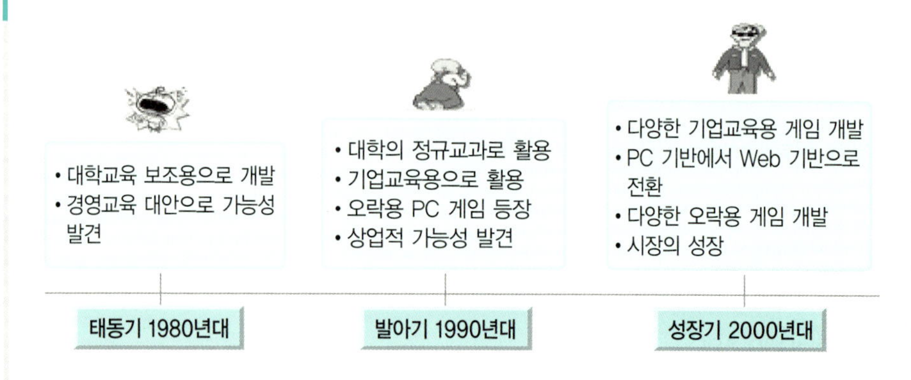

(2) 경영 시뮬레이션 게임의 종류

- 경영 시뮬레이션 게임은 기술적 측면에서 네 종류로 분류할 수 있다.

1) 보드 게임(Board Game) 형태

오프라인에서 직접 사람들이 모여서 실물 도구를 가지고 진행하는 체험 학습 형태로서 단순하면서 체험 효과는 좋은 반면에 교육 효과가 높지 않다는 단점을 가지고 있다.

예 : Countdown, NeonBuzz, 환상의 섬 등

2) PC 게임 형태

PC에 소프트웨어를 설치해서 진행되는 PC 게임 형태로서 모든 교육생이 한 장소에 모여서 진행해야 하며, 혼자 진행하기는 좋은 반면에 팀 단위로 진행하기에는 불편하다는 단점을 가지고 있다.

예 : Business Policy Game, Bus Sim, Man Sims 등

3) Web-based 게임 형태

Web상에서의 게임을 진행하는 방식으로 시간과 공간을 넘어서 교육을 진행하는 형태로서 가장 보편적인 게임 형태로 자리 잡고 있는 상황이다.

예 : Biz-Master, Marketplace, 게임으로 배우는 재무/회계 시뮬레이션 등

4) MMORPG 형태

대규모 다중 사용자가 인터넷을 통해 같은 가상공간에서 역할을 수행하는 형태로서 주로 오락용 경영 시뮬레이션 게임에서 개발된 방법이다.

예 : 군주, 거상

- 또한 경영 시뮬레이션 게임은 게임의 영역에 따라서 기업 경영 전체를 포함한 종합 경영 및 경영 전략 게임과 경영기능별로 특화된 재무, 회계/경제, 마케팅, 운영, 인사조직, R&D, IT, 프로젝트 관리 등의 세부 영역별 게임으로 나누어진다.

표 1-1 경영 시뮬레이션 게임의 종류

게임 유형		게임 명
Total Enterprise Simulation Game	종합경영/ 경영 전략	Airline Simulation, Biz-Master, BIZ SIMS, Business Policy Game, Business Strategy Game, Competitive Advantage, GLO-Bus Strategy Simulation, It's Your Business, Global Breakethrough, Lavamind, PHOENIX, SKMG, Venture Tycoon, Virtual Management, Wharton Business Game 경영 전략 시뮬레이션, 게임으로 배우는 전략적 의사결정, 국제 경영 모의게임, 맥스 문제해결 과정 등
Functional Simulation Game	재무, 회계/ 경제	Insurance Simulation Game, Management Accounting Simulation, Price Strategy Simulation, SIMCITY, Stock Market Simulation Game, Wall Street Raider, Winecon, Zodiak, 게임으로 배우는 재무/회계 시뮬레이션, 게임으로 배우는 회계, 게임으로 배우는 원가 마인드 등
	마케팅	Brand Management Simulation, Hitmass, Marketplace (Family of Marketing Simulaion Game), Markstart, MARS Maketing Simultaion, PDA SIM 등
	운영	Operation Managemet, Root Beer Game Supply Chain Simulation, Service Quality Simulation 등
	인사조직	Everest Leadership Simulation, Global Leadership, IMPACT, Leadership-in Action Project Management Simulation, Moasic, Neon Buzz, 환성의 섬 등
	R&D	Bike Sim, Car Sim, Innovation and Technology Strategy, Suspension Sim, Truck Sim 등
	IT/ 프로젝트 관리	Bespoke Simulations, CIO Simulator, Countdown, Mckinely IT Pro Simulation, ITSM(IT Service Management) Simulation, PM(Project Management) Simulation, Polstar 20000 Simulation, 프로젝트 리더십 시뮬레이션 등

2. Biz-Master의 이해

2.1 Biz-Master의 교육목표와 특징

- Biz-Master는 국내 기업의 경영 현실을 반영해서 경영전략, 마케팅, 생산, 재무의 종합적인 경영관리 능력을 향상시킬 수 있도록 개발된 Web 기반의 경영 교육용 시뮬레이션 게임으로서 ㈜B2L Soft(www.b2lsoft.co.kr)와 한양대학교의 김상수 교수와 산학협동으로 개발되었다. Biz-Master는 국내 최초로 경영 시뮬레이션 게임 영역에서 특허를 취득하였다. 현재 Biz-Master는 국내의 많은 기업과 대학에서 인재육성 및 경영교육의 도구로 널리 활용되고 있다.

(1) Biz-Master의 교육목표

- Biz-Master를 활용해서 달성하고자 하는 교육목표는 크게 4개 영역으로 나누어 질 수 있다.

1) 기업 경영의 이해

- 경영의 큰 그림과 경영프로세스를 이해하고 경영기능 간의 연계성을 이해, 팀워크의 중요성을 이해하는 것을 교육목표로 한다.

2) 경영관리 능력의 향상

- 경영관리 기법의 활용능력 향상, 경영분석 능력의 향상, 종합적 경영관리 능력의 향상을 교육목표로 한다.

그림 1-4 Biz-Master의 교육목표

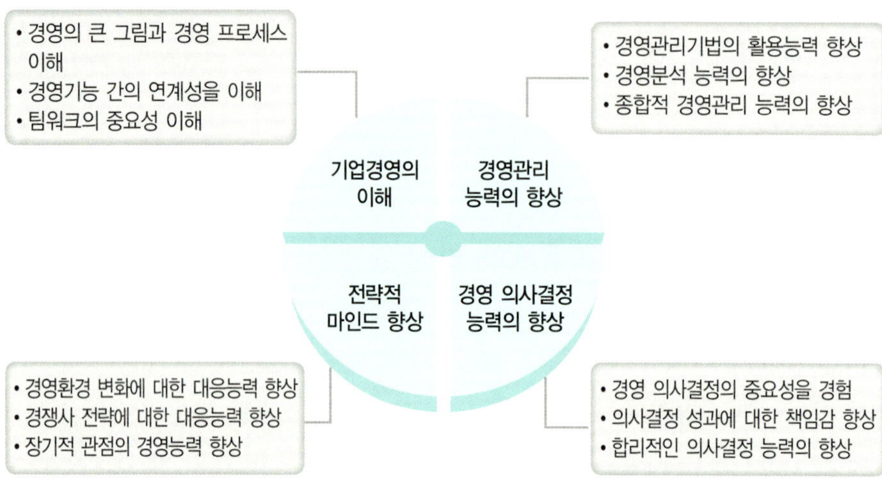

3) 경영 의사결정 능력의 향상

- 경영 의사결정의 중요성을 경험, 의사결정 성과에 대한 책임감 향상, 합리적인 의사결정 능력의 향상을 교육목표로 한다.

4) 전략적 마인드 향상

- 경영환경 변화에 대한 대응능력 향상, 경쟁사 전략에 대한 대응능력 향상, 장기적 관점의 경영능력 향상을 교육목표로 한다.

그림 1-5 Biz-Master의 교육과정

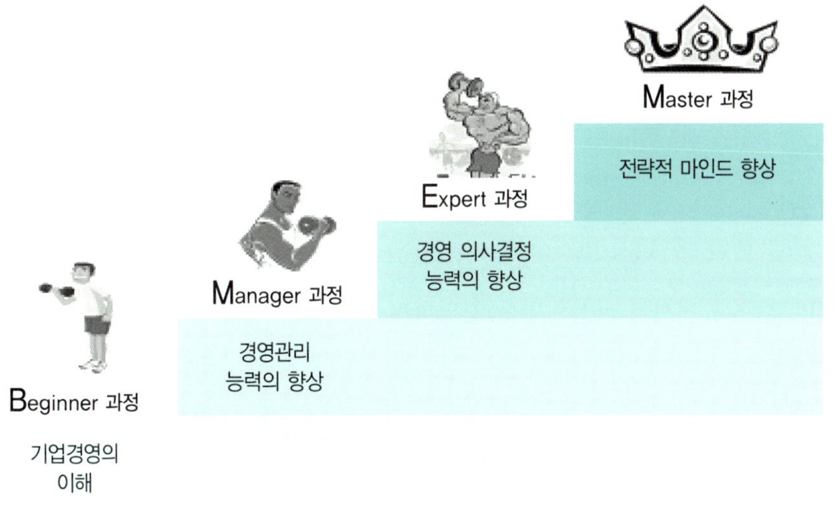

- Biz-Master의 교육은 [그림 1-5]와 같이 난이도에 따라 4단계로 나누어서 진행할 수 있으며, 단계별 학습 목표는 [그림 1-6]에 정리되어 있다.

그림 1-6 Biz-Master의 단계별 학습목표

Beginner 과정	Manager 과정	Expert 과정	Master 과정
1. 경영 프로세스의 이해 2. 기능 간 연계 과정 이해 3. 기본적 경영지식의 이해 4. 경영목표와 전략수립 능력 향상 5. 경제환경 분석능력 6. 목표판매량 예측능력 향상 7. 생산과 마케팅 관계 분석 8. 재무제표의 이해 9. 손익계산서 추정능력 향상 10. 팀워크와 협업능력 향상	1. 경영기능의 관리 능력 향상 2. 경영성과 분석능력 향상 3. 경쟁사분석 능력 향상 4. 핵심성과지표 관리 능력 향상 5. 마케팅원가원가 관리 능력 향상 6. 생산원가 관리능력 향상 7. 현금흐름표 추정능력 향상 8. 커뮤니케이션 능력 향상 9. 경영의사결정 능력 향상 10. Excel 분석 능력 향상	1. 환경 변화에의 대처 능력 향상 2. 전략적 마인드 향상 3. 기업경영 책임 능력 향상 4. 균형성과지표 관리 능력 향상 5. 시장별 수익성 분석 6. 생산능력 경제성 분석 7. 대차대조표 수립능력 향상 8. 논리성 능력 향상 9. 지식공유 능력 향상 10. 의사결정 속도	1. 장기적 비전 수립 능력 향상 2. 동태적 환경에의 대응 능력 향상 3. 종합적 경영마인드 향상 4. 마케팅 탄력성 분석 능력 향상 5. 손익분기 분석능력 향상 6. 재무비율 및 관리 능력 향상 7. 리더십 강화

(2) Biz-Master 교육의 특징

- 전통적인 강의 중심의 교육에 비해서 Biz-Master 기반의 경영교육이 가지고 있는 특징은 다음과 같다.

1) Biz-Master는 경영 종합 게임(경제, 전략, 마케팅, 운영, 재무)으로서 기업경영의 큰 흐름을 이해하고, 종합적인 관리능력을 향상할 수 있다.
2) Biz-Master에서는 가상기업을 경영하면서 전략, 수요예측, 마케팅, 생산, 재무기능의 연결고리를 이해하게 됨으로써 타 부서에 대한 이해도가 높아진다.
3) Biz-Master는 단순한 흥미 및 팀워크 중심의 게임이 아니라 탄탄한 이론에 근거한 게임으로서 교육효과가 높다.
4) Biz-Master는 국내 경제환경 및 경영활동과 유사한 게임으로서 교육 후 기업 현장에서 업무적용 능력을 향상할 수 있다.
5) Biz-Master는 온라인 기반의 콘텐츠로서 의사결정의 결과를 즉시 확인할 수 있기 때문에 의사결정의 중요성을 체험하고, 다양한 상황에 대한 대처 능력을 향상할 수 있다.
6) Biz-Master에서는 경영목표 및 전략수립, 경영분석과 의사결정, 경영성과 확인 및 피드백까지 경영의 모든 과정을 체험할 수 있다.
7) Biz-Master에서는 교육 단계별로 학습이 가중되면서 자연스럽게 경영지식과 경영기법의 학습효과가 크게 향상하게 된다.
8) Biz-Master에서는 전략, 마케팅, 생산, 재무의 16종의 경영 미션과 분석도구를 활용하면서 경영분석 및 관리능력을 크게 향상할 수 있다.
9) Biz-Master에서는 경영환경 변화 및 경쟁사의 전략에 대응하면서 기업경영의 어려움을 경험하고, 이를 통해 전략적 마인드를 향상할 수 있다.
10) Biz-Master에서는 가상기업을 팀으로 경영하면서 팀워크, 팀원 간의 의사소통 능력, 리더십 능력이 크게 향상된다.
11) Biz-Master에서는 교육생이 경영자의 역할을 수행하면서 다른 팀과의 경쟁을 하기 때문에 학습에 대한 흥미와 몰입도가 자연스럽게 높아진다.
12) Biz-Master는 가상기업을 경영하는 동안에 경영지식의 부족, 경영관리 능력의

부족, 종합적이고 전략적 마인드 부족 등을 경험하면서 자기개발의 필요성을 느끼고 발전의 계기가 될 수 있다.

2.2 Biz-Master의 시나리오

(1) 경영진의 역할

- Biz-Master 게임에서 교육생들은 2013년 1분기부터 가상기업을 경영하는 경영진의 역할을 수행하게 된다. 교육생이 경영하는 가상기업은 2010년 1분기에 설립한 회사로서 3년간(2010년~2012년)의 business history를 가지고 있는 기업으로 분기 단위로 경영하게 된다.
- 각 팀의 경영진은 4~6명으로 구성되며, 경영진은 CEO, 마케팅, 생산, 재무이사의 역할을 수행하게 된다. 팀별로 CEO는 반드시 1명, 다른 이사 역할은 2명 이상 배정할 수 있다.

(2) 가상기업의 경쟁환경

- Biz-Master에서 각 팀이 생산 · 판매하는 제품은 소비 내구재 제품으로 각 팀별로 모두 동일한 제품을 생산하고 판매하게 된다.
- 각 팀은 한국에 본사를 두고 한국, 미국, 중국 시장의 세 영업지점에서 독립적으로 마케팅 활동을 수행하고 경쟁하게 된다. 각 팀의 판매량은 각 시장의 경제환경, 계절요인, 경쟁사 의사결정, 자사 의사결정에 의해서 결정된다.
- 각 팀이 경쟁하는 한국, 미국, 중국 시장은 한정된 시장규모를 각 팀이 뺏고 뺏는 제로 섬 게임이 아니라 각 팀이 경영을 잘하면 전체 시장이 커질 수도 있는 환경이다. 따라서 각 팀의 의사결정이 다른 팀의 경영 성과에 영향을 주지만 100% 제한된 시장이 아니라 각 팀의 경영 의사결정이 우수하면 전체 시장이 커질 수 있음을 유의해야 한다.

그림 1-7 Biz-Master의 개요

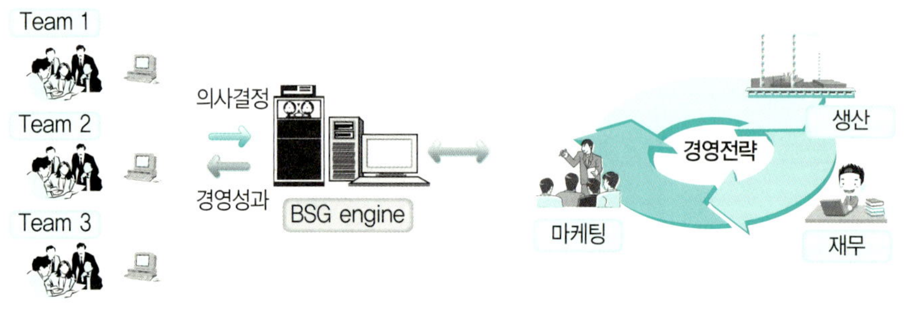

2.3 Biz-Master의 가상기업 현황

(1) 가상기업의 현황

- Biz-Master에서 경영하게 되는 가상기업의 3년간 경영성과(매출액, 순이익, 주가 등)는 각 팀별로 모두 동일하며 3년간의 의사결정(가격, 광고비 등…)과 경영하는 시점, 경영자원 모두 동일하다.
- 각 영업지점은 한국 공장에 제품을 주문하고, 한국 공장에서 생산된 제품을 구매해서 판매하게 된다.
- 각 영업지점은 원화, 달러화, 위안화를 사용하기 때문에 환율을 고려해야 한다. 세 영업지점의 매출액 및 비용은 모두 한국 본사의 재무제표로 반영된다.

그림 1-8 가상기업의 현황

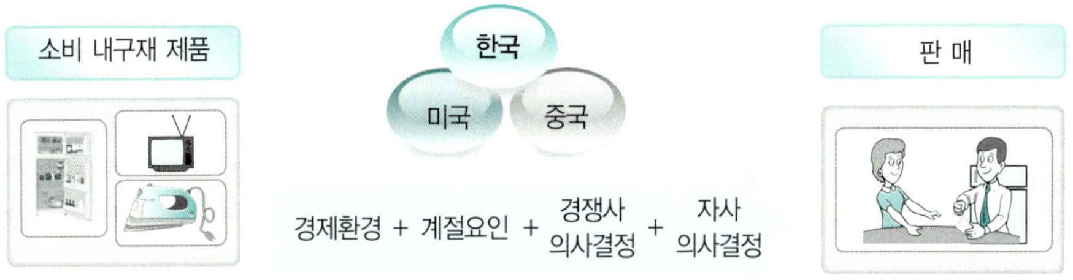

(2) 마케팅부서의 현황

1) 제품의 판매방식

- 한국, 미국, 중국의 세 영업지점에서는 각 시장의 판매량을 수요 예측하고, 목표 판매량을 결정한 다음에, 이를 판매하기 위한 마케팅 전략을 수립해야 한다. 각 영업지점의 마케팅 전략은 제품모델 번호, 주문량, 판매가격, 광고비, 영업사원 수, 영업사원의 기본급, 영업사원 수당의 7개의 마케팅 믹스 의사결정으로 구성된다.
- 각 영업지점의 판매량은 경제상황, 경쟁사 마케팅 믹스, 자사 마케팅 믹스 등에 의해서 게임의 엔진에서 자동으로 결정된다.
- 각 영업지점에서 판매하고자 하는 양을 한국 공장에 주문하면 공장에서는 제품을 생산해서 영업지점에 공급해 준다. 세 영업지점은 공장에서 공급받은 양(구매량)과 분기 초 재고량을 가지고 소비자에게 제품을 판매하게 된다.

2) 영업지점과 공장 간의 주문량과 구매량

- 각 영업지점은 판매에 필요한 양을 한국 공장에 주문하고 한국 공장은 영업지점의 주문량을 고려해서 생산계획을 수립하게 된다.
- 이때 공장의 생산량이 영업지점의 주문량보다 부족하면 주문량이 모두 구매되지 못하고, 영업지점의 주문량의 비율에 따라서 지점들의 구매량이 결정된다. 반면에 공장의 생산량이 영업지점의 주문량보다 많으면 미국과 중국 지점에서

는 주문량만큼 구매가 되고, 초과 생산량은 모두 한국 영업지점의 구매량으로 결정됨을 주의해야 한다. 따라서 마케팅부서와 생산부서의 협업이 원활하지 못하면 판매하고자 하는 제품의 양이 생산되지 못하거나 혹은 원하지 않는 초과 재고가 발생하게 됨을 유의해야 한다.

3) 영업지점의 현황

- 한국, 미국, 중국의 영업지점에서는 시장수요 및 경쟁사 동향, 자사 상황을 분석해서 판매량과 이익을 극대화할 수 있도록 제품모델 번호, 주문량, 제품의 가격, 광고비, 영업사원 수, 영업사원의 기본급 및 수당을 결정해야 한다. 각 팀이 생산 · 판매하는 제품의 모델번호는 3번이고, 영업지점별 제품가격과 광고비는 2012년 4분기 기준으로 다음과 같다.

표 1-2 영업지점별 제품가격 및 광고비

(2012년 4분기)

	제품가격	광고비
한국(원)	110,000	600,000,000
미국(달러)	110	300,000
중국(위안)	750	3,000,000

- 각 영업지점에서 필요한 영업사원을 유지하기 위해서 영업사원을 해고하거나 채용할 수 있다. 채용된 영업사원은 한 분기 동안 교육훈련을 받고, 다음 분기부터 영업을 시작하고, 해고된 영업사원은 지난 분기의 기본급을 퇴직금으로 받고 즉시 해고된다. 영업사원의 임금은 영업사원의 판매량에 많은 영향을 주는데, 영업사원의 임금은 판매실적에 관계없이 받는 기본급과 판매실적에 따라서 받는 수당으로 구성된다. 한국, 미국, 중국의 영업지점의 영업사원 수, 기본급, 수당, 신규 영업사원 교육훈련비는 2012년 4분기 기준으로 다음과 같다.

| 표 1-3 | 영업사원의 현황

	영업사원 수	기본급	수당	교육훈련비
한국	80	4,000,000	3,000	500,000
미국	40	4,000	3.00	500
중국	40	20,000	15.00	2,300

- 영업지점의 유지비와 영업지점 임원 및 분기당 스탭의 인건비는 2012년 4분기 기준으로 다음과 같다.

| 표 1-4 | 영업지점별 유지비 및 임원 및 스탭 인건비

	영업지점 유지비	임원 및 스탭 인건비
한국(원)	100,000,000	100,000,000
미국(달러)	100,000	100,000
중국(위안)	470,000	450,000

(3) 생산부서의 현황

1) 생산방식

- 생산부서는 각 영업지점이 필요한 주문량을 생산하기 위한 생산계획을 수립하고, 장기적인 생산능력 조정 방안 및 원가절감 방안을 수립해야 한다.
- 한국, 미국, 중국의 세 영업지점에서 판매하고자 하는 양을 공장에 주문하면 공장에서는 영업지점의 주문량을 기초로 생산계획을 수립해서 제품을 생산하게 된다. 이 과정에서 마케팅부서와 생산부서의 커뮤니케이션이 원활하지 않으면 생산부족이나 생산과잉 현상이 발생할 수 있음을 유의해야 한다.

2) 공장의 현황

- 현재 각 기업은 한국에 공장을 한 개 가지고 있다. 한국 공장은 2010년 1분기에 건설되었고, 건설비용은 80억 원으로 20년에 걸쳐서 분기마다 감가상각된다. 한국 공장이 보유할 수 있는 최대 생산라인 수는 8개이다. 현재 생산설비를 가

진 정규 생산라인 수는 6개이므로 향후 2개의 라인을 신설할 수 있다.

- 미국과 중국에 공장을 신설할 수 있으며, 공장 신설에는 3분기가 소요된다. 해외 공장을 건설한 후, 생산능력을 감축할 필요가 있을 때는 공장을 폐쇄할 수 있다. 공장을 폐쇄하면 공장 건물은 장부가의 90%, 생산설비는 장부가의 30%에 매각된다. 정규 및 2교대 생산라인 인력은 지난 분기의 노무비에 해당하는 퇴직금을 지불받고 해고된다.

3) 생산라인의 현황

- 제품을 생산하는 생산라인은 주간에 생산하는 정규 생산라인과 야간에 생산하는 2교대 생산라인으로 구성된다. 라인당 생산량은 생산 라인의 종류, 제품모델 번호, 교육훈련비, 계절적 요인, 공장에 따라서 다르다.
- 현재 한국 공장은 6개의 정규 생산라인을 보유하고 있으며, 2교대 생산라인은 없다. 정규 생산라인은 2010년 1분기에 건설되었으며, 건설비용은 라인당 20억 원으로서, 8년 동안에 정액법으로 매 분기 감가상각된다. 정규 생산라인과 2교대 생산라인의 라인당 생산량은 다음과 같다.

표 1-5 정규 생산라인의 라인당 생산량

	정규 40시간	정규 44시간	정규 48시간
한국	20,000	21,600	23,000
미국	22,000	23,760	25,300
중국	18,000	19,440	20,700

표 1-6 2교대 생산라인의 라인당 생산량

	2교대 40시간	2교대 44시간	2교대 48시간
한국	19,000	20,500	21,500
미국	20,900	22,550	23,650
중국	17,100	18,450	19,350

- 정규 생산라인과 2교대 생산라인의 라인당 노무비는 2012년 4분기 기준으로 다

음과 같다. 라인당 노무비는 물가상승률 및 환율에 영향을 받는다.

표 1-7 정규 생산라인의 라인당 노무비

	정규 40시간	정규 44시간	정규 48시간
한국(원)	500,000,000	550,000,000	575,000,000
미국(달러)	500,000	550,000	575,000
중국(위안)	2,300,000	2,600,000	2,700,000

표 1-8 2교대 생산라인의 라인당 노무비

	2교대 40시간	2교대 44시간	2교대 48시간
한국(원)	550,000,000	605,000,000	660,000,000
미국(달러)	550,000	605,000	660,000
중국(위안)	2,600,000	2,800,000	3,100,000

- 정규 및 2교대 생산라인의 라인당 제조간접비는 2012년 4분기 기준으로 다음과 같다.

표 1-9 라인당 제조간접비

국가	라인당 제조간접비
한국(원)	150,000,000
미국(달러)	150,000
중국(위안)	700,000

4) 생산능력의 확충방법

- 생산능력을 높이는 방법은 잔업을 이용하는 방법, 2교대 라인을 신설하는 방법, 정규 생산라인을 신설하는 방법, 공장을 신설하는 방법이 있다.
- 잔업은 기본 40시간에서 44시간, 48시간까지 생산할 수 있다.
- 2교대 생산라인은 보유하고 있는 정규 생산라인 수까지 신설할 수 있다. 현재 6개의 정규 생산라인을 가지고 있기 때문에 6개까지 신설할 수 있다. 2교대 생

산라인의 신설에는 1분기가 소요되며, 생산라인의 직원의 교육훈련비만 자동적으로 발생한다.

- 정규 생산라인의 신설은 최대 8개 라인까지이다. 현재 6개의 정규 생산라인을 보유하고 있기 때문에 2개를 추가 신설할 수 있다. 정규 생산라인의 신설에는 생산설비를 도입 및 설치하기 위해서 2분기가 소요되며, 신규 생산라인의 신설비용과 직원의 교육훈련비가 발생한다.
- 미국과 중국에 공장을 건설할 수 있는데, 미국과 중국 공장의 생산라인은 8개 단위로 건설된다. 공장 건설에는 3분기가 소요되며, 공장의 건설비용은 2012년 4분기 기준으로 미국은 900만 달러, 중국은 4,200만 위안이다. 건설비용은 물가상승률과 환율에 영향을 받는다.

표 1-10 2교대 생산라인의 신설비용

	라인당 교육훈련비
한국(원)	400,000,000
미국(달러)	400,000
중국(위안)	1,900,000

표 1-11 정규 생산라인의 신설비용 및 교육훈련비

	라인당 신설비용	라인당 교육훈련비
한국(원)	150,000,000	400,000,000
미국(달러)	1,500,000	400,000
중국(위안)	7,000,000	1,900,000

5) 생산능력의 감축방법

- 정규 및 2교대 생산라인은 한 분기 동안 조업을 중지할 수 있는데, 조업 중지 기간에는 40시간 기준 노무비의 60%를 지불하게 된다. 조업 중지된 생산라인은 다음 분기에 바로 생산가능하다.
- 생산능력을 감축하기 위해서 생산라인을 폐쇄할 수 있다. 정규 생산라인을 폐쇄하면 정규 생산라인 설비가 장부가의 30%에 매각되며, 생산인력은 지난 분기

의 노무비에 해당하는 퇴직금을 지불하고, 해고하게 된다. 만약에 정규 생산라인에 연결된 2교대 생산라인이 있으면 2교대 생산라인은 자동으로 폐쇄된다. 2교대 생산라인을 폐쇄하면 지난 분기의 2교대 생산라인의 노무비에 해당하는 퇴직금을 지불하고 생산인력을 해고하게 된다.

(4) 재무부서의 현황

1) 자본금

- 기업의 자본금은 250억 원으로서, 액면가가 5,000원인 보통주가 5,000,000주가 발행되어 있다. 주식은 한국 증권시장에 상장되어 있으며, 각 기업의 주가는 분기별 경영성과 및 재무구조에 따라서 변동된다.

2) 회계방식

- 기업운영상 발생하는 모든 자금의 유입과 유출은 발생주의에 기초를 두고 있다. 기업운영에 필요한 자금조달, 투자, 배당은 한국 본사에서 결정하게 된다. 각 영업지점에서 발생한 매출액과 비용은 모두 한국 본사의 매출액과 판매 및 일반관리비로 간주한다. 또한 각 공장의 건설비용 및 생산비용은 한국 본사의 제조원가로 간주한다.

3) 경영성과

- 매 분기 기업의 경영성과 및 재무구조는 손익계산서, 현금흐름표, 대차대조표로 나타난다. 각 기업의 경영성과 및 재무구조에 따라서 신용등급 및 주가가 결정된다.

3. Biz-Master의 진행방법

Biz-Master를 활용한 경영교육은 준비단계, 경영단계, 평가단계의 세 단계를 거쳐서 진행된다. 준비단계는 Biz-Master의 교육목표 및 진행방법, 팀 구성 및 역할 결정, 가상 경영환경, 경영 의사결정과 보고서 및 미션을 이해하는 단계이다. 경영단계에서는 교육생이 Biz-Master에서 게임을 진행하는 단계로서, 매 분기 경영환경 분석, 경영목표 및 전략 수립, 경영 의사결정 및 미션 수행, 경영성과 분석 및 피드백의 과정을 반복적으로 수행하게 된다. 최종적으로 평가 및 종료단계에서는 Biz-Master에서 학습하고 경험한 지식을 교육생이 속한 기업이나 현업에 적용할 수 있는 방안을 찾아보고 경영성과를 종합적으로 평가한 다음에 교육을 종료하는 단계이다.

그림 1-9 Biz-Master 교육의 진행단계

준비단계

1. 교육목표 및 게임진행 소개
   - Biz-Master의 교육목표 이해
   - Biz-Master의 진행방법 이해

2. 경쟁 팀 구성 및 팀원 역할 결정
   - 팀 구성 및 팀원 배정(4~6명)
   - CEO, 마케팅, 생산, 재무이사의 역할 결정

3. 가상 경영환경의 이해
   - 경영환경의 이해
   - 가상기업의 경영현황 이해

4. 경영 의사결정/보고서/미션의 이해
   - 분기별 경영 의사결정/경영성과 보고서의 이해
   - 경영 미션의 이해

경영단계

1. 경영환경의 분석
   - 외부환경 분석
   - 자사현황 분석

2. 경영목표와 전략 수립
   - 경영목표 수립
   - 경영전략 수립

3. 의사결정 입력과 미션 수행
   - 경영 의사결정 수행 및 입력
   - 경영 미션 수행 및 제출

4. 경영성과 분석 및 피드백
   - 각 팀 의사결정 및 미션 발표
   - 성과 분석 및 피드백

평가 및 종료

1. 업무적용 방안 논의
   - 학습한 내용의 현업 적용 방안
   - 현업의 개선 방안

2. 종합평가
   - 각 팀의 경영능력 평가
   - 시상 및 종료

3.1 Biz-Master의 준비단계

(1) 교육목표 및 게임진행 소개

- 제일 먼저, Biz-Master의 교육목표([그림 1-4], [그림 1-5] 참조) 및 진행방법을 이해해야 한다. Biz-Master에서 게임의 진행은 최대 20분기(5년)까지 가능한데, 최소 4분기 이상 진행해야만 교육효과를 얻을 수 있다.
- Biz-Master의 교육목표 및 진행방법을 이해한 다음에는 각 팀의 경영능력을 평가하기 위한 평가기준을 결정해야 한다. 평가기준은 순이익, 매출액, 주가, 신용등급, 자산 등과 같은 정량적 평가기준과 미션 수행능력 및 보고서 작성능력 등과 같은 정성적 평가기준으로 나누어진다. 진행기간에 따라서 평가를 분기별로 할 것인지, 연별로 할 것인지, 최종 분기에 할 것인지를 결정해야 한다.

(2) 경쟁 팀 구성 및 팀원 역할 결정

- Biz-Master에서 경쟁하는 참가 팀의 수를 결정해야 한다. Biz-Master에서 경쟁할 수 있는 가상기업의 수는 최소 3팀에서 최대 6팀까지이다. 팀을 구성할 때는 각 팀의 구성원들의 능력 차이가 크지 않도록 배정해야 한다. 만약에 참가하는 팀이 6팀보다 많으면 다른 그룹을 구성해서 진행하면 된다.
- 각 팀에 배정된 팀원들은 각 팀의 경영성과를 극대화할 수 있도록 팀원의 역할을 정해야 한다. 각 팀의 경영진은 보통 4~6명으로 구성되며, 경영진은 CEO, 마케팅, 생산, 재무이사의 역할을 수행하게 되며, 팀별로 CEO는 반드시 1명, 다른 이사 역할은 2명 이상 배정할 수 있다.
- 팀원의 역할을 결정한 다음에는, 각 구성원들은 누가, 무슨 일을, 어떻게 수행해야 하는지에 대해서 충분히 이해해야 한다. 또한 구성원 간의 정보교환 방법 및 협업 방법 등을 구성원들 간에 협의해야 한다. [그림 1-10]은 Biz-Master의 팀 구성과 역할에 대한 내용이다.

그림 1-10 Biz-Master의 팀 구성과 역할

(3) Biz-Master의 가상 경영환경의 이해

- Biz-Master의 경쟁환경과 가상 기업경영 환경을 이해해야 한다(제1장 2.2-2.3의 내용 참조).

(4) 경영 의사결정 및 경영성과 보고서, 미션의 이해

1) 경영 의사결정의 이해

- 팀을 구성하고, 가상 경영환경을 이해한 다음에는, Biz-Master의 마케팅, 생산, 재무 영역의 경영 의사결정을 이해해야 한다. 이 과정에서 CEO, 마케팅, 생산, 재무이사 역할을 맡은 팀원들은 각자 수행해야 하는 Biz-Master의 의사결정을 정확하게 이해해야 한다. 만약에 각 팀원이 책임지고 있는 기능의 의사결정 내용을 이해하지 못하면 기업경영은 실패하게 되기 때문에, 각 팀원들이 맡은 역할을 정확하게 수행해야 한다(제2장 "Biz-Master의 의사결정" 참조).

그림 1-11 Biz-Master의 의사결정

2) Biz-Master 경영성과 보고서의 이해

- 경영 의사결정의 항목을 이해한 다음에 각 팀의 경영성과 보고서를 이해해야 한다. 경영성과 보고서는 2012년도 4분기부터 CEO, 마케팅, 생산, 재무의 영역별로 자세히 제공된다. 또한 Biz-Master의 경영성과 종합 보고서는 2010~2012 동안의 경영성과 요약 보고서, 의사결정 요약 보고서, 전체 분기 요약 보고서, 경제동향 보고서로 구성되어 있다.
- 이 과정에서 CEO, 마케팅, 생산, 재무이사의 역할을 맡은 팀원들은 각자가 분석해야 하는 경영성과 보고서를 정확하게 이해해야 한다. 만약에 각 팀원이 경영성과 보고서의 내용을 이해하지 못한다면 기업경영은 실패할 가능성이 많기 때문에 각 팀원들이 맡은 바 역할을 정확하게 수행해야 한다(제3장 "Biz-Master의 보고서" 참조).

3) Biz-Master의 경영 미션의 이해

- Biz-Master에서는 경영교육의 효과를 높이기 위해서 다양한 종류의 경영 미션

을 개발하였다. 경영 미션이란 경영전략, 마케팅, 생산, 재무영역에서 중요한 의사결정을 어떻게 수행했는지를 분석하는 도구이다. 경영 시뮬레이션 게임에서 단순하게 의사결정만 하고 경영성과만 확인하면 각 팀이 어떻게 의사결정을 수행했는지, 무엇을 학습해야 하는지를 정확하게 알기가 어렵다. 따라서 다양한 종류의 경영 미션을 수행하면서 각 팀이 어떤 논리로 어떻게 의사결정을 수행했는지 알 수 있을 뿐만 아니라 경영분석 및 관리 능력을 크게 향상할 수 있다. Biz-Master에서는 16종의 미션이 개발되어 있으며, CEO, 마케팅, 생산, 재무이사별로 4개의 미션을 수행해야 한다(제4장의 "Biz-Master 경영 미션" 내용 및 별도의 CD 참조).

그림 1-12 Biz-Master의 경영 미션

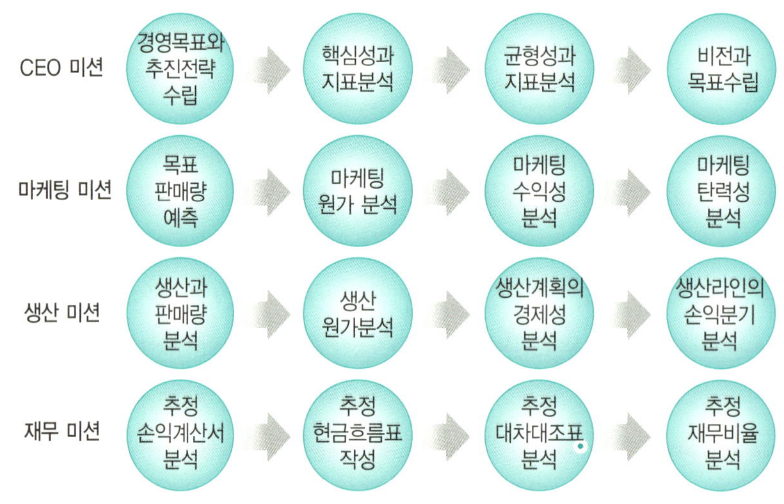

- Biz-Master의 의사결정, 보고서, 경영 미션을 이해한 다음에는 경영 의사결정, 미션, 보고서 분석을 편리하게 수행할 수 있도록 Excel 분석도구를 이해해야 한다. Biz-Master에서 개발한 Excel 기반의 분석도구를 활용하면 편리하게 경영분석을 수행할 수 있을 뿐만 아니라 다양한 미션을 효과적으로 수행할 수 있다(제5장 "Biz-Master의 경영 분석도구" 내용 및 별도의 CD 참조).

3.2 Biz-Master의 경영단계

- Biz-Master에서 게임 진행은 분기별로 이루어지며, 매 분기 경영환경 분석, 경영목표와 전략 수립, 의사결정과 미션 수행, 경영성과 분석 및 피드백 제공의 단계가 반복적으로 수행된다.

(1) 경영환경 분석

그림 1-13 Biz-Master의 경영단계

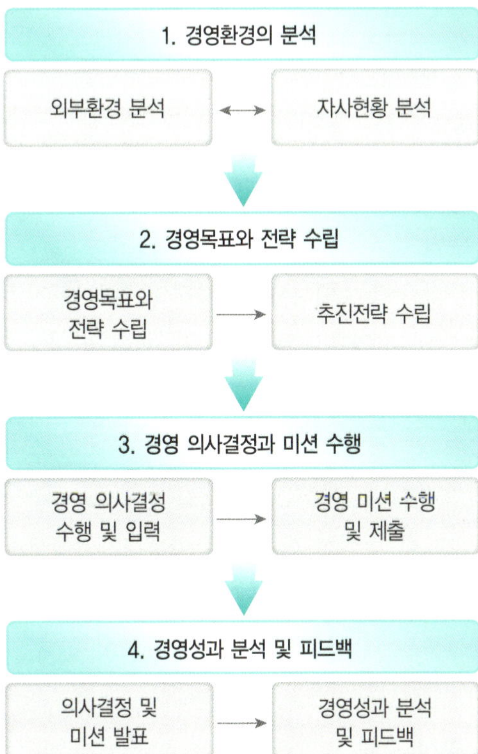

1) 외부환경 분석

- 매 분기 의사결정을 수행하기 위해서는 각 기업이 처해 있는 외부환경을 분석

해야 한다. 외부환경 분석은 경제동향 분석과 경쟁사동향 분석으로 구성된다.

- 경제동향 분석에서는 한국, 미국, 중국의 경제동향이 어떻게 변화하고, 각 시장의 경제동향이 경영활동에 어떻게 영향을 미치는지를 분석해야 한다. 경쟁사동향 분석에서는 경쟁사의 경영성과와 현재 상황을 분석해서 경쟁사의 향후 동향을 예측해야 한다.

2) 자사현황 분석

- 매 분기 의사결정을 수행하기 위해서는 각 기업의 내부환경을 분석해야 한다.
- 지난 분기까지의 경영성과와 자사의 현재 상황을 분석하고, 자사의 강점 및 약점, 기회와 위협요인을 분석해야 한다. 내부환경 분석은 마케팅, 생산, 재무 분야별로 나누어서 심도 있게 분석해야 한다.

(2) 경영목표와 전략수립

1) 경영목표 및 전략 수립

- 경영환경을 분석한 다음에는 매 분기 달성하고자 하는 기업 차원의 경영목표를 수립해야 한다. 기업의 경영목표는 팀원들과 함께 타당성을 가져야 하며, 구체적으로 표현되어야 한다.

2) 추진전략 수립

- 기업의 전체적인 목표를 수립한 다음에는 이 목표를 달성하기 위해서 구체적인 추진전략을 수립해야 한다. 전략은 목표를 달성하는 수단으로 구성되어야 하며, 전략이 목표를 달성하는 데 타당하는지를 평가해야 한다.

(3) 경영 의사결정과 미션 수행

1) 경영 의사결정 수행 및 입력

- 경영목표와 전략을 수립한 후 구체적인 의사결정을 수행해야 한다. 먼저 마케팅, 생산, 재무분야별로 의사결정을 수행한 후 기업 전체 차원에서 각 분야의 의

사결정을 검토해야 한다.

- 의사결정을 수행한 후 부여받은 ID로 Biz-Master 사이트에 접속해서 의사결정을 입력해야 한다. 의사결정 자료의 입력에 오류가 없는지를 최종 확인한 후 CEO가 직접 Biz-Master의 시뮬레이션 Engine으로 보내야 한다.

2) 경영 미션 수행 및 제출

- 각 분기마다 교수가 요구하는 경영 미션을 분석해서 제출해야 한다. 미션은 CEO, 마케팅, 생산, 재무영역으로 나누어지며, 교육생의 능력 및 교육시간에 맞추어서 제공된다. 경영 미션은 의사결정 수행 과정과 병행하면서 수립되어야 한다.

(4) 경영성과 분석 및 피드백

1) 의사결정 및 미션 발표

- 각 팀이 의사결정을 모두 입력하게 되면, 게임을 진행하는 교수는 시뮬레이션을 실행하고, 각 팀의 경영성과를 즉시 출력하게 된다.
- 경영성과를 각 팀에 배포하기 전에 각 팀은 어떻게 의사결정을 하고, 어떤 성과를 기대하는지를 경영 미션을 중심으로 발표하게 된다.

2) 경영성과 분석 및 피드백

- 강사는 팀별로 발표가 진행될 때마다 각 팀의 미션 및 경영성과를 분석해 주고, 피드백을 제공하게 된다. 각 분기 말 경영성과 분석 및 피드백이 제공된 다음에는 다음 분기의 의사결정으로 넘어가게 된다.
- 게임이 종료되기 전까지 경영환경 분석, 경영목표 및 추진전략 수립, 의사결정 및 미션 수행, 경영성과 분석 및 피드백의 네 단계가 계속적으로 반복된다.

3.3 Biz-Master의 평가단계

(1) 업무 적용 방안 논의

- 교육 초기에 정했던 분기까지 게임을 진행한 다음에, Biz-Master에서 학습한 내용과 경험한 지식을 기반으로 교육생이 속한 기업의 업무에 적용할 수 있는 방안을 찾아본다. 또한 각 팀이 어떻게 기업을 경영했는지, 가상기업을 경영하는 과정에서 느낀 경험을 공유한다.

(2) 종합평가 및 종료

- 게임의 마지막 단계인 종합평가 단계에서는 처음에 결정한 평가기준에 따라서 각 팀의 경영성과를 종합적으로 평가하고 종료해야 한다.

표 1-12 종합평가의 평가기준과 내용

평가기준	평가내용	가중치
1. 경영성과	• 평가목적 : 각 팀의 경영능력을 평가하는 기준으로서 객관적 평가기준임. • 평가방법 : 순이익, 주가, 자본 대비 순이익률, 매출 대비 순이익률과 같은 지표로 평가함. • 평가단위 : 팀 단위 • 평가시점 : 분기 단위로 평가하거나 게임종료 후 종합적으로 평가할 수 있음.	40~50%
2. 미션수행 능력	• 평가목적 : 각 팀의 분석능력 및 예측능력을 평가하는 기준으로서 주관적인 평가기준임. • 평가방법 : 경영목표 및 전략, 수요예측, 추정손익계산서와 같은 미션을 부여하고, 각 팀의 수행능력을 평가함. • 평가단위 : 팀 단위 • 평가시점 : 분기 단위로 평가함.	20~30%

3. 보고서 작성능력	• 평가목적 : 각 팀의 보고서 작성능력을 평가하는 기준으로서 주관적인 평가기준임. • 평가방법 : 각 팀의 경영성과 분석, 의사결정 방법, Gap 분석자료를 Excel로 분석하고, 그 결과를 annual report 형태로 작성 제출하게 함. • 평가단위 : 팀 단위/개인 단위 • 평가시점 : 4분기 단위로 평가함.	20~30%
4. 팀 기여도	• 평가목적 : 팀원의 팀 내 공헌도와 기여도를 평가하는 기준으로서 주관적인 평가기준임. • 평가방법 : 각 팀원의 기여도를 팀원들 간에 상호 평가하게 하는 peer evaluation 형태로 다면평가하게 함. • 평가단위 : 개인 단위 • 평가시점 : 게임종료 시점에 평가함.	10~20%

제 2 장

Biz-Master의 의사결정

1. 마케팅 의사결정
2. 생산 의사결정
3. 재무 의사결정

요 약

■ Biz-Master에서는 마케팅, 생산, 재무의 각 영역에서 의사결정을 해야 한다.

1. 마케팅 의사결정

마케팅 의사결정은 기업의 마케팅담당 이사가 수행해야 하는 마케팅분야의 의사결정 개념과 변수의 내용, 입력방법, 고려사항을 설명하고 있다. 마케팅 영역에서는 제품, 판매, 영업사원에 대한 의사결정을 해야 한다.

2. 생산 의사결정

생산 의사결정은 기업의 생산담당 이사가 수행해야 하는 생산분야의 의사결정 개념과 변수의 내용, 입력방법, 고려사항을 설명하고 있다. 생산 영역에서는 정규 생산라인, 2교대 생산라인, 생산능력 및 생산성에 대한 의사결정을 해야 한다.

3. 재무 의사결정

재무 의사결정은 기업의 재무담당 이사가 수행해야 하는 재무분야의 의사결정 개념과 변수의 내용, 입력방법, 고려사항을 설명하고 있다. 재무 영역에서는 자금조달, 투자, 배당에 대한 의사결정을 해야 한다.

그림 2-1 Biz-Master의 의사결정 영역

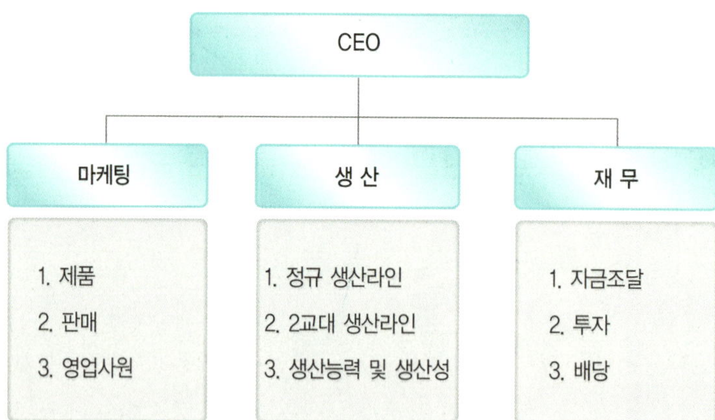

1. 마케팅 의사결정

- 마케팅 활동의 주요 업무는 경쟁사보다 저가의 비용으로 최대의 매출을 발생시켜서 이익을 극대화하는 것이다. 이를 수행하기 위해서는 한국, 미국, 중국의 세 영업지점에서 마케팅 의사결정을 해야 한다.
- 마케팅 부문의 의사결정 종류는 제품모델 번호, 주문량, 제품가격, 광고비, 영업사원의 채용 및 해고, 영업사원의 기본급, 영업사원 수당의 총 7개로 이루어져 있으며 영업지점별로 독립적으로 의사결정을 수행해야 한다. 즉, 제품모델 번호는 각 영업지점별로 동일하지만 가격, 광고비, 영업사원 수, 기본급 및 수당을 영업별로 다르게 의사결정해야 한다.

그림 2-2 마케팅 의사결정

- 2012년 4분기를 기준으로 마케팅 의사결정의 의사결정 입력란은 다음과 같다.

표 2-1 마케팅 의사결정 입력란

	2012년 4분기		
	한국	미국	중국
1. 제품모델 번호	3		
2. 주문량	60,000	30,000	30,000
3. 제품가격	110,000	110	750
4. 광고비	600,000,000	300,000	3,000,000
5. 영업사원의 채용 및 해고	6	4	6
6. 영업사원의 기본급	4,000,000	4,000	20,000
7. 영업사원의 수당	3,000	3	15

1.1 제품 의사결정

(1) 제품모델 번호

1) 설 명

- 제품모델 번호는 한국, 미국, 중국의 영업지점에서 소비자에게 판매하기 위해서 생산하는 제품의 모델 번호를 의미한다.

2) 입력방법

- 제품모델 번호의 입력단위는 번호로서, 음수 입력은 불가능하다.
- 제품모델 번호의 최소값은 지난 분기에 생산한 제품모델 번호이고, 최대값은 현 분기 생산 가능한 제품모델 번호이다.

| 표 2-2 | 제품모델 번호의 입력범위

	제품모델 번호
최소값	지난 분기 생산한 제품모델 번호
최대값	생산 가능한 제품모델 번호

3) 고려사항

- 제품모델 번호에 대한 의사결정은 기업의 마케팅 믹스 의사결정 중 product에 해당하는 것이다. 제품모델 번호는 1부터 10까지로 번호가 높을수록 신제품이며, 제품모델 번호가 높을수록, 소비자들의 수요가 많기 때문에 가급적 제품모델번호가 높은 신제품을 생산 · 판매하는 것이 바람직하다.
- 제품모델 번호를 결정할 때는 생산 가능한 모델 번호, 경쟁사의 제품모델, 재고수준, 제품가격, 연구개발비 등을 함께 고려해야 한다.

가. 생산 가능한 제품모델 번호

- 제품모델 번호는 지난 분기에 생산한 모델번호와 현 분기에 생산 가능한 모델 번호 사이에서 결정해야 한다. 다음의 [표 2-3]에서는 제품모델 번호에 따른 의사결정 방법을 설명하고 있다.

| 표 2-3 | 생산 가능한 제품모델 번호에 따른 의사결정 방법

지난 분기 제품모델 번호 (구제품모델)	생산 가능한 제품모델 번호 (신제품모델)	이번 분기 모델번호 (의사결정 사항)	내 용
3	3	3	• 지난 분기 모델번호가 3이고, 생산 가능한 제품모델 번호가 3이면 이번 분기의 모델번호는 3이 되어야 한다. • 개발된 신제품(신모델)이 없으므로 이번 분기에도 기존 모델(3)로 생산 · 판매하여야 함.
3	4	3 or 4	• 지난 분기 모델번호가 3이고, 생산 가능한 제품모델 번호가 4이면 이번 분기의 모델번호는 3 혹은 4가 되어야 한다. • 개발된 신모델(4)이 있으므로 시장을 고려하여 기존 모델(3)의 계속적 생산 · 판매를 할지, 신모델(4)을 도입할지를 결정하여야 함.

3	5	3 or 4 or 5	• 지난 분기 모델번호가 3이고, 생산 가능한 신제품 모델번호가 5이면 이번 분기의 모델번호는 3, 4, 5 중에 하나를 선택할 수 있다. • 신모델(4, 5)이 두 개나 개발되어 있는 상태이므로 시장을 고려하여 기존 모델(3)을 고수하거나, 신모델 중 하나를 선택하여 도입할지를 결정하여야 함(*5번이 가장 최신 모델임).

- 그러나 제품모델 번호가 높아지면 기존의 모델은 단종되어 생산할 수 없다는 점을 주의해야 한다. 예를 들어서 지난 분기의 제품모델 번호가 3이고, 이번 분기의 제품모델 번호가 4이면, 다시는 제품모델 번호 3을 생산할 수 없다.

그림 2-3 제품모델 번호 의사결정에 따른 생산 및 판매의 흐름

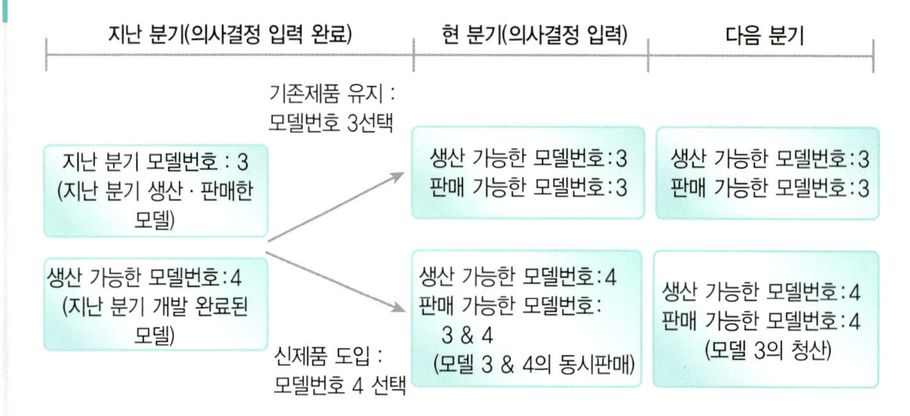

나. 경쟁사 제품모델

- 경쟁사 제품모델이 자사 제품보다 신모델이면 자사의 판매량이 감소하기 때문에 제품모델 수준을 높여야 한다. 반대로 자사의 제품모델이 경쟁사의 제품모델보다 너무 수준이 높으면 시장에서 반응이 낮을 수도 있다. 따라서 경쟁사의 신제품모델 동향을 고려해서 제품모델 번호를 결정해야 한다.

다. 재고수준

- 신제품을 생산 · 판매하는 분기에는 신제품과 구제품모델을 동시에 판매하게 된다. 이때 구모델 제품이 분기 말에 재고로 남으면, 구모델 재고는 지난 분기 생산원가에 청산되기 때문에 많은 손해를 보게 된다. 즉, 청산매출을 하게 되면 생산원가의 50%에 처분해야 하므로 자사의 재고가 많을 때는 신제품 출시에 주의해야 한다.

라. 제품의 가격

- 신제품 모델번호가 높을수록 라인당 생산량이 감소하기 때문에 제조원가가 상승하게 된다. 이 점을 고려해서 제조원가 인상분을 제품가격에 반영해야 한다. 또한 신제품이 판매되는 분기에 구제품의 재고가 있으면 신제품과 구제품이 동시에 팔리게 되는데 이때 신제품의 제조원가를 기준으로 가격을 책정하면 구제품의 가격인상 효과가 발생하므로 판매량이 감소할 가능성이 높다.
- 반대로 구제품을 기준으로 신제품의 가격을 책정하면 단위당 마진이 낮아지기 때문에 순이익이 감소할 가능성이 높다. 그러므로 이 같은 점을 고려해서 신제품의 가격을 결정해야 한다.

마. 연구개발비

- 연구개발비가 많이 투자되면 제품개발 속도가 빨라지게 되고, 연구개발비가 적게 투자되면 제품개발 속도가 늦어지게 된다. 그리므로 신제품 모델번호를 높이기 위해서는 적정 수준의 연구개발비를 결정해야 한다.
- 그러나 일반 기업에서 연구개발비의 투자가 많다고 해서 신제품 개발이 항상 보장되지 않는 것처럼 게임에서도 연구개발비의 투입량과 제품개발 속도가 정확하게 정비례가 되지 않을 가능성도 있다는 것을 유의해야 한다.

(2) 주문량

1) 설 명

- 주문량은 한국, 미국, 중국의 영업지점에서 소비자에게 판매하기 위해 한국 공

장에 주문을 하는 수량을 의미한다.

2) 입력방법

- 주문량의 입력단위는 개로서, 음수입력은 불가능하다.
- 주문량의 최소값은 0이며, 최대값은 한도가 없다.

표 2-4 주문량의 입력범위

	한국	미국	중국
최소값	0	0	0
최대값	없음	없음	없음

3) 고려사항

- 참가 기업의 영업지점은 한국, 미국, 중국 세 곳에 있으며, 공장은 한국에 하나뿐이기 때문에, 각 영업지점의 주문량은 한국 공장에 주문한 양을 의미한다. 한국 공장에서는 세 영업지점에서 주문한 양을 생산하기 위해서 생산계획을 수립하게 된다.
- 현재 한국 공장의 정규 생산라인 수는 6개이며, 40시간의 생산시간을 기준으로 라인당 20,000개이기 때문에 각 기업의 정상 생산량은 분기당 120,000이다. 그러나 실제 생산량은 생산라인 수, 작업시간, 생산수율(계절, 교육훈련비, 모델번호 등) 등에 따라서 달라진다.
- 주문량에 대한 의사결정을 하기 위해서는 판매 가능량, 주문량, 구매량의 개념을 정확하게 구분해야 한다.

그림 2-4 한국 공장과 영업지점

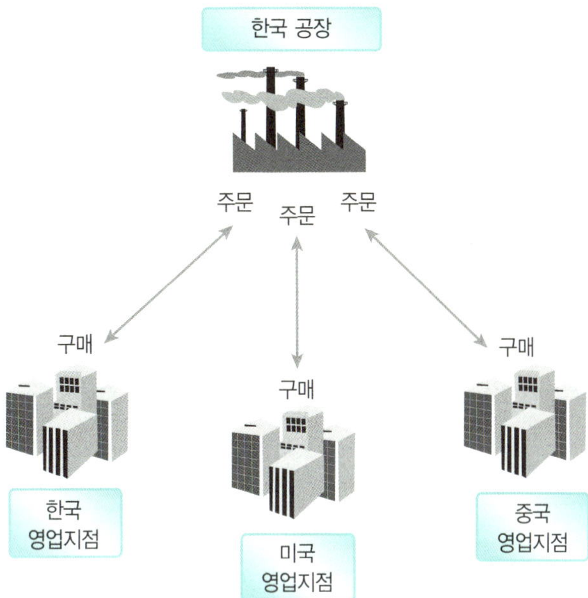

| 표 2-5 | 판매 가능량, 주문량, 구매량의 개념

1. 판매 가능량	• 각 영업지점의 판매 가능량 = 기초재고량 + 공장에서 구매한 구매량 • 각 영업지점에서의 수요량을 예측하여 판매할 양을 정한 다음, 판매할 양에서 기초재고만큼을 제외하고 주문을 함.
2. 주문량	• 각 영업지점에서 한국 본사 공장에 주문한 수량으로 의사결정에 입력한 양을 의미함. • 주문량 = 판매가능량 − 기초재고량
3. 구매량	• 각 영업지점에서 공장에 주문한 주문량 중 공장에서 실제 생산된 제품량에 의해 실제 구매된 양을 의미함. • 각 영업지점의 주문량의 합이 생산량보다 많을 경우 생산량/주문량의 비율로 각 영업지점이 구매하게 되는 양 • 각 영업지점의 주문량의 합이 생산량보다 적을 경우 미국과 중국의 주문량을 모두 충족시켜주고 남은 생산량은 한국으로 가게 되는 양임.

■ 주문량을 결정할 때는 해당 분기의 구매량, 예상 판매량, 공장의 생산능력, 해외 공장의 생산 등의 요인들을 고려해야 한다.

가. 구매량의 결정

① 세 영업지점에서 주문한 주문량의 합이 한국 공장의 생산량보다 적을 때

먼저 미국과 중국의 영업지점의 주문량을 모두 선적해 주고, 남은 양(=생산량-미국지점 주문량-중국지점 주문량)은 한국 영업지점으로 보내게 된다. 따라서 한국 공장의 생산량이 한국, 미국, 중국의 주문량의 합보다 클 때는 한국 영업지점의 재고량이 많아진다.

✲ 예제

질문) 한국 공장의 생산량이 250,000개이고 한국 영업지점의 주문량 100,000개, 미국 영업지점의 주문량 50,000개, 중국의 영업지점의 주문량이 50,000개일 때 한국, 미국, 중국 영업지점의 구매량은?

답) 미국 및 중국의 구매량은 각각 50,000씩이 되고, 한국의 구매량은 150,000개가 된다.

그림 2-5 한국 공장의 주문량이 생산량보다 적을 때

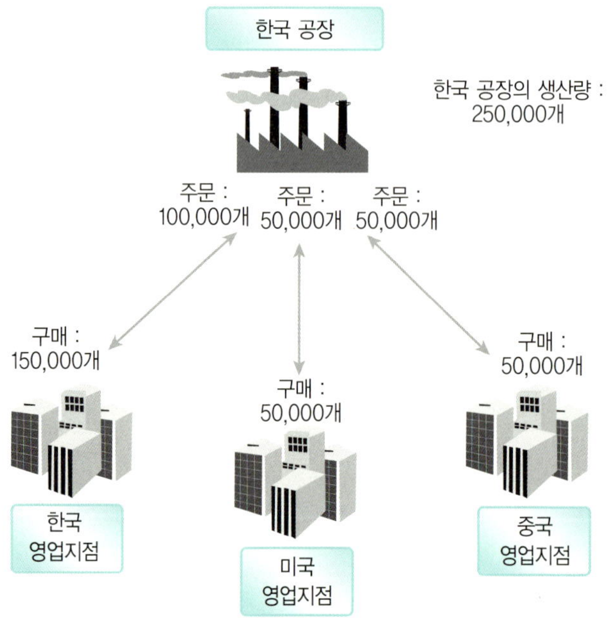

② 세 영업지점에서 주문량의 합이 한국 공장의 생산량보다 많을 때

각 영업지점의 주문량에 주문비율(=생산량/(한국, 미국, 중국의 주문량의 합))을 곱해서 구매량을 결정하게 된다. 즉, 각 영업지점의 주문량을 한국 생산 공장에서 모두 공급해 줄 수 없기 때문에 영업지점의 구매량은 주문량보다 적게 된다.

예제

질문) 한국 공장의 생산량이 200,000개이고, 한국 영엄지점의 주문량 200,000개, 미국 영업지점의 주문량 100,000개, 중국 영업지점의 주문량 100,000개일 때 한국, 미국, 중국 영업지점의 구매량은?

답) 주문비율 0.5=200,000/(200,000+100,000+100,000)
구매량=각 영업지점의 주문량×0.5(주문비율)
한국 영업지점의 구매량 100,000개=200,000×0.5
미국, 중국 영업지점의 구매량은 50,000개=100,000×0.5가 된다.

그림 2-6 한국 공장의 주문량이 생산량보다 많을 때

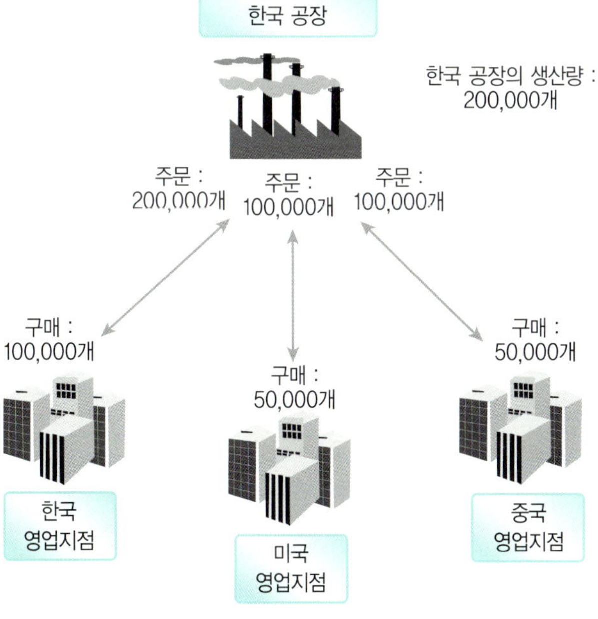

나. 예상 판매량

- 각 영업지점이 판매할 수 있는 판매량을 잘못 예측해서 주문할 경우에는 많은 문제가 일어난다.
  - 예를 들어 실제 판매량보다 적은 양을 주문하면 더 팔 수 있는 기회를 상실하기 때문에 기회비용이 발생하게 된다. 반대로 실제 판매량보다 많은 양을 주문하게 되면 초과 재고가 발생하게 되어서 재고비용이 발생하고, 다음 분기의 판매활동에 많은 부담이 된다. 그러므로 판매할 수 있는 양을 정확히 예측해서 주문량을 결정해야 한다.

다. 공장의 생산능력

① 영업지점의 주문량이 생산부서의 생산량보다 많을 때

영업지점의 구매량은 주문량보다 적게 된다. 이 경우 영업지점은 소비자 수요에 충족시킬 만한 공급량이 부족하게 되기 때문에 예상 판매량을 판매하기 위한 마케팅 활동의 효율성이 낮아지게 된다.

② 영업지점의 주문량이 생산부서의 생산량보다 적을 때

영업지점의 구매량은 주문량보다 많게 된다. 이 경우 영업지점에서는 재고가 누적되기 때문에 많은 기회비용과 재고가 발생할 뿐만 아니라 다음 분기의 경영활동에 많은 제약을 주게 된다.

라. 해외 공장의 생산

- 미국과 중국에 공장이 건설되어서 생산을 하면 해외 공장에서 생산하는 양은 해당 국가에서만 구매가 가능하다. 즉, 미국 공장에서 제품을 생산하면 미국 공장의 생산량은 미국 영업지점에서 모두 구매해야 하며, 동시에 미국 영업지점에 필요한 양은 미국 공장에서만 구매 가능하다는 점을 유의해야 한다.
- 만약에 미국 공장의 생산량이 미국 영업지점의 주문량보다 클 때는 미국 영업지점은 주문량보다 많은 양을 구매해야 한다. 반대로 미국 공장의 생산량이 미국 영업지점의 주문량보다 적을 때는 미국 영업지점은 주문량보다 적은 양을 구매해야 한다. 미국 공장과 마찬가지로 중국 공장에서 제품을 생산하면 중국 공

장의 생산량은 중국 영업지점에서 모두 구매해야 하고, 중국 영업지점은 중국 공장에서만 구매가 가능하다.

그림 2-7 해외 공장의 생산

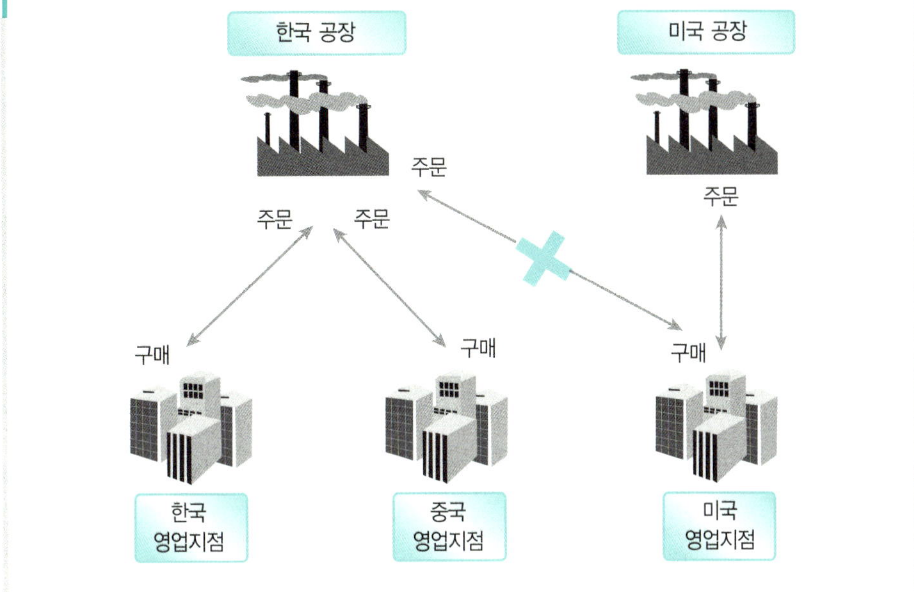

1.2 판매 의사결정

(1) 제품가격

1) 설 명

- 제품가격은 한국, 미국, 중국 영업지점에서 판매하는 제품의 소비자가격을 의미한다.

2) 입력방법

- 제품가격의 입력단위는 한국은 원, 미국은 달러, 중국은 위안으로서 음수 입력은 불가능하다. 가격의 최소값은 지난 분기 가격의 -20% 이내, 최대값은 지난 분기 가격의 +20% 이내이다.

표 2-6 제품가격의 입력범위

	한국	미국	중국
최소값	-지난 분기 가격의 20% 이내	-지난 분기 가격의 20% 이내	-지난 분기 가격의 20% 이내
최대값	+지난 분기 가격의 20% 이내	+지난 분기 가격의 20% 이내	+지난 분기 가격의 20% 이내

3) 고려사항

- 제품의 가격은 판매량에 가장 큰 영향을 주는 변수이다. 그러나 게임의 경쟁 방식이 가격 경쟁으로 진행되면 게임을 하는 의미가 적기 때문에 제품의 가격은 지난 분기 가격의 ±20%을 넘을 수 없는 것으로 설정되어 있다.

예제

질문) 지난 분기의 한국 영업지점의 제품가격이 200,000원일 때, 이번 분기의 제품가격의 최소, 최대 범위는?

답) 이번 분기 제품가격의 최소값 160,000원=200,000×0.8(지난 분기 가격의 80%)
이번 분기 제품가격의 최대값 240,000원=200,000×1.2(지난 분기 가격의 120%)

- 가격결정은 게임에서 가장 어려운 부분 중 하나로서, 제품의 제조원가, 경쟁사 동향 및 마케팅 믹스를 고려해서 결정해야 한다. 제품의 원가에 적정이윤을 추가해서 가격을 결정하는 방법이 가장 일반적인 가격결정 방법이기 때문에 제품의 원가구조를 정확하게 분석하는 것이 매우 중요하다.
- 그러나 게임에서 각 기업은 제한된 수요를 가지고 경쟁사와 경쟁하는 상황이기 때문에 단순히 생산원가에 목표 마진율을 더해서 계산하는 기본적인 가격결정

방법이 아닌 보다 복잡한 가격결정 방법이 필요할 수 있다.

- 그러므로 각국의 시장수요 및 가격탄력성, 경쟁사의 동향(가격, 재고, 마케팅 믹스, 모델수준 현황 등), 자사의 마케팅 믹스(광고비, 영업사원 수, 임금수준, 목표 마진율 등), 자사의 원가 등을 고려해서 제품가격을 결정해야 한다.

(2) 광고비

1) 설 명

- 광고비는 각 영업지점에서 제품을 판매하기 위해서 사용하는 비용으로 기업의 브랜드 이미지를 높이고 판매를 촉진하는 데 중요한 마케팅 믹스 변수이다. 목표 판매량을 달성하기 위해서는 적정수준의 광고비와 광고비 투입 방법을 결정해야 하며 광고비의 급격한 변화는 바람직하지 않다.

2) 입력방법

- 광고비의 입력단위는 한국은 원, 미국은 달러, 중국은 위안이며, 음수 입력은 불가능하다.
- 광고비의 최소값은 0이며, 최대값은 없다.

표 2-7 광고비의 입력범위

	한국	미국	중국
최소값	0	0	0
최대값	없음	없음	없음

3) 고려사항

- 광고비를 결정할 때는 광고비의 적정수준과 광고비의 투입방법을 고려해야 한다.

가. 광고비 수준

- 광고비는 제품판매에 큰 영향을 주는 중요한 마케팅 믹스 변수이다. 그러나 광

고비와 판매량의 관계는 일차선형 관계(linear relationship)처럼 항상 정비례하지 않는다. 즉 광고비의 증가는 판매량에 영향을 주지만 광고비가 증가한다고 해서 판매량이 항상 증가하는 것은 아니다. 따라서 한국, 미국, 중국의 시장에서 광고비가 판매량에 미치는 영향을 정확히 분석해서 적정수준의 광고비를 결정해야 한다.

나. 광고비 투입방법

- 광고의 효과는 이번 분기에 즉시 나타날 수도 있고, 혹은 다음 분기에 나타날 수도 있으며(carry-over effect) 혹은 지속적인 누적효과(cumulative effect)가 존재할 수 있다. 그러므로 한정된 광고비 예산을 어떠한 방법으로 사용할 것인지를 결정해야 한다. 즉, 매 분기 연속적으로 균형있게 광고를 할 것인지(연속형), 특정 분기에 집중적으로 광고를 할 것인지(파동형)를 결정해야 한다.

1.3 영업사원 의사결정

(1) 영업사원의 채용 및 해고

1) 설 명

- 영업사원의 채용 및 해고는 각 영업지점에서 적정수준의 영업력을 유지하기 위해 영업사원을 채용하거나 해고하는 사원 수를 의미한다.

2) 입력방법

- 영업사원 채용 및 해고의 입력단위는 명이고, 음수 입력이 가능하다. 양수를 입력하면 채용을 의미하며, 음수를 입력하면 해고를 의미한다. 음수의 절대값(해고하고자 하는 영업사원 수)은 지난 분기 영업사원의 총수와 같거나 작아야 한다.

표 2-8 영업사원의 채용 및 해고의 입력범위

	한국	미국	중국
최소값	-전 분기 영업사원 총수	-전 분기 영업사원 총수	-전 분기 영업사원 총수
최대값	없음	없음	없음

3) 고려사항

- 영업사원은 제품을 판매하는 데 큰 영향을 주는 중요한 마케팅 믹스 변수이다.
- 게임에서 영업사원은 자연적으로 이직하게 되는데, 임금수준이 낮으면 이직률이 높아지게 된다. 따라서 일정수준의 영업력을 유지하거나 강화하기 위해서는 일정 수준의 임금수준을 유지해야 하고 신규 영업사원을 채용해야 한다.

가. 영업사원의 채용

- 현 분기에 채용한 영업사원은 그 분기에 교육을 받고, 다음 분기에서부터 영업활동을 수행하게 된다. 2012년 4분기 기준으로 분기당 영업사원 교육훈련비는 다음과 같다.

표 2-9 영업사원의 교육훈련비

한국	500,000원
미국	500달러
중국	2,300위안

나. 영업사원의 해고

- 반대로 영업지점별로 영업력을 감축해야 할 필요가 있을 때 영업사원을 해고할 수 있다. 영업사원을 해고하면 지난 분기의 영업사원 기본급이 퇴직 위로금으로 지불된다.

다. 영업사원 수의 결정

- 영업사원의 채용과 해고를 결정할 때 가장 중요한 일은 각 영업지점별로 적정 수준의 영업사원 수를 결정하는 것이다.

- 적정 수준의 영업사원 수는 영업지점의 목표판매량을 영업사원의 1인당 판매량으로 나누면 필요한 영업사원 수를 계산할 수 있다. 또한 영업사원의 유지비용(임금, 교육훈련비, 기타 유지비용)과 영업사원의 판매액을 기준으로 영업사원의 생산성 및 기여도를 분석해 보면 적정 영업사원 수를 결정할 수 있을 것이다.
- 이때 주의해야 할 점은 영업사원을 채용하거나 해고할 때는 발생하는 비용을 고려해서 결정해야 한다.

(2) 영업사원의 기본급

1) 설 명

- 영업사원의 기본급은 영업지점의 영업사원 1인에게 지불하는 분기별 기본급을 의미한다.

2) 입력방법

- 영업사원의 기본급의 입력단위는 한국은 원, 미국은 달러, 중국은 위안이며, 음수 입력은 불가능하다.
- 영업사원의 기본급의 최소값은 0이고, 최대값은 없다.

표 2-10 영업사원 기본급의 입력범위

	한국	미국	중국
최소값	0	0	0
최대값	없음	없음	없음

3) 고려사항

- 영업사원이 받는 임금은 판매실적에 관계없이 받는 기본급과 판매실적에 따라서 받는 수당으로 구성된다. 영업사원의 임금은 영업사원을 유지하고, 판매를 촉진하는 데 중요한 변수이기 때문에 급격한 변화는 바람직하지 않다.
- 영업사원 임금의 적정수준과 임금의 조합을 고려해서 영업사원의 기본급을 결

정해야 한다.

가. 임금의 적정수준

- 영업사원의 임금이 적을 때는 영업사원의 사기가 낮아지기 때문에 판매실적이 낮아지게 되고, 영업사원의 이직률이 높아지게 된다. 반대로 영업사원의 판매실적에 비해서 영업사원의 임금이 너무 높으면 순이익이 감소하는 상황이 일어날 것이다. 그러므로 영업사원의 임금이 판매량 및 순이익에 미치는 영향을 정확히 분석해서 임금수준을 결정해야 한다.
- 또한 영업지점별로 생활수준이 다르고, 임금이 판매량에 미치는 영향이 다르다는 점을 유의해야 한다. 즉, 영업사원의 기본급 역시 제품 판매량에 영향을 주고 있으나 기본급과 판매량과는 정비례하지 않음을 유의해서 적정수준의 기본급을 결정해야 한다.

나. 임금의 조합

- 영업사원의 임금수준을 결정한 후에는 영업사원의 기본급과 수당을 어떻게 조합할 것인가에 대해서도 고려해야 한다. 동일한 임금수준에서도 기본급과 수당의 구성비율에 따라서 영업사원의 생산성이 다를 수 있기 때문이다.

(3) 영업사원의 수당

1) 설 명

- 영업사원의 수당은 영업사원이 제품을 한 개 팔 때마다 받는 개당 커미션을 의미한다. 영업사원의 수당은 영업사원의 임금의 한 부분이기 때문에 영업사원의 기본급처럼 제품판매에 미치는 영향이 크다.

2) 입력방법

- 영업사원 수당의 입력단위는 한국은 원, 미국은 달러, 중국은 위안이며, 음수 입력은 불가능하다.
- 영업사원의 수당의 최소값은 0이고, 최대값은 없다.

표 2-11 영업사원 수당의 입력범위

	한국	미국	중국
최소값	0	0	0
최대값	없음	없음	없음

3) 고려사항

- 영업사원의 수당은 임금의 일부분이기 때문에 임금을 결정할 때 함께 고려해야 한다.

2. 생산 의사결정

- 생산활동의 주요 업무는 생산부서가 팔고자 하는 수량을 적시에 저가에 생산해서 공급하는 것이다. 이를 수행하기 위해서 생산부서는 단기생산계획과 장기생산계획에 관련한 13개의 의사결정을 수행해야 한다. 단기생산계획은 가동하는 생산라인 수, 조업중지 및 폐쇄를 결정하고 그에 따른 작업시간을 결정하고, 장기생산계획은 라인을 신설하거나 공장을 건설하는 의사결정이다.
- 생산부분의 의사결정 종류는 정규 생산라인 의사결정(5개), 2교대 생산라인 의사결정(5개), 생산능력 및 생산성 의사결정(3개)이며, 게임에서 각 팀은 한국에만 공장이 있고, 한국 공장의 정규 생산라인은 현재 6개 라인을 보유하고 있다.

그림 2-8 생산 의사결정

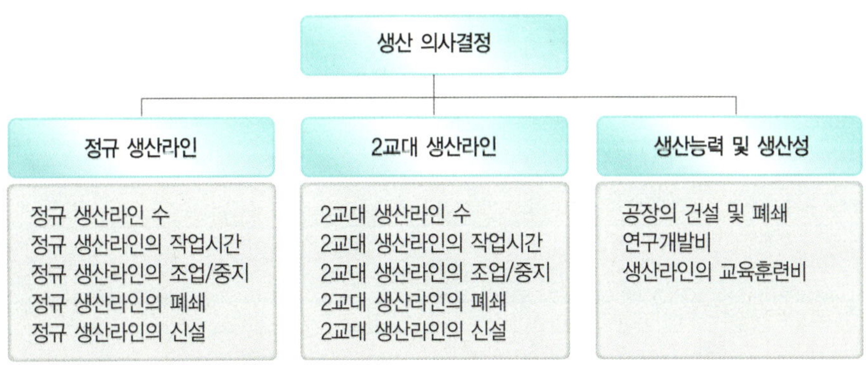

- 생산 의사결정의 의사결정 입력란은 다음과 같다.

표 2-12 생산 의사결정 입력란

	2012년 4분기		
	한국	미국	중국
1. 정규 생산라인 수	6	0	0
2. 정규 생산라인의 작업시간	48	0	0
3. 정규 생산라인의 조업중지	0	0	0
4. 정규 생산라인의 폐쇄	0	0	0
5. 정규 생산라인의 신설	0	0	0
6. 2교대 생산라인 수	0	0	0
7. 2교대 생산라인의 작업시간	0	0	0
8. 2교대 생산라인의 조업중지	0	0	0
9. 2교대 생산라인의 폐쇄	0	0	0
10. 2교대 생산라인의 신설	0	0	0
11. 공장의 건설 및 폐쇄	0	0	0
12. 연구개발비	700,000,000	0	0
13. 생산라인의 교육훈련비	300,000,000	0	0

- 생산 의사결정은 생산능력을 확대할 것인지 또는 축소할 것인지의 따라 의사결정 방법이 달라진다. [표 2-13]은 생산능력의 확대 및 축소에 따라 생산영역의 의사결정 방법을 나타낸 표이다.

표 2-13 생산 의사결정 방법

구 분	정규 생산라인 의사결정	2교대 생산라인 의사결정	공장 의사결정
생산능력의 확대	작업시간 확대 예) 잔업시간을 40시간에서 44시간, 48시간으로 확대	작업시간 확대 예) 잔업시간을 40시간에서 44시간, 48시간으로 확대	공장 신설
	생산라인 증설 예) 정규 생산라인 증설	생산라인 증설 예) 2교대 생산라인 증설	
	연구개발비 및 생산 교육훈련비 증가	연구개발비 및 생산 교육훈련비 증가	

생산능력의 축소	작업시간 단축 예) 잔업시간을 44시간, 48시간에서 40시간으로 축소	작업시간 단축 예) 잔업시간을 44시간, 48시간에서 40시간으로 축소	공장 폐쇄
	생산라인 조업중지 예) 정규 생산라인 조업중지	생산라인 조업중지 예) 2교대 생산라인 조업중지	
	생산라인 폐쇄 예) 정규 생산라인 폐쇄	생산라인 폐쇄 예) 2교대 생산라인 폐쇄	
	연구개발비 및 생산 교육훈련비 축소	연구개발비 및 생산 교육훈련비 축소	

2.1 정규 생산라인 의사결정

- 정규 생산라인 의사결정은 매 분기마다 생산능력을 감축하는 정규 생산라인의 조업중지와 정규 생산라인의 폐쇄, 생산능력을 확대하는 정규 생산라인의 신설, 작업시간의 확대, 공장의 신설에 따라 의사결정 방법이 달라진다.

표 2-14 정규 생산라인의 생산능력 감축 방법과 확대 방법

생산능력 감축 방법	정규 생산라인의 조업중지	• 한 분기 동안 생산라인을 중지하고, 생산인력은 유급휴가를 줌으로써 일시적으로 생산량을 감축하는 방법 • 다음 분기에 자동으로 생산 가능한 정규 생산라인이 됨.
	정규 생산라인의 폐쇄	• 생산설비를 매각 처분하고, 생산인력을 해고함으로써 영구적으로 생산능력을 줄이는 방법
생산능력 확대 방법	작업시간의 연장 (잔업)	• 작업시간을 40시간에서 44시간 또는 48시간으로 늘리는 방법
	정규 생산라인의 신설	• 한국공장의 정규 생산라인 수를 신설하는 것을 의미함. • 정규 생산라인을 신설하면 다음 분기에 가동 가능함.
	공장의 신설	• 공장이 없는 미국과 중국에 공장을 신설하여 생산능력을 확대하는 방법 • 공장 건설에는 3분기가 소요되고 많은 투자가 필요함.

(1) 정규 생산라인 수

1) 설 명

- 기본적으로 공장은 정규 생산라인과 2교대 생산라인을 이용해서 제품을 생산하게 되는데 여기서 정규 생산라인이란 중간에 제품을 생산하는 라인이며, 정규 생산라인 수는 제품을 생산하기 위해 가동하는 정규 생산라인 수를 의미한다.

2) 입력방법

- 정규 생산라인 수의 입력단위는 라인 수이며, 음수 입력은 불가능하다.
- 정규 생산라인 수의 최소값은 0이고, 최대값은 분기 초 가동할 수 있는 정규 생산라인 수이다.

표 2-15 정규 생산라인 수의 입력범위

	한국	미국	중국
최소값	0	0	0
최대값	가동 가능한 정규 생산라인 수	가동 가능한 정규 생산라인 수	가동 가능한 정규 생산라인 수

3) 고려사항

- 정규 생산라인 수의 의사결정에서는 정규 생산라인 중에서 몇 개의 라인을 이용해서 제품을 생산할 것인지 결정해야 한다. 이러한 의사결정을 하기 위해서는 정규 생산라인의 종류와 정규 생산라인의 생산량에 대한 내용을 이해해야 한다. 그리고 이러한 정보를 바탕으로 각 영업지점의 주문량 충족 여부와 원가를 절감할 수 있는 생산계획을 고려하여 정규 생산라인 수를 결정해야 한다.

가. 정규 생산라인의 종류

- 분기 초 보유하고 있는 정규 생산라인은 가동하는 생산라인, 조업중지하는 생산라인, 폐쇄하는 생산라인으로 나누어진다. 그러므로 가동하는 정규 생산라인 수, 조업중지하는 생산라인 수, 폐쇄하는 생산라인 수의 합은 분기 초 가동 가능한

정규 생산라인 수와 같다.

① 가동하는 정규 생산라인

해당 분기에 실질적으로 제품을 생산하는 정규 생산라인을 의미한다.

② 조업 중지하는 정규 생산라인

한 분기만 생산을 중지하는 정규 생산라인을 의미한다.

③ 폐쇄하는 정규 생산라인

영구히 폐쇄하는 정규 생산라인을 의미한다.

나. 정규 생산라인의 생산량

- 작업시간에 따른 정규 생산라인의 라인당 생산량 현황은 2012년 4분기를 기준으로 다음과 같다.

표 2-16 정규 생산라인의 라인당 생산량

	정규 40시간	정규 44시간	정규 48시간
한 국	20,000	21,600	23,000
미 국	22,000	23,760	25,300
중 국	18,000	19,440	20,700

- 정규 생산라인의 생산량은 작업시간, 제품모델 번호, 교육훈련비, 계절적 요인, 공장에 따라서 달라진다.

① 작업시간

작업시간은 40시간, 44시간, 48시간으로 작업시간이 많을수록 생산량이 많다.

② 제품모델 번호

제품모델 번호가 높을수록 신제품이기 때문에 생산수율이 낮아져서 생산량이 감소한다.

③ 교육훈련비

생산라인당 교육훈련비가 많을수록 생산성이 높아지기 때문에 생산량이 증가한다.

④ 계절적 요인

계절에 따라 생산수율이 다르기 때문에 생산량에 차이가 발생한다. 게임에서는 주로 2분기와 4분기에 높고 1분기와 3분기에 낮다.

⑤ 공장

공장에 따라서 생산수율이 다르다. 게임에서는 미국 공장의 생산수율이 가장 높고 한국, 중국 공장의 순이다. 그러나 현재는 한국에만 공장이 있다는 점을 유의해야 한다.

다. 영업지점의 주문량 충족 여부와 원가절감

- 정규 생산라인 수는 각 영업지점 주문량(마케팅부서의 주문량)의 충족 여부와 원가절감 방안을 고려해서 결정해야 한다.

① 영업지점의 주문량

현재 생산능력으로 영업지점의 주문량만큼 생산 가능한지 확인해야 한다. 만약에 주문량을 충족시키지 못하면 마케팅부서에 주문량 조정을 요청하고, 마케팅부서는 마케팅 계획을 수정해야 한다.

② 원가절감

생산부서가 주문량을 충족시킬 수 있다면 원가를 낮출 수 있는 생산계획을 수립해야 한다. 잔업시간, 2교대 생산라인, 조업중지 등의 여러 대안들을 비교 · 평가해서 단위당 생산원가를 낮출 수 있는 생산계획을 수립해야 한다.

(2) 정규 생산라인의 작업시간

1) 설 명

- 정규 생산라인의 작업시간은 정규 생산라인에서 제품을 생산하는 작업시간을 의미한다. 정규 작업시간은 주당 40시간이며, 44시간과 48시간까지 잔업을 할 수 있다.

2) 입력범위

- 정규 작업시간의 입력단위는 시간으로서, 음수 입력은 불가능하다. 정규 작업시간은 40시간, 44시간, 48시간 중 하나가 된다.
- 최소값은 40시간, 최대값은 48시간이다.

표 2-17 정규 생산라인의 작업시간의 입력범위

	한국	미국	중국
최소값	40시간	40시간	40시간
최대값	48시간	48시간	48시간

3) 고려사항

- 정규 생산라인의 작업시간은 생산량과 정비례하지 않고, 잔업시간의 수당은 정규 작업수당보다 비싸다는 점을 유의해야 한다.
- 또한 정규 생산라인의 작업시간을 결정할 때는 정규 생산라인당 노무비, 라인당 제조간접비를 고려해야 하며, 주문량의 충족 여부와 원가를 고려해서 작업시간을 결정해야 한다.

가. 정규 생산라인의 라인당 노무비

- 정규 생산라인의 라인당 노무비는 2012년 4분기 기준으로 다음과 같다.

표 2-18 라인당 노무비

	정규 40시간	정규 44시간	정규 48시간
한국(원)	500,000,000	550,000,000	575,000,000
미국(달러)	500,000	550,000	575,000
중국(위안)	2,300,000	2,600,000	2,700,000

나. 정규 생산라인의 제조간접비

- 정규 생산라인의 제조간접비는 2012년 4분기 기준으로 다음과 같다.

표 2-19 라인당 제조간접비

국가	라인당 제조간접비
한국(원)	150,000,000
미국(달러)	150,000
중국(위안)	700,000

(3) 정규 생산라인의 조업중지

1) 설 명

- 정규 생산라인의 조업중지는 생산량을 감축하기 위해서 한 분기 동안 조업중지하는 정규 생산라인 수를 의미한다.

2) 입력방법

- 정규 생산라인 조업중지의 입력단위는 라인 수로서, 음수 입력은 불가능하다.
- 최소값은 0이고, 최대값은 가동 가능한 정규 생산라인 수이다.

표 2-20 정규 생산라인 조업중지의 입력범위

	한국	미국	중국
최소값	0	0	0
최대값	가동 가능한 정규 생산라인수	가동 가능한 정규 생산라인 수	가동 가능한 정규 생산라인 수

3) 고려사항

- 정규 생산라인을 조업중지할 때는 정규 생산라인 노무비의 60%를 지불해야 하기 때문에 이 점을 유의해야 한다. 또한 정규 생산라인을 2분기 이상 연속적으로 조업중지하기 위해서는 매 분기 조업중지해야 한다.
- 정규 생산라인을 조업중지하는 것은 생산능력의 감축방법 중 하나이다. 이 밖에도 생산능력의 감축방법은 정규 및 2교대 생산라인의 폐쇄, 공장의 폐쇄 등의 방법이 있다. 따라서 생산능력을 감축하고자 할 때는 여러 대안들을 비교 · 평가해서 주의 깊게 결정해야 한다.

그림 2-9 정규 생산라인의 조업중지

■ 발생조건 : 생산량 감축을 위한 의사결정에 의해 발생
① t분기 초 생산라인 조업중지 의사결정
② 생산라인의 생산인력은 유급휴가
③ t+1분기 초 생산라인 조업 개시

▶ 2분기 이상 연속적으로 정규 생산라인을 조업중지하기 위해서는 매 분기 '정규 생산라인의 조업중지'에 입력

(4) 정규 생산라인의 폐쇄

1) 설 명

- 정규 생산라인의 폐쇄는 생산능력을 감축하기 위해서 영구히 폐쇄하는 정규 생산라인의 수를 의미한다.

2) 입력방법

- 정규 생산라인 수의 폐쇄의 입력단위는 라인 수로서, 음수 입력은 불가능하다.
- 최소값은 0이고, 최대값은 가동 가능한 정규 생산라인 수이다.

| 표 2-21 | 정규 생산라인 폐쇄의 입력방법

	한국	미국	중국
최소값	0	0	0
최대값	가동 가능한 정규 생산라인 수	가동 가능한 정규 생산라인 수	가동 가능한 정규 생산라인 수

3) 고려사항

- 정규 생산라인을 폐쇄하면 생산라인의 폐쇄 및 인력의 해고 등의 일들이 일어난다.
    - 정규 생산라인 설비가 장부가의 30%에 매각됨에 따라서 70%의 손실이 발생하기 때문에 이 점을 유의해야 한다.
    - 생산인력은 지난 분기의 노무비에 해당한 퇴직금을 지불하고, 해고하게 된다.
    - 만약에 정규 생산라인에 연결된 2교대 생산라인이 있으면 2교대 생산라인은 자동으로 폐쇄가 된다.

- 정규 라인의 수의 폐쇄는 생산량 감축을 위한 의사결정에 의해 발생한다. 따라서 생산능력을 감축하고자 할 때는 여러 대안들을 비교 · 평가해서 주의깊게 결정해야 한다.

그림 2-10 정규 생산라인의 폐쇄

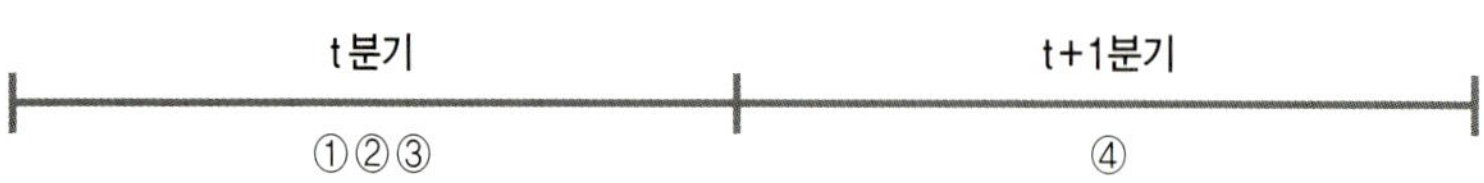

■ 발생조건 : 생산량 감축을 위한 의사결정에 의해 발생

① t분기 초 생산라인 폐쇄 의사결정

② 장부가의 30%에 생산설비 매각됨에 따라 70%의 매각손실 발생

③ 생산인력은 지난 분기의 노무비에 해당하는 퇴직금 지불 뒤 해고

④ t+1분기부터 생산라인 감소

(5) 정규 생산라인의 신설

1) 설 명

- 정규 생산라인의 신설은 생산능력을 늘리기 위해서 신설하는 정규 생산라인 수를 의미한다.

2) 입력방법

- 정규 생산라인 신설의 입력단위는 라인 수로서 음수 입력은 불가능하다.
- 최소값은 0이고, 최대값은 보유 가능한 최대 생산라인 수에서 현재 보유하고 있는 정규 생산라인 수를 뺀 값이다.

| 표 2-22 | 정규 생산라인 신설의 입력범위

	한국	미국	중국
최소값	0	0	0
최대값	보유 가능한 정규 생산라인 수－보유 중인 정규 생산라인 수	보유 가능한 정규 생산라인 수－보유 중인 정규 생산라인 수	보유 가능한 정규 생산라인 수－보유 중인 정규 생산라인 수

3) 고려사항

- 정규 생산라인을 신설하기 위해서는 생산설비의 구입 및 설치, 생산인력의 고용 및 교육 · 훈련 과정이 필요하다. 따라서 정규 생산라인의 라인당 신설비용과 교육훈련비를 고려하여 의사결정해야 한다.
- 정규 생산라인 신설비용 및 교육훈련비는 2012년 4분기 기준으로 다음과 같다.

| 표 2-23 | 정규 생산라인 신설비용

	라인당 신설비용	라인당 교육훈련비
한국(원)	1,500,000,000	400,000,000
미국(달러)	1,500,000	400,000
중국(위안)	7,000,000	1,900,000

- 정규 생산라인을 신설하는 것은 장기적으로 생산능력을 확대하는 전략으로서, 많은 투자가 요구되는 중요한 의사결정이다. 따라서 시장의 동향 및 판매량을 정확하게 예측하고 생산능력을 조정할 수 있는 여러 대안들을 비교 · 평가해서 정규 생산라인의 신설 여부와 신설 라인 수를 결정해야 한다.

가. 정규 생산라인의 신설 방법

① 최대 신설할 수 있는 정규 생산라인 수

한국 공장이 보유할 수 있는 정규 생산라인 수는 최대 8개까지이다. 현재 6개의 생산라인을 가지고 있기 때문에 2개의 라인을 추가로 신설할 수 있다.

② 해외 공장에 신설할 수 있는 정규 생산라인 수

현재 미국과 중국에는 공장이 없기 때문에 미국과 중국은 정규 생산라인을 신설할 수 없다. 따라서 미국과 중국에는 먼저 공장을 건설한 후 정규 생산라인을 신설해야 한다.

③ 정규 생산라인 신설의 소요 기간

정규 생산라인을 신설하는 데는 2분기가 소요된다. 예를 들어서 2013년 1분기에 2개의 정규 생산라인을 신설하게 되면, 2013년 3분기부터 생산이 가능하게 된다. 또한 정규 생산라인 신설에 소요되는 비용도 2분기에 걸쳐서 지출하게 된다.

④ 정규 생산라인 신설의 감가상각 기간

정규 생산라인의 감가상각 기간은 8년으로, 정액법으로 매 분기 감가상각된다. 감가상각은 정규 생산라인을 신설하는 분기부터 시작한다.

그림 2-11 정규 생산라인의 신설

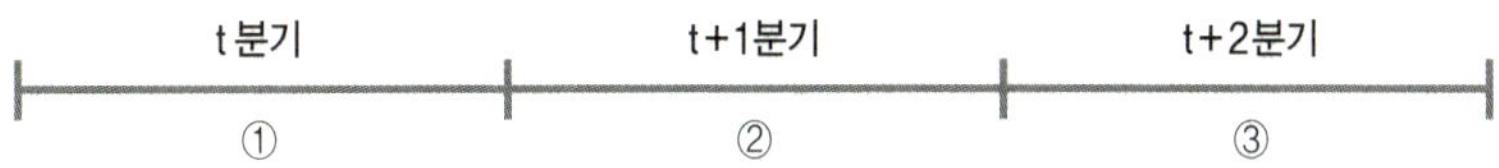

- 발생조건 : 생산량 증가를 위한 의사결정에 의해 발생
  - ① t분기 초 생산라인 신설 의사결정
  - ② 정규 생산라인의 생산설비의 설치 및 생산인력의 교육훈련
  - ③ t+2분기부터 신설 정규 생산라인 조업 개시

2.2 2교대 생산라인 의사결정

- 2교대 생산라인 의사결정은 매 분기마다 생산능력을 감축하는 2교대 생산라인 조업중지와 2교대 생산라인의 폐쇄, 생산능력을 확대하는 2교대 생산라인의 신설, 작업시간의 확대에 따라 의사결정 방법이 달라진다.

표 2-24 2교대 생산라인의 생산능력 감축방법과 확대방법

생산능력 감축방법	2교대 생산라인의 조업중지	• 한 분기 동안 생산인력을 휴직하게 해서 생산량을 감축하는 방법임. • 다음 분기에 자동으로 생산 가능한 2교대 생산라인이 됨.
	2교대 생산라인의 폐쇄	• 생산설비를 매각 처분하고, 생산인력을 해고함으로써 영구적으로 생산능력을 줄이는 방법임.
생산능력 확대방법	작업시간의 연장 (잔업)	• 2교대 생산라인의 작업시간을 40시간에서 44시간 또는 48시간으로 늘리는 방법
	2교대 생산라인의 신설	• 한국 공장의 2교대 생산라인 수를 신설하는 것을 의미 • 정규 생산라인 수까지 신설 가능하며 정규 생산라인 수만큼 신설하면 생산량은 거의 2배 증가하게 됨.
	공장의 신설	• 공장이 없는 미국과 중국에 공장을 신설하여 생산능력을 확대하는 방법 • 공장 건설에는 3분기가 소요되고 많은 투자가 필요함.

(1) 2교대 생산라인 수

1) 설 명

- 2교대 생산라인은 제품을 생산하기 위해서 가동되는 생산라인으로서, 2교대 생산방식은 정규 생산라인의 생산이 끝난 후, 야간에 2교대 생산라인 인력이 정규 생산라인의 설비를 그대로 사용해서 생산을 하는 방식이다.

2) 입력방법

- 2교대 생산라인 수의 입력단위는 라인 수이며, 음수 입력은 불가능하다.
- 2교대 생산라인 수의 최소값은 0이고, 최대값은 가동 가능한 2교대 생산라인 수이다. 현재 가동 가능한 2교대 생산라인 수는 0이다.

표 2-25 2교대 생산라인 수의 입력범위

	한국	미국	중국
최소값	0	0	0
최대값	가동 가능한 2교대 생산라인 수	가동 가능한 2교대 생산라인 수	가동 가능한 2교대 생산라인 수

3) 고려사항

- 2교대 생산라인은 정규 생산라인 수를 초과할 수 없으며, 야간에 작업을 하기 때문에 정규 생산라인보다 인건비가 비싸고, 생산량이 적다.
- 2교대 생산라인 수의 의사결정에서는 몇 개의 생산라인을 통해서 제품을 생산할 것인지와 생산라인의 생산량을 고려해서 결정해야 한다. 또한 2교대 생산라인 수를 결정하는 것은 정규 생산라인의 수를 결정하는 것처럼 주문량의 충족 여부와 원가절감 방안을 고려해서 결정해야 한다.

가. 2교대 생산라인의 종류

- 2교대 생산라인은 정규 생산라인처럼 가동하는 생산라인, 조업중지하는 생산라인, 폐쇄하는 생산라인으로 나누어진다. 그러므로 가동하는 2교대 생산라인 수,

조업중지하는 2교대 생산라인 수, 폐쇄하는 2교대 생산라인 수의 합은 분기 초 가동 가능한 2교대 생산라인 수와 같다.

① 가동하는 2교대 생산라인

해당 분기에 실질적으로 제품을 생산하는 2교대 생산라인을 의미한다.

② 조업 중지하는 2교대 생산라인

한 분기만 생산을 중지하는 2교대 생산라인을 의미한다.

③ 폐쇄하는 2교대 생산라인

영구히 폐쇄하는 2교대 생산라인을 의미한다.

나. 2교대 생산라인의 생산량

- 작업시간에 따른 2교대 생산라인의 라인당 생산량은 2012년 4분기 기준으로 다음과 같다.

표 2-26 2교대 생산라인의 생산량

작업시간	2교대 40시간	2교대 44시간	2교대 48시간
한국	19,000	20,500	21,500
미국	20,900	22,550	23,650
중국	17,100	18,450	19,350

- 2교대 생산라인의 생산량은 정규 생산라인처럼 작업시간, 모델번호, 교육훈련비, 계절적 요인, 공장에 따라서 달라진다.

① 작업시간

작업시간은 40시간, 44시간, 48시간으로 작업시간이 많을수록 생산량이 많다.

② 제품모델 번호

제품모델 번호가 높을수록 신제품이기 때문에 생산수율이 낮아져서 생산량이 감소한다.

③ 교육훈련비

생산라인당 교육훈련비가 많을수록 생산성이 높아지기 때문에 생산량이 증가한다.

④ 계절적 요인

계절에 따라 생산수율이 다르기 때문에 생산량에 차이가 발생한다. 게임에서는 주로 2분기와 4분기에 높고 1분기와 3분기에 낮다.

⑤ 공장

공장에 따라서 생산수율이 다르다. 게임에서는 미국 공장의 생산수율이 가장 높고 한국, 중국 공장의 순이다. 그러나 현재는 한국에만 공장이 있다는 점을 유의해야 한다.

(2) 2교대 생산라인의 작업시간

1) 설 명

- 2교대 생산라인의 작업시간은 2교대 생산라인에서 제품을 생산하기 위해서 투입되는 작업시간을 의미한다. 2교대 생산라인의 작업시간은 주당 40시간이며, 44시간과 48시간까지 작업을 할 수 있다.

2) 입력범위

- 2교대 작업시간의 입력단위는 시간으로서, 음수 입력은 불가능하다. 2교대 작업시간은 40시간, 44시간, 48시간 중 하나가 된다.
- 최소값은 40시간, 최대값은 48시간이다.

| 표 2-27 | 2교대 생산라인 작업시간의 입력범위

	한국	미국	중국
최소값	40시간	40시간	40시간
최대값	48시간	48시간	48시간

3) 고려사항

- 2교대 작업시간의 결정은 2교대 생산라인 수를 결정하는 것처럼 생산량의 충족 여부와 원가(라인당 노무비, 제조간접비)를 고려해서 작업시간을 결정해야 한다. 또한 정규 생산라인의 잔업처럼 2교대 생산라인의 잔업시간 수당은 2교대 정규 근무수당보다 비싸고, 생산량은 잔업시간에 정비례하지 않는다.
- 2교대 생산라인의 라인당 노무비는 2012년 4분기 기준으로 다음과 같다.

| 표 2-28 | 2교대 라인당 노무비

	2교대 40시간	2교대 44시간	2교대 48시간
한국	550,000,000	605,000,000	660,000,000
미국	550,000	605,000	660,000
중국	2,600,000	2,800,000	3,100,000

- 2교대 생산라인의 제조간접비는 정규 생산라인의 제조간접비와 동일하다. 2교대 생산라인의 제조간접비는 2012년 4분기 기준으로 다음과 같다.

| 표 2-29 | 2교대 라인당 제조간접비

국가	라인당 제조간접비
한국(원)	150,000,000
미국(달러)	150,000
중국(위안)	700,000

(3) 2교대 생산라인의 조업중지

1) 설 명

- 2교대 생산라인의 조업중지는 한 분기 동안 조업중지하는 2교대 생산라인 수를 의미한다. 이것은 한 분기 동안 생산인력을 휴직하게 해서 생산량을 감축하는 방법이다. 2교대 생산라인을 조업중지하게 되면, 다음 분기에는 자동으로 생산 가능한 2교대 생산라인이 된다.

2) 입력방법

- 2교대 생산라인 조업중지의 입력단위는 라인 수로서 음수 입력은 불가능하다.
- 최소값은 0이고, 최대값은 가동 가능한 2교대 생산라인 수이다.

표 2-30 2교대 생산라인 조업중지의 입력범위

	한국	미국	중국
최소값	0	0	0
최대값	가동 가능한 2교대 생산라인 수	가동 가능한 2교대 생산라인 수	가동 가능한 2교대 생산라인 수

3) 고려사항

- 2교대 생산라인 조업중지 의사결정을 할 때에는 2교대 생산라인 조업중지 비용을 고려해서 결정해야 한다. 2교대 생산라인 조업중비 비용은 2교대 생산라인 노무비의 60%를 지불해야 하며, 2교대 생산라인을 2분기 이상 연속적으로 조업중지하기 위해서는 매 분기 조업중지해야 한다. 그러므로 생산능력을 감축할 때는 여러 대안들을 비교 · 평가해서 주의깊게 결정해야 한다.

그림 2-12 2교대 생산라인의 조업중지

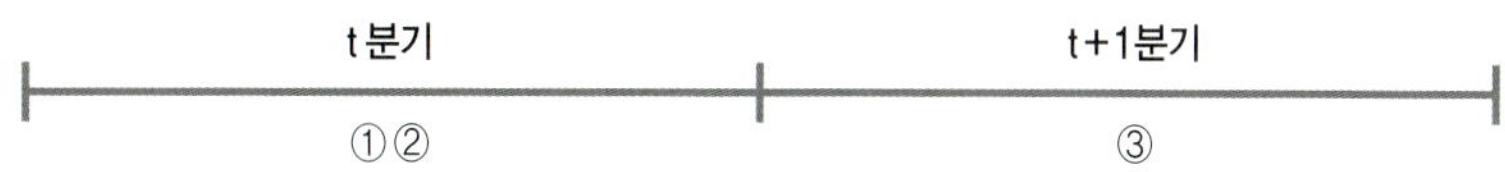

■ 발생조건 : 생산량 감축을 위한 의사결정에 의해 발생
① t분기 초 생산라인 조업중지 의사결정
② 생산라인의 생산인력은 유급휴가
③ t+1분기 초 신설 생산라인 조업 개시

(4) 2교대 생산라인의 폐쇄

1) 설 명

- 2교대 생산라인의 폐쇄는 생산능력을 영구히 폐쇄하는 2교대 생산라인 수를 의미한다. 또한 2교대 생산라인의 폐쇄는 생산설비를 매각하고, 생산인력을 해고하는 정규 생산라인의 폐쇄와 달리 2교대 생산인력의 해고를 의미한다.

2) 입력방법

- 2교대 생산라인 폐쇄의 입력단위는 라인 수로서 음수 입력은 불가능하다.
- 최소값은 0이고, 최대값은 가동 가능한 2교대 생산라인 수이다.

표 2-31 2교대 생산라인 폐쇄의 입력범위

	한국	미국	중국
최소값	0	0	0
최대값	가동 가능한 2교대 생산라인 수	가동 가능한 2교대 생산라인 수	가동 가능한 2교대 생산라인 수

3) 고려사항

- 2교대 생산라인의 폐쇄는 생산량 감축을 위한 의사결정에 의해 발생된다. 2교대 생산라인을 폐쇄하면 2교대 생산라인 설비가 장부가의 30%에 매각됨에 따

라서 70%의 매각손실이 발생한다.

- 생산인력을 해고하게 되면 지난 분기의 2교대 생산라인의 노무비에 해당하는 퇴직금을 지불하게 된다.
- 생산라인은 의사결정이 이루어진 다음 분기부터 감소하게 된다.

그림 2-13 2교대 생산라인의 폐쇄

■ 발생조건 : 생산량 감축을 위한 의사결정에 의해 발생

① t분기 초 생산라인 폐쇄 의사결정
② 장부가의 30%에 생산설비 매각
③ 생산인력은 지난 분기의 노무비에 해당하는 퇴직금 지불 뒤 해고
④ t+1분기부터 생산라인 감소

(5) 2교대 생산라인의 신설

1) 설 명

- 2교대 생산라인의 신설은 생산능력을 늘리기 위해서 신설하는 2교대 생산라인 수를 의미한다. 2교대 생산라인의 신설에는 시설비용이 필요 없고, 교육훈련비만 필요하다.

2) 입력방법

- 2교대 생산라인 신설의 입력단위는 라인 수로서 음수 입력은 불가능하다.
- 최소값은 0이고, 최대값은 현재 보유하고 있는 정규 생산라인 수(보유 가능한 2교대 생산라인 수–보유 중인 2교대 생산라인 수)이다.

| 표 2-32 | 정규 생산라인 신설의 입력범위

	한국	미국	중국
최소값	0	0	0
최대값	보유 가능한 2교대 생산라인 수 – 보유 중인 2교대 생산라인 수	보유 가능한 2교대 생산라인 수 – 보유 중인 2교대 생산라인 수	보유 가능한 2교대 생산라인 수 – 보유 중인 2교대 생산라인 수

3) 고려사항

- 2교대 생산라인 신설은 장기적으로 생산능력을 확대하는 전략이다. 2교대 생산라인 신설은 생산설비의 구입 및 생산인력의 확보, 교육과정이 필요한 정규 생산라인 신설과는 달리, 생산인력의 확보 및 교육과정만 필요하다. 따라서 2교대 생산라인 신설의 의사결정에서는 2교대 생산라인 신설 여부와 신설라인 수를 결정해야 하며, 라인 증설 시 지출되는 교육훈련비를 고려해서 의사결정해야 한다.

가. 교육훈련비

- 2교대 생산라인의 교육훈련비는 2012년 4분기 기준으로 다음과 같다.

| 표 2-33 | 2교대 생산라인 증설 시 교육비용

국가	라인당 교육훈련비
한국(원)	400,000,000
미국(달러)	400,000
중국(위안)	1,900,000

나. 2교대 생산라인의 신설방법

- 2교대 생산라인을 신설하는 데는 1분기가 소요된다. 예를 들어 2013년 1분기에 2교대 생산라인을 신설하게 되면, 2013년 2분기부터 2교대 생산라인 수에서 생산이 가능하다.

① 한국 공장에 신설할 수 있는 최대 2교대 생산라인 수

한국공장에 신설할 수 있는 최대 2교대 생산라인 수는 정규 생산라인 수까지인데, 그 이유는 2교대 생산라인은 정규 생산라인의 설비를 이용해야 하기 때문이다.

예제

질문) 정규 생산라인 수가 6이고 현재 보유하고 있는 2교대 생산라인 수가 0일 때, 신설할 수 있는 2교대 최대 생산라인 수는?

답) 2교대 생산라인은 정규 생산라인의 수만큼 신설이 가능하므로 최대 6라인까지이다.

질문) 정규 생산라인 수가 6이고 현재 가동 가능한 2교대 생산라인 수가 2일 때, 신설할 수 있는 신설할 수 있는 2교대 최대 생산라인 수는?

답) 2교대 생산라인은 정규 생산라인의 수만큼 신설이 가능하고, 현재 사용 중인 생산라인의 값이 2이므로 최대 4라인까지 가능하다.

② 미국과 중국에 신설할 수 있는 최대 2교대 생산라인 수

미국과 중국에는 현재 공장이 없기 때문에 2교대 생산라인을 신설할 수 없다. 먼저, 공장을 건설하고 정규 생산라인을 신설한 후, 2교대 생산라인을 신설할 수 있다.

- 2교대 생산라인 신설에 소요되는 비용은 해당 분기에 지출하게 된다.

그림 2-14 2교대 생산라인의 신설

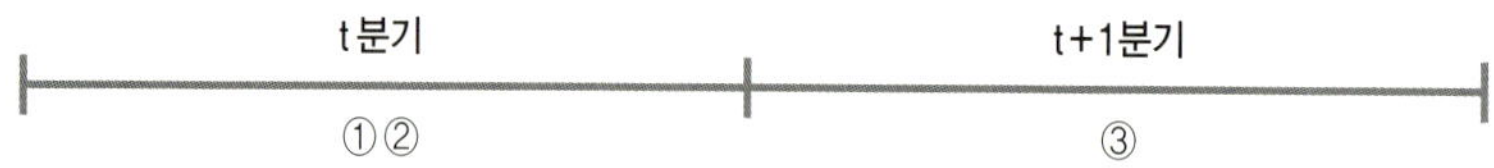

■ 발생조건 : 생산량 증가를 위한 의사결정에 의해 발생

① t분기 초 2교대 생산라인의 신설 의사결정

② 2교대 생산라인의 생산인력 채용 및 교육훈련

③ t+1분기부터 신설 2교대 생산라인 조업 개시

2.3 생산능력 및 생산성 의사결정

(1) 공장의 신설 및 폐쇄

1) 설 명

- 공장의 신설 및 폐쇄는 장기적으로 생산능력을 확충 및 축소하기 위해서 한국, 미국, 중국에 공장을 건설하거나 폐쇄하는 것을 의미한다. 공장 건설에 소요되는 투자비용은 3분기에 걸쳐서 균등하게 지출하게 된다.

2) 입력방법

- 공장의 신설 및 폐쇄의 입력단위는 −1, 0, 1이다. −1은 공장의 폐쇄이고, 0은 변동 없고, 1은 공장의 건설이다.
- 공장은 한 국가에 하나만 있을 수 있기 때문에 한국에는 더 이상 공장을 신설할 수 없다. 따라서 최소값은 −1(공장 폐쇄)이며, 최대값은 0(변동 없음)이다. 그러나 현재 미국, 중국에는 공장이 없기 때문에 최소값은 0(변동 없음)이며, 최대값은 1(공장 신설)이다.

표 2-34 공장의 신설 및 폐쇄의 입력범위

	한국	미국	중국
최소값	−1	0	0
최대값	0	1	1

3) 고려사항

- 공장의 신설은 기간이 많이 걸리고, 투자가 많이 되는 가장 중요한 의사결정이다. 만약 공장을 건설해서 생산한 제품을 충분히 판매할 수 없으면 기업은 엄청난 자금 부담을 겪게 된다. 반대로 해외시장의 수요가 증가하게 될 때, 기존의 생산시설로 수요를 충족시키지 못하면 많은 기회비용이 발생할 것이다. 또한 해외공장에서 생산하는 제품은 해당 국가의 영업지점에서만 판매해야 하기 때문에 해외 시장의 수요를 정확히 분석해서 결정해야 한다.

- 반대로 공장 폐쇄는 매우 조심해서 결정해야 한다. 특히 초기에 한국 공장의 폐쇄는 게임을 포기한다는 것을 의미한다.

가. 공장의 신설

① 공장은 한 국가에 하나만 신설할 수 있다. 공장을 신설하면 한 번에 8개의 정규 생산라인을 설치할 수 있는 공간과 시설을 확보하게 된다.
- 한국에는 8개 생산라인을 보유할 수 있는 공장이 있기 때문에 추가로 공장을 신설할 수 없다.
- 미국과 중국에는 공장이 없기 때문에 공장을 건설할 수 있다.

② 공장 신설에는 3분기가 소요된다.
- 예를 들어서 2013년 4분기에 미국 공장을 가동하기 위해서는 2013년 1분기에 공장건설을 시작해야 한다.

③ 공장을 신설하였다고 생산라인이 자동으로 신설되는 것은 아니다. 공장이 건설되는 시점에 생산을 시작하기 위해서는 공장이 완공되기 2분기 전에 신설하고자 하는 정규 생산라인 수를 입력해야 한다.
- 예를 들어서 미국 공장에서 2003년 4분기부터 4개의 생산라인을 가동하고자 할 때는 2003년 1분기에 공장 건설을 시작하고, 2003년 2분기에 4개의 정규 생산라인의 신설을 시작해야 한다.

④ 공장 신설에 소요되는 비용은 3분기에 걸쳐서 균등하게 지출하게 된다. 공장 건설 비용은 2012년 4분기를 기준으로 다음과 같다.

표 2-35 공장신설 비용

국가	8개 라인
한국(원)	8,000,000,000
미국(달러)	9,000,000
중국(위안)	42,000,000

⑤ 공장의 감가상각 기간은 20년, 매 분기 정액법으로 감가상각된다. 공장의 감가상각은 공장을 신설한 시점부터 시작한다.

그림 2-15 공장의 신설

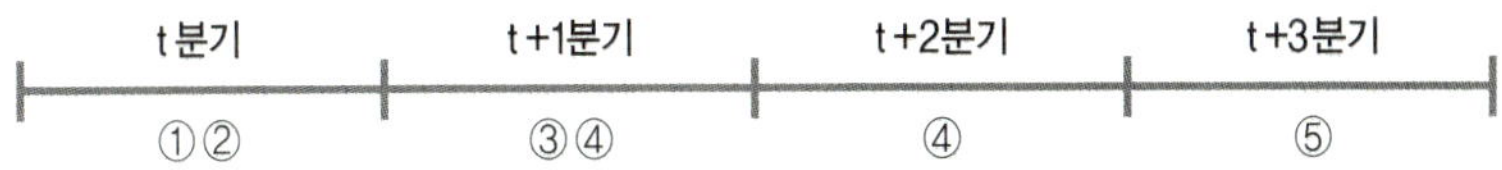

■ 발생조건 : 생산량 증대를 위한 의사결정에 의해 발생
① t분기 초 공장건설(미국, 중국) 의사결정
② 3분기 동안 8개의 정규 생산라인을 설치할 수 있는 공장 건설 시작
③ t+1분기 초 정규 생산라인 신설 의사결정
④ 정규 생산라인의 생산설비의 설치 및 생산인력의 교육훈련
⑤ 건설 공장의 생산라인 조업 개시

▶ 건설에 필요한 투자비용은 3분기에 걸쳐서 지출함.
▶ 신설비용 및 교육훈련비는 2분기에 걸쳐서 지출함.

나. 공장의 폐쇄

- 생산능력을 대규모로 감축하기 위해서는 공장을 폐쇄할 수 있다. 공장을 폐쇄하면 다음의 세 가지 현상이 일어난다.

① 공장의 매각

공장 설비 및 토지는 해당 분기 장부가의 90%에 매각되기 때문에 10%의 매각 손실이 발생한다.

② 생산라인 설비의 매각

생산라인의 생산설비는 장부가의 30%에 매각되기 때문에 70%의 매각 손실이 발생한다.

③ 생산인력의 해고

보유 중인 정규 생산라인 및 2교대 생산라인의 생산인력이 해고되기 때문에 지난 분기의 노무비가 퇴직금으로 지불된다.

- 현재는 한국에만 공장이 있기 때문에 한국 공장만 폐쇄를 할 수 있다. 그러나

현 시점에서 한국 공장을 폐쇄하는 것은 생산 중단을 의미하고, 이는 곧 기업경영 자체를 포기하는 결과를 가져올 것이다. 따라서 미국과 중국에 공장이 없는 한 공장 폐쇄는 없다.

그림 2-16 공장의 폐쇄

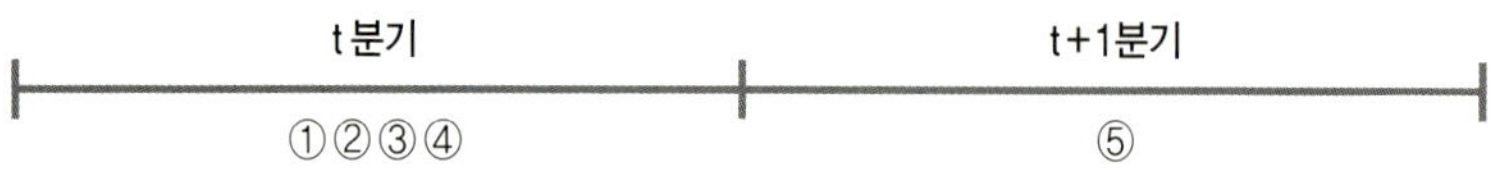

■ 발생조건 : 생산량 감축을 위한 의사결정에 의해 발생

① t분기 초 공장 폐쇄 의사결정
② 장부가의 90%에 공장 설비 및 토지 매각
③ 장부가의 30%에 생산설비 매각
④ 생산인력은 지난 분기의 노무비에 해당하는 퇴직금 지불 뒤 해고
⑤ 공장 폐쇄

▶ 공장이 없는 지역의 공장 폐쇄는 불가능

(2) 연구개발비

1) 설 명

- 연구개발비는 한국 본사에서 신제품개발에 투입되는 연구개발비를 의미한다. 연구개발비는 연구개발부서의 인건비와 신제품 개발에 필요한 연구개발 비용을 총칭하며, 연구개발부서는 한국 공장에 위치하고 있다.

2) 입력방법

- 연구개발비의 입력단위는 원으로서, 음수 입력은 불가능하다.
- 최소값은 0이고, 최대값은 없다.

| 표 2-36 | 연구개발비의 입력범위

	연구개발비
최소값	0
최대값	없음

3) 고려사항

- 연구개발비는 신제품모델 개발에 절대적인 영향을 주기 때문에 적정수준의 연구개발비를 결정해야 한다. 일반적으로 연구개발비가 많이 투자되면 신제품개발 능력이 향상되고 제품개발 속도가 빨라지게 되며, 제품모델 번호 수준이 높아지게 된다. 반대로 연구개발비가 적게 투자되면 연구 인력이 해고되고, 연구개발이 줄어들기 때문에 신제품개발 능력이 감소하고, 제품개발 속도가 늦어지게 되며, 제품모델 번호 수준의 증가속도도 낮아지게 된다.
- 그러나 일반 기업에서도 종종 연구개발비의 투자가 많다고 하여도 신제품개발이 보장되지 않는 것처럼 게임에서도 연구개발비의 투입량과 제품개발 속도와 정확하게 정비례가 되지 않을 수도 있다는 점을 명심해야 한다.

(3) 생산라인의 교육훈련비

1) 설 명

- 생산라인의 교육훈련비는 한국, 미국, 중국의 생산라인의 생산성을 높이기 위해서 투입하는 교육훈련비의 총합을 의미한다. 생산라인의 생산성을 높이는 유일한 방법은 생산라인의 생산인력을 교육훈련시키는 것이다.

2) 입력방법

- 교육훈련비의 입력단위는 원이며, 음수 입력은 불가능하다. 최소값은 0이며, 최대값은 없다.

표 2-37 생산라인 교육훈련비의 입력범위

	생산라인 교육훈련비
최소값	0
최대값	없음

3) 고려사항

- 생산라인의 생산성을 높이기 위해서는 교육훈련비가 매우 중요하다. 교육훈련

비를 결정하기 위해서는 보유하고 있는 생산라인 수, 각 영업지점별 교육훈련비를 고려해서 결정해야 한다.

- 단, 신설한 생산라인의 신규 생산인력의 교육훈련비와 신규 채용한 영업사원의 교육훈련비는 여기에 포함되지 않는다. 신규 생산라인의 교육훈련비와 신규 영업사원의 교육훈련비는 게임에서 자동으로 계산하기 때문에 고려할 필요가 없다.

가. 보유하고 있는 생산라인 수(=정규 생산라인 수+2교대 생산라인 수)

보유하고 있는 생산라인 수를 고려해서 결정해야 한다. 즉, 생산라인당 교육훈련비를 결정한 후에, 총생산라인 수를 곱해서 교육훈련비로 입력을 해야 한다.

나. 미국과 중국의 생산라인 교육훈련비

미국과 중국에 생산라인이 있으면 이들 생산라인까지 고려해서 교육훈련비를 책정해야 한다.

- 일반적으로 교육훈련비가 많으면 생산라인의 생산성이 높아져서 라인당 생산량이 늘어나게 되고, 제조원가가 감소하게 된다. 반대로 교육훈련비가 적으면 생산량이 감소해서 제조원가가 증가한다. 그러나 교육훈련비와 생산성이 정비례하는 것이 아니기 때문에 적정수준의 교육훈련비를 책정하는 것이 매우 중요하다.

3. 재무 의사결정

- 재무활동의 주요 업무는 기업경영에 필요한 자금을 조달하고 여유자금을 투자하고, 주주의 이익을 높이기 위해서 배당 의사결정을 하는 것이다.
- 재무부분의 의사결정 종류는 자금조달 의사결정(3개), 투자 의사결정(2개), 배당 의사결정(1개)으로 구성되어 있다.

그림 2-17 재무 의사결정

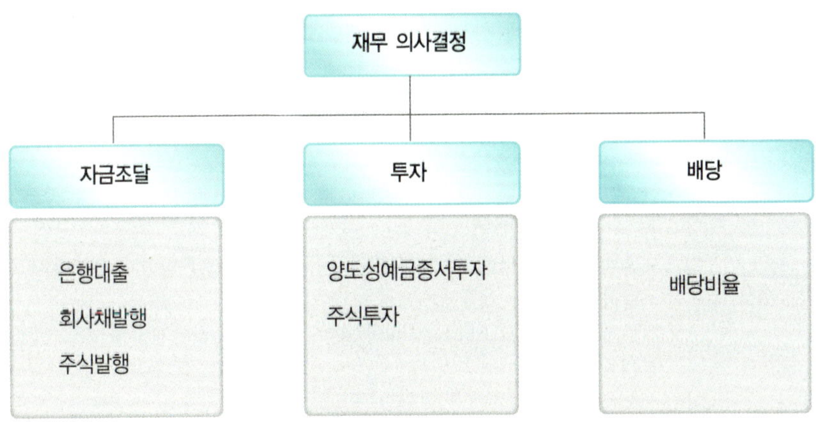

- 재무 의사결정의 의사결정 입력란은 다음과 같다.

표 2-38 재무 의사결정 입력란

의사결정	한국	미국	중국
1. 은행대출	0		
2. 회사채발행	0		
3. 주식발행	0		
4. 양도성예금증서투자	500,000,000		
5. 주식투자	0		
6. 배당비율	3		

- 기업의 재무 의사결정은 자금조달 의사결정, 투자 의사결정, 배당 의사결정으로 나누어진다. 기업의 재무관리 효율성은 이들 의사결정에 큰 영향을 받기 때문에 재무 의사결정을 타당하게 해야 한다.

표 2-39 재무 의사결정 방법

자금조달 의사결정	• 한 분기 동안의 현금흐름을 추정한 결과, 현금 부족이 예상될 때 부족한 현금을 조달하는 방법 • 매출액을 높여서 현금유입을 증가시키는 내부 조달 방안과 외부에서 현금을 조달하는 방안이 있음. • 외부에서 자금을 조달하는 대안들은 은행대출, 회사채발행, 주식발행 등이 있음.
투자 의사결정	• 현금흐름을 추정한 결과, 보유 현금이 많을 때, 여유자금을 투자하는 방법 • CD투자와 주식투자가 있음.
배당 의사결정	• 투자자인 주주의 이익을 극대화하여 경영성과를 높여서 주가를 올리는 방법과 매 분기 배당을 통한 방법이 있음.

3.1 자금조달 의사결정

(1) 은행대출

1) 설 명

- 은행대출은 은행에서 한 분기 동안 차입(돈을 빌리는 것)하는 금액을 의미한다.

2) 입력방법

- 은행대출의 입력단위는 원이며, 음수 입력은 불가능하다.
- 최소값은 0이며, 최대값은 전 분기 유동자산의 60%이다.

표 2-40 은행대출의 입력범위

	은행대출
최소값	0
최대값	전 분기 유동자산의 60%

3) 고려사항

- 은행대출은 의사결정란에 입력하는 분기 초부터 유동자금으로 활용할 수 있으며, 분기 말에 이자를 지불하게 된다. 은행대출 상환은 다음 분기 초에 자동으로 상환되므로 별도의 입력이 필요 없다.
- 예를 들어 2013년 1분기에 차입한 은행대출은 2013년 1분기 말에 이자를 지불하고, 2013년 1분기 말 대차대조표의 단기차입금 항목인 유동부채계정에 포함된다. 원금은 2013년 2분기 초에 상환하게 된다.
- 은행대출 의사결정에서 가장 주의해야 할 일은 경상손실이 발생할 때 부도가 난다는 점이다. 부도가 나는 경우에는 게임에서 긴급 은행대출을 발생시켜 경상손실을 보전하게 해 준다. 긴급 은행대출이 발생하는 경우에는 신용등급 하락 및 주가 하락 등 많은 문제가 발생한다. 그러므로 사전에 충분한 운영자금을 확보해서 부도가 나지 않도록 해야 한다.

가. 은행대출의 한도와 이자율

① 은행대출의 한도

은행대출의 한도는 전 분기 말의 유동자산의 60%까지이다. 즉, 전 분기 유동자산의 60% 범위의 신용 한도 내에서 은행대출을 받을 수 있다.

② 은행대출의 이자율

은행대출의 이자율은 기업의 신용등급에 따라서 다르며, 재무보고서에서 단기 이자율로 나타나 있다.

- 신용등급이 좋을수록(1에 가까울수록) 낮은 이자율을 적용받고, 반대로 신용등급이 나쁠수록(7에 가까울수록) 높은 이자율을 적용받게 된다.
- 은행대출의 이자율은 4등급을 기준으로 신용등급별 추가 이자율을 가감해서 계산된다.

표 2-41 신용등급별 은행대출 이자율 변동폭

신용등급	1	2	3	4(기준)	5	6	7
추가 이자율	-0.6	-0.4	-0.2	0	+0.4	+0.8	+1.2

그림 2-18 은행대출

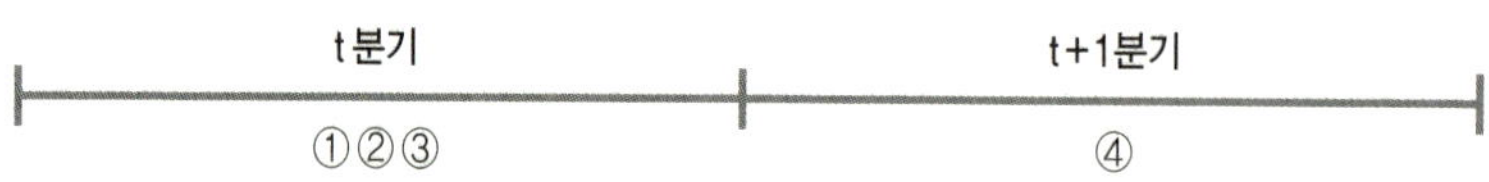

■ 발생조건 : 자금조달을 위한 의사결정에 의해 발생

① t분기 초 은행대출 의사결정

② t분기 초 은행대출(대차대조표 : 유동자산 및 유동부채의 증가)

③ t+1분기 말 이자지급(손익계산서 : 비용의 증가)

④ t+1분기 원금 자동상환

▶ 은행대출 한도 : 지난 분기 말 유동자산의 60%

▶ 신용등급별 은행대출 이자율 적용

나. 긴급 은행대출

① 경상손실의 발생

손익계산서상의 경상이익이 음수인 경우, 즉 경상손실이 발생할 때 부도를 막기 위해서 경상손실 부분을 긴급 은행대출로 보전하게 된다.

• 긴급 은행대출이 발생했을 때는 4등급 이자율에 4%의 이자율을 추가하고, 신용등급은 7로 떨어지게 된다. 그러므로 현금흐름을 원활하게 하여 긴급 은행대출이 발생하지 않도록 주의해야 한다.

그림 2-19 긴급 은행대출

■ 발생조건 : 경상이익이 (-)인 경우 자동발생
① t분기 말 경상이익이 (-)인 경우 자동발생
(대차대조표 : 유동자산 및 유동부채의 증가)
② t분기 초 원리금 자동상환 및 이자지불
(대차대조표 : 유동자산 및 유동부채의 증가)

(2) 회사채발행

1) 설 명

- 회사채발행은 장기적으로 자금을 조달하기 위해서 발행하는 4분기 만기의 회사채를 의미한다. 회사채는 발행 즉시 전액이 회사에 유입되어서 유동자금으로 활용할 수 있다.

2) 입력방법

- 회사채발행의 입력단위는 원이며, 음수 입력(조기상환)이 가능하다.
- 회사채발행의 최소값은 0이고, 최대값은 전 분기의 자산의 50%이다. 회사채는 4분기 만기 회사채이므로, 4분기 후에 전액 자동으로 상환되기 때문에 별도의 입력이 필요 없다. 단, 회사채를 조기상환하는 경우에는 조기상환 금액에 음수

를 붙이면 된다.

표 2-42 회사채발행의 입력범위

	회사채발행
최소값(상환)	-현재 발행된 회사채 금액
최대값(발행)	전 분기 자산의 50%

3) 고려사항

- 회사채발행은 기업운영에 필요한 자금을 충분히 예측한 후 자금이 부족하면 자금을 조달해야 한다. 따라서 사전에 추정 현금흐름표를 작성한 후 현금흐름이 부족하면 회사채발행을 통해 현금을 조달받을 수 있다.

가. 이자비용의 발생

- 회사채는 한 번 발행하면 4분기 동안 자금을 사용해야 하기 때문에 많은 이자비용이 발생한다. 따라서 소요되는 운영자금을 정확하게 파악해서 불필요한 회사채발행을 줄여야 한다.
  - 예를 들어 2012년 1분기에 회사채 10억을 발행하면 2013년 1분기 초에 10억을 상환해야 한다. 발행한 회사채는 2012년 1, 2, 3, 4분기의 대차대조표의 고정부채계정에 포함된다. 이자는 매 분기 말에 지불하게 된다.

나. 회사채 발행의 한도

- 회사채발행의 한도는 전 분기 총자산의 50%까지이다. 경영에 필요한 자금을 추정한 후 전 분기 총자산의 50% 한도 내에서 회사채를 발행하면 된다.

다. 회사채의 이자율

- 회사채의 이자율은 기업의 신용등급에 따라서 다르며, 제3장 경제동향 보고서의 장기이자율로 나타나 있다.
- 아래의 [표 2-43]은 신용등급별 회사채 이자율의 변동폭을 나타낸 표이다.

표 2-43 신용등급별 회사채 이자율 변동폭

신용등급	1	2	3	4(기준)	5	6	7
추가 이자율	−0.75	−0.5	−0.25	0	+0.5	+1	+1.5

- 신용등급이 좋을수록(1에 가까울수록) 낮은 이자율을 적용받고, 반대로 신용등급이 나쁠수록(7에 가까울수록) 높은 이자율을 적용받게 된다.
- 회사채 이자율은 4등급을 기준으로 신용등급별 추가 이자율을 가감해서 계산된다.

라. 회사채의 상환

- 회사채는 만기 전에 조기상환할 수 있다.
  - 조기상환할 때는 회사채 전액을 상환해야 한다.
  - 조기상환할 때는 기존 회사채 이자에 추가적으로 조기상환 이자를 지불해야 한다.
  - 조기상환하고자 할 때는 −부호와 함께 조기상환 금액을 입력하면 된다.
- 발행한 회사채를 상환하기 전에는 회사채의 추가 발행이 안 된다. 따라서 회사채를 한 번 발행하면 4분기 동안은 추가 발행할 수 없다.
  - 예를 들어 2012년 1분기에 회사채를 발행하기 위해서는 2011년 2분기, 3분기, 4분기에 회사채발행 실적이 없어야 한다.

그림 2-20 회사채발행

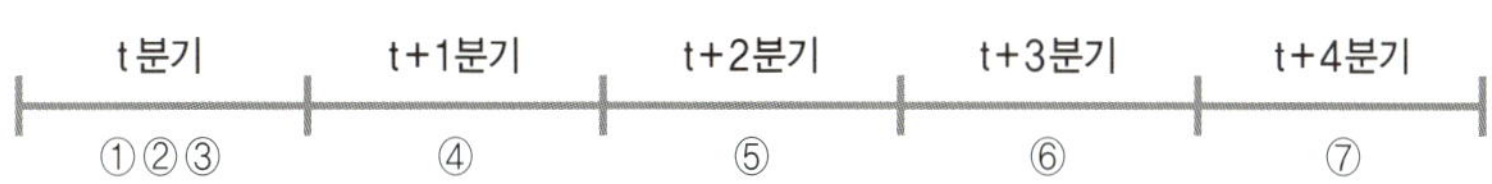

■ 발생조건 : 자금조달을 위한 회사채발행 의사결정에 의해 발생
① t분기 초 회사채발행 의사결정
② t분기 중 회사채발행(대차대조표–유동자산 및 고정부채의 증가)
③~⑥ t분기 발행 이후 매 분기 말(4회) 회사채 이자 지급(손익계산서–비용의 증가)
⑦ 분기 초 원금 자동상환(회사채발생 4분기 경과 후)

▶ 회사채발행 한도 : 전 분기 총자산의 50%
▶ 4분기 경과 전 상환하는 경우 : 전액 상환하여야 하며 원리금 이외에 조기 상환 이자를 부담함.
▶ 신용등급별 회사채 이자율 적용

(3) 주식발행

1) 설 명

- 주식발행은 주식시장에서 자금을 조달하기 위해서 발행하는 보통주의 주식을 의미한다. 주식발행을 통해서 조달한 자금은 분기 초에 유입되어서 유동자금으로 활용할 수 있다.

2) 입력방법

- 주식발행의 입력단위는 주식 수이며, 음수 입력(자사주 취득)이 가능하다.
- 주식발행의 최소값은 0이며, 최대값은 발행한 주식 수의 20% 이내이다. 자사 주식을 취득할 때는 발행한 주식 수의 10%까지이고 취득하고자 하는 주식 수에 음수를 붙이면 된다.

표 2-44 주식발행의 입력범위

	주식발행
최소값	-기존 발행된 주식 수의 10%(자사주 취득)
최대값(주식발행)	기존 발행 주식 수의 20%

3) 고려사항

- 자금조달비용이 가장 저렴한 자금조달방법은 주식시장에 주식을 발행하는 것이다. 그러나 발행주식 수가 많으면 상대적으로 주가가 더욱 낮아지기 때문에 주의해야 한다.

가. 주식 수와 발행가

- 현재 게임상에서 발행한 주식 수는 5,000,000주이며, 액면가는 5,000원이다.
- 주식의 발행가는 게임에서 다음과 같은 방법으로 자동으로 계산해 준다.
  - 발행가=(기발행 주식 수×지난 분기 주가)÷(기발행 주식 수+발행할 주식 수)

나. 주식의 매입

- 주가를 관리하기 위해서 자사 주식을 매입할 수 있다.

• 자사 주식의 취득 한도는 발행한 주식 수의 10% 내이다.
• 자사 주식의 매입가는 전 분기의 주가이다.

그림 2-21 주식발행

■ 발생조건 : 자금조달을 위한 회사채발행 의사결정에 의해 발생
① 분기 초 주식발행 의사결정
② t분기 중 주식발행 및 자금조달(대차대조표 : 유동자산 및 자본금의 증가)

▶ 자본금=발행주식 수×액면가
▶ 자본잉여금=(발행가−액면가)×발행주식 수
▶ 주식발행 한도 : 기존 발행주식의 20% 이내

3.2 투자 의사결정

(1) 양도성예금증서투자

1) 설 명

■ 양도성예금증서투자는 1분기 만기 양도성예금증서(CD : certificate of deposit)에 투자하는 금액을 의미한다.

2) 입력방법

■ CD투자의 입력단위는 원이며 음수 입력은 불가능하다.
■ 최소값은 0이며, 최대값은 투자하는 금액이다.

표 2-45 양도성예금증서투자의 입력범위

	양도성예금증서
최소값	0
최대값	없음(투자하고자 하는 금액임)

3) 고려사항

- 양도성예금증서는 투자 의사결정의 한 부분으로서 분기 말 경상이익에 손실이 발생할 경우 자동으로 발생하게 된다. 원리금은 분기 초에 자동상환되며 이자를 지불하게 되고 분기 말에 수익이 발생하여 다음 분기 초에 원금을 자동으로 회수하게 된다.
- CD이자는 경제동향 보고서에 고시되는 CD이자율을 적용받는다.
- 일반적으로 기업이 보유하고 있는 여유자금은 기회비용이 많기 때문에 CD나 주식에 투자해 운용할 수 있다. 그러나 자금운용 계획을 잘못 수립하여 CD나 주식투자에 자금을 지나치게 많이 투자해 운영자금 부족으로 긴급 은행대출을 받는 일이 없도록 주의해야 한다.

그림 2-22 양도성예금증서투자

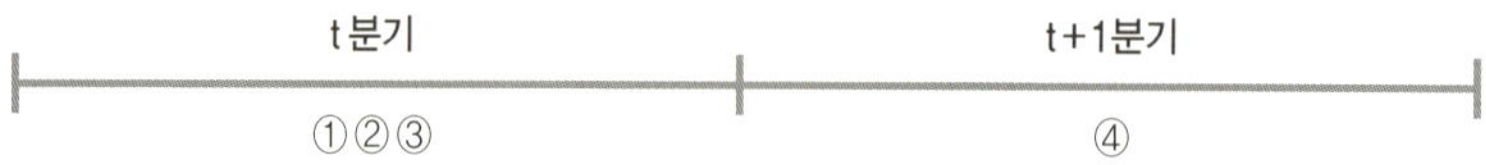

- 발생조건 : 여유자금 운용을 위한 양도성예금증서투자 의사결정에 의해 발생
  - ① t분기 말 경상이익이 (-)인 경우 자동발생 (대차대조표 : 유동자산 및 유동부채의 증가)
  - ② t분기 초 원리금 자동상환 및 이자지불 (대차대조표 : 유동자산 및 유동부채의 증가)
  - ③ t분기 말 수익발생(손익계산서 : 수입이자의 발생)
  - ④ t+1분기 초 원금 자동회수

(2) 주식투자

1) 설 명

- 주식투자는 여유자금을 주식시장에 투자하는 것을 의미한다.

2) 입력방법

- 주식투자의 입력단위는 원이며, 음수 입력(투자금의 회수)이 가능하다.
- 최소값은 0이고, 최대값은 없다. 투자한 금액을 회수하는 경우에는 음수와 함께 회수하고자 하는 금액을 입력하면 된다.

표 2-46 주식투자의 입력범위

	주식투자
최소값(회수)	-주식시장 투자액
최대값(투자)	없음

3) 고려사항

- 주식투자는 주가지수에 연동되는 펀드에 투자하는 것으로서, 투자수익률은 주가지수에 100% 영향을 받는다.
- 투자자금이 충분하고, 주식시장의 수익률이 좋으면 매 분기 주식투자를 할 수 있다.
- 주식투자금액은 분기 초에 투자되며, 회수된 주식투자금액(회수금액+투자수익)은 함께 분기 초에 유입된다.
- 그러나 자금운용 계획을 잘못 수립해서 CD투자나 주식투자에 자금을 지나치게 많이 투자하게 되면, 운영자금이 부족하게 되어 긴급 은행대출을 받게 되므로 이 점을 주의해야 한다.

그림 2-23 주식투자

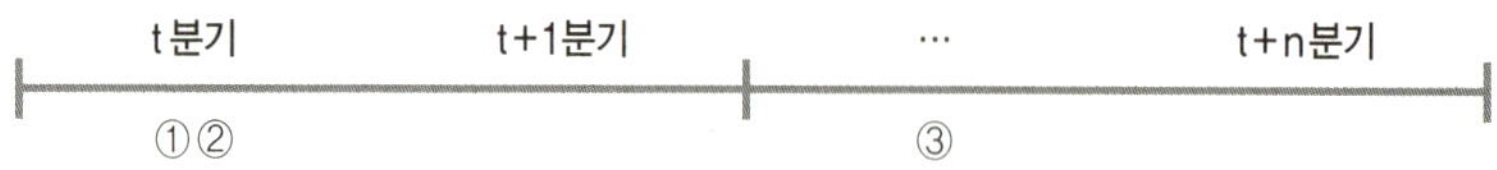

■ 발생조건 : 여유자금 운용을 위한 주식투자 의사결정에 의해 발생
① t분기 초 주식투자 의사결정
② t분기 중 주식투자
③ 투자자금의 회수 : 주식투자 이후 전 기간에 걸쳐 회수 가능

3.3 배당 의사결정

(1) 배당비율

1) 설 명

- 배당비율은 영업상에서 발생한 당기순이익을 주주에게 배당하는 비율을 의미한다.

2) 입력방법

- 배당비율의 입력단위는 백분율로서 음수 입력은 불가능하다.
- 최소값은 0이고, 최대값은 100이다.

표 2-47 배당비율의 입력범위

	배당비율
최소값	0
최대값	100

3) 고려사항

- 배당비율은 0에서 100%까지로 0은 배당을 하지 않는 것이고, 100%이면 당기순이익을 주주에게 전액 배당하는 것을 의미한다.
- 예를 들어서 당기순이익이 10억이고, 배당비율이 10%이면 주주에게 배당되는 총배당액은 10억×0.1로서 1억이 된다.
- 게임에서는 당기순이익이 얼마가 실현될지를 모르는 분기 초에 배당비율을 결정하기 때문에 당기순이익이 없는 경우에는 배당이 없게 된다.
- 배당은 주주들에게 이익을 돌려주는 유일한 방법으로서 주가에 많은 영향을 주는 변수이다. 따라서 주주들에게 적정한 배당을 해서 주가를 높여야 한다. 그러나 지나치게 높은 배당은 기업의 자금운영과 투자에 많은 제약을 줄 수 있기 때문에 적정수준의 배당비율을 결정해야 한다.

제 3 장

Biz-Master의 보고서

요약

■ Biz-Master에서 제공되는 경영성과에 관한 보고서로서 CEO 보고서, 마케팅 보고서, 생산 보고서, 재무 보고서의 주요 내용과 변수를 포함하고 있다.

1. CEO 보고서

가상기업의 최고경영자가 분석해야 하는 CEO 보고서의 주요 내용 및 구성요소를 설명하고 있다. CEO보고서는 경제동향 보고서와 산업동향 보고서로 이루어져 있다.

2. 마케팅 보고서

가상기업의 마케팅 이사가 분석해야 하는 마케팅 보고서의 주요 내용 및 구성요소를 설명하고 있다. 마케팅 보고서는 산업마케팅동향 보고서와 자사 마케팅운영 보고서로 이루어져 있다.

3. 생산 보고서

가상기업의 생산 이사가 분석해야 하는 생산 보고서의 주요 내용 및 구성요소를 설명하고 있다. 생산 보고서는 산업생산동향 보고서, 자사 생산운영 보고서로 이루어져 있다.

4. 재무 보고서

가상기업의 재무 이사가 분석해야 하는 재무 보고서의 주요 내용 및 구성요소를 설명하고 있다. 재무 보고서는 산업재무동향 보고서, 자사 재무 보고서로 이루어져 있다.

그림 3-1 Biz-Master의 보고서

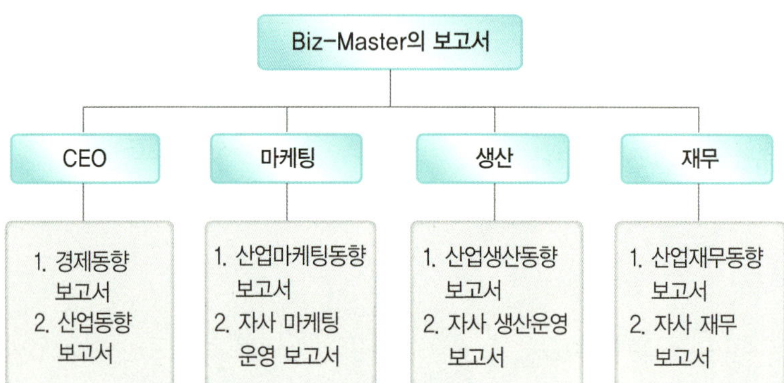

1. CEO 보고서

- 경제동향 보고서는 기업들이 경쟁하고 있는 한국, 미국, 중국의 분기별 거시경제지표들에 대한 정보를 포함한 보고서로서, 참가기업 모두에게 공유되는 정보이다.
- 산업동향 보고서는 참가기업들의 분기별 경영성과 지표들에 대한 보고서로서, 참가기업 모두에게 공유되는 정보이다.

그림 3-2 CEO 보고서의 구성

1.1 경제동향 보고서

(1) 경제동향 보고서의 내용

- 경제동향 보고서는 참가기업이 경쟁하고 있는 한국, 미국, 중국의 경제환경에 대한 주요 경제지표들을 포함한 것으로 명목 GDP지수, 소비자물가지수, 주가지수, 환율, CD이자율, 장기이자율, 단기이자율, 실질 GDP지수 예측치, 환율

예측치의 9개 지표들로 구성되어 있다.

- 최고경영자는 이 보고서를 통해서 한국, 미국, 중국 시장의 경제동향과 추세를 분석하고 경영전략과 운영계획을 수립해야 한다.
- 경제동향 보고서는 게임 메뉴에서 '경영성과 세부 보고서' 중 CEO 보고서를 클릭하면 분기별로 출력할 수 있다. 2012년 4분기의 경제동향 보고서 출력 양식은 다음과 같다.

표 3-1 거시경제지표

지표	한국	미국	중국
명목 GDP지수	100.00	100.00	100.00
소비자물가지수	100.00	100.00	100.00
주가지수	100.00	100.00	100.00
환율	1.00	1,200.00	150.00
CD이자율	6.90	4.46	7.09

표 3-2 신용등급별 이자율

신용등급 / 이자율	1	2	3	4	5	6	7
장기이자율	6.10	6.60	7.10	7.60	8.10	8.60	9.10
단기이자율	6.54	7.34	7.94	8.54	9.14	9.74	10.54

표 3-3 거시경제지표의 예측치

실질 GDP지수 예측치	2013년 1분기	2013년 2분기	2013년 3분기	2013년 4분기
한국	96.29	93.43	89.46	87.76
미국	98.63	96.08	94.87	93.69
중국	106.35	112.18	116.10	109.54
환율 예측치	2013년 1분기	2013년 2분기	2013년 3분기	2013년 4분기
미국	1,184.25	1,177.86	1,171.77	1,167.23
중국	146.37	143.99	137.48	145.15

(2) 경제동향 보고서의 주요 변수

1) 거시경제지표

가. 명목 GDP지수

- 명목 GDP지수는 국가의 총생산물의 시장가치(gross domestic product)를 100으로 지수화한 수치로서, 한 국가의 경제성장 속도를 보여 주는 것이다. 그러나 명목 GDP지수는 물가상승률(소비자물가지수)을 포함하고 있기 때문에 실질 경제성장률을 구하기 위해서는 실질 GDP지수를 구해야 한다.
- 게임에서 생산·판매하는 제품은 소비 내구재 제품으로서 실질 경제성장률에 크게 영향을 받는다. 경제가 성장하면 소비자의 소득수준이 늘어나기 때문에 소비 내구재 제품에 대한 수요는 늘어나게 된다. 반대로 경제가 침체되면 소비자의 소득수준이 감소하기 때문에 소비 내구재 제품에 대한 수요는 감소하게 된다. 그러므로 GDP의 변화 추세를 분석해서 경제성장률이 산업 수요와 판매량에 미치는 영향을 분석해야 한다.

표 3-4 실질 GDP지수

$$\text{실질 GDP지수} = \left(\frac{\text{명목 GDP지수}}{\text{소비자물가지수}}\right) \times 100$$

예제

질문) 2013년 1분기의 명목 GDP지수가 103이고, 소비자물가지수가 101일 때 2013년 1분기의 실질 GDP지수는?

답) 2013년 1사분기의 실질 GDP지수 = 101.98(=103/101×100)

나. 소비자물가지수

- 소비자물가지수는 소비자가 구입하는 상품이나 서비스의 가격변동을 나타내는 지수로서 해당 분기의 물가상승률을 의미한다. 소비자물가지수는 2012년 4분기

를 기준으로 100으로 지수화하였다.

- 소비자물가지수는 실질 GDP지수를 계산할 때 필요하다. 예를 들어서 지난 분기의 명목 GDP지수가 100이고, 이번 분기의 명목 GDP지수가 103이라고 하면, 경제가 3%만큼 성장했다고 볼 수 없다. 그 이유는 물가상승률이 명목 GDP지수에 반영되어 있기 때문이다. 그러므로 명목 GDP를 소비자물가지수로 나눈 실질 GDP를 이용해서 실질 경제성장률을 분석해야 한다.
- 또한 소비자물가지수는 GDP, 주가지수, 환율, 금리 등의 거시경제지표와 상호 관련성이 높기 때문에 소비자물가지수의 변화를 분석해서 경제동향을 예측해 볼 수 있을 것이다.

다. 주가지수

- 주가지수는 한국, 미국, 중국 주식시장의 주가지수를 의미한다. 주가지수는 현재의 경제상황과 향후 경제전망에 대한 주식투자자들의 기대치를 반영하는 중요한 지표로서, 2012년 4분기를 기준으로 100으로 지수화하였다.
    - 예를 들어 지난 분기와 현 분기의 주가지수가 각각 100과 95이면 주식투자자들은 현 분기와 다음 분기의 경제에 대해서 어둡게 전망하고 있음을 의미한다.
- 주가지수는 GDP, 소비자물가지수, 환율, 금리 등의 거시경제지표와 상호 관련성이 높기 때문에 주가지수의 변화를 분석해서 경제동향을 예측해 볼 수 있을 것이다. 또 한 게임에서 기업은 여유자금을 단기 은행 금융상품인 양도성예금증서나 주식시장에 직접 투자할 수 있다. 그러므로 주가지수는 투자 의사결정을 할 때 고려해야 하는 중요한 요인이다.

라. 환율

- 환율은 자국통화와 외국통화의 교환비율로서 한 국가의 통화가치를 다른 국가의 통화가치로 표현한 수치이다. 한국의 통화단위는 원, 미국의 통화단위는 달러, 중국의 통화단위는 위안이다. 따라서 환율은 이러한 통화단위에 따라 미국의 1달러에 대한 한국 원화의 가치, 중국의 1위안에 대한 원화의 가치를 의미한다.
- 참가기업이 경쟁하는 시장은 한국, 미국, 중국에 있기 때문에 의사결정을 하거

나 경영성과를 분석할 때 환율을 고려해야 한다. 또한 환율은 GDP, 소비자물가지수, 주가지수, 금리 등의 거시경제지표와 상호 관련성이 높기 때문에 환율의 변화를 분석해서 경제동향을 예측해 볼 수 있을 것이다.

마. CD이자율

- CD이자율은 무기명 은행상품인 은행의 양도성예금증서(certificate of deposit)의 이자율을 의미한다.
- 기업은 여유자금을 단기 은행 금융상품인 CD에 투자할 수 있기 때문에 CD이자율은 단기 투자 의사결정에 중요한 고려 요인이다. 또한 CD이자율은 GDP, 소비자물가지수, 주가지수, 환율 등의 거시경제지표와 상호 관련성이 높기 때문에 CD이자율의 변화를 분석해서 경제동향을 예측해 볼 수 있을 것이다.

(2) 신용등급별 이자율

가. 장기이자율

- 장기이자율은 회사가 발행하는 회사채(deventure)의 이자율을 의미한다. 기업은 기업경영에 필요한 자금을 장기적으로 조달하기 위해서 1년 만기 회사채를 발행할 수 있다. 회사채는 한국 본사에서만 발행할 수 있기 때문에 장기이자율은 한국의 회사채 이자율을 의미한다.
- 회사채 이자율은 기업의 신용등급에 따라서 다르다. 신용등급 4를 기준으로, 신용등급이 좋으면 낮은 이자율을 적용받고, 신용등급이 나쁘면 높은 이자율을 적용받게 된다.

나. 단기이자율

- 단기이자율은 1분기 동안 차입하는 은행의 단기 대출금리를 의미한다. 기업은 자금을 단기적으로 조달하기 위해서 은행대출을 받을 수 있다. 은행대출은 한국 본사에서만 받을 수 있기 때문에 단기이자율은 한국의 은행대출 이자율을 의미한다.
- 회사채발행과 마찬가지로 단기이자율도 각 기업의 신용등급에 따라 다르다. 신

용등급 4를 기준으로, 신용등급이 좋으면 낮은 이자율을 적용받고, 신용등급이 나쁘면 높은 이자율을 적용받게 된다.

- 일반적으로 단기이자율은 장기이자율보다 높다. 그러나 경제상황이 급변하는 환경 속에서는 단기이자율이 장기이자율보다 낮을 수도 있다. 또한 일반적으로 기업이 자금을 차입하는 회사채와 은행 대출금리는 은행 투자상품인 양도성예금증서(CD)의 이자율보다 높다.

(3) 거시경제지표의 예측치

가. 실질 GDP지수 예측치

- 실질 GDP지수 예측치는 향후 4분기 기간의 한국, 미국, 중국의 실질 GDP지수를 예측한 값을 의미한다.
- 한국, 미국, 중국의 경제성장률을 분석할 때 실질 GDP지수 예측치를 사용할 수 있다. 그러나 실질 GDP지수 예측치는 예측오차가 있고, 예측기간이 길수록 예측오차가 커진다는 점을 유의해야 한다.

나. 환율 예측치

- 환율 예측치는 향후 4분기 기간의 한국, 미국, 중국의 환율 예측치를 의미한다.
- 한국, 미국, 중국의 경제동향을 분석할 때 환율 예측치를 사용할 수 있다. 그러나 환율 예측치에는 예측오차가 있고, 예측기간이 길수록 예측오차가 커진다는 점을 유의해야 한다.

1.2 산업동향 보고서

(1) 산업동향 보고서의 내용

- 산업동향 보고서는 게임에서 경쟁하고 있는 참가기업들의 분기별 경영성과에 관한 정보를 포함한 것으로 각 기업의 총매출액, 시장점유율, 당기순이익, 주가,

신용등급으로 구성되어 있다.

- 최고경영자는 이 보고서를 통해서 참가기업들의 경영성과를 분석하고 경영전략 및 운영계획을 수립해야 한다.
- 산업동향 보고서는 게임 메뉴에서 '경영성과 세부 보고서' 중 CEO 보고서를 클릭하면 분기별로 출력할 수 있다. 2012년 4분기의 산업동향 보고서 출력양식은 다음과 같다.

| 표 3-5 | 기업별 경영성과 지표

회사명	총매출액(원)	시장점유율(%)	당기순이익(원)	주가(원)	신용등급
A	15,062,412,906	33.00	793,154,329	5,774	3
B	15,062,412,906	33.00	793,154,329	5,774	3
…	…	…	…	…	…
평균	15,062,412,906	33.00	793,154,329	5,774	3

(2) 산업동향 보고서의 주요 변수

1) 기업별 경영성과 지표

가. 총매출액

- 종매출액은 참가기업의 한국 영업지점, 미국 영업지점, 중국 영업지점의 매출액의 합이며 단위는 원이다.

나. 시장점유율

- 시장점유율은 참가기업의 총판매량을 산업 총판매량으로 나눈 값으로서 개별 기업의 시장점유율이며 단위는 %이다.

다. 당기순이익

- 당기순이익은 참가기업의 분기별 순이익 및 순손실을 의미하며 단위는 원이다. 당기순이익이 양수이고 순이익이 음수이면 순손실이 일어났음을 의미한다.

라. 주가

- 주가는 참가기업의 주식의 시장가치를 의미하며 단위는 원이다.
- 게임에서 주식의 액면가는 5,000원이다. 주가는 기업의 시장가치를 측정하는 척도로서, 기업의 성과를 평가하는 데 가장 중요한 평가항목 중 하나이다.
- 주가는 거시경제지표, 참가기업의 경영성과, 기타 요인 등의 영향을 고려해서 게임의 엔진에서 계산한다.

마. 신용등급

- 신용등급은 참가기업의 신용도를 의미한다. 단위는 1부터 7까지이다. 경영성과가 좋을수록 신용등급이 높아지게 되며, 반대로 경영성과가 나쁠수록 신용등급이 낮아지게 된다.
- 게임을 시작할 때 참가기업의 신용등급은 4로 출발하게 되는데, 경영성과가 좋으면 신용등급은 3, 2, 1로 올라가게 되고, 경영성과가 나쁘면 신용등급은 5, 6, 7로 떨어지게 된다. 만약, 신용등급이 낮으면 자금을 조달할 때 높은 이자율을 적용받게 되고, 주가에 부정적인 영향을 주게 된다.
- 신용등급은 떨어지기는 쉬운 반면에 올라가기는 어렵기 때문에 신용등급을 체계적으로 관리해야 한다. 또한 당기순손실이 발생하면 부도가 나게 되기 때문에, 당기순손실만큼을 은행에서 자동적으로 대출로 보전하게 된다. 이 경우 신용등급이 최하위인 7등급으로 떨어지게 되므로 당기순손실이 발생하지 않도록 주의해야 한다.

2. 마케팅 보고서

- 산업마케팅동향 보고서는 참가기업의 마케팅 부분의 성과와 주요 마케팅 변수들에 관한 정보를 포함한 보고서로서 참가기업 모두에게 공유되는 정보이다.
- 자사 마케팅운영 보고서는 자사 영업사원의 구성 현황에 관한 정보를 포함한 것으로서 자사 임 · 직원에게만 제공되는 내부 보고서이다.

그림 3-3 마케팅 보고서의 구성

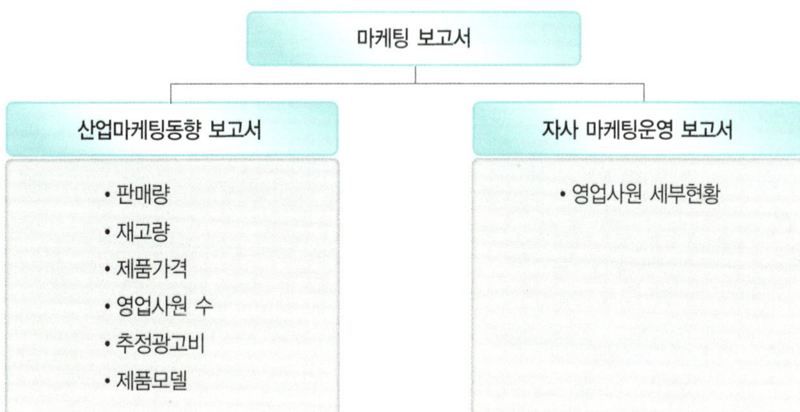

2.1 산업마케팅동향 보고서

(1) 산업마케팅동향 보고서의 내용

- 산업마케팅동향 보고서는 참가기업의 마케팅 부분의 성과와 주요 마케팅 변수

들에 관한 정보를 포함한 것으로 기업별 판매량, 재고량, 제품가격, 영업사원 수, 추정광고비, 제품모델로 구성되어 있다.

- 마케팅 이사는 이 보고서를 통해서 경쟁기업들의 마케팅 성과와 동향을 분석하고 적절한 수요예측을 해야 한다.
- 산업마케팅동향 보고서는 게임 메뉴에서 '경영성과 세부 보고서'에서 마케팅 보고서를 클릭하면 분기별로 출력 가능하다. 2012년 4분기의 산업마케팅동향 보고서 출력 양식은 다음과 같다.

표 3-6 기업별 판매량

(단위 : 개)

회사명	한국	미국	중국	합계
A	66,685	32,682	30,539	129,906
B	66,685	32,682	30,539	129,906
…	…	…	…	…
평균	66,685	32,682	30,539	129,906

표 3-7 기업별 재고량

(단위 : 개)

회사명	한국	미국	중국	합계
A	15,481	15,563	0	31,044
B	15,481	15,563	0	31,044
…	…	…	…	…
평균	15,481	15,563	0	31,044

표 3-8 기업별 제품가격

(단위 : 원, 달러, 위안)

회사명	한국	미국	중국
A	110,000	110	750
B	110,000	110	750
…	…	…	…
평균	110,000	110	750

| 표 3-9 | 기업별 영업사원 수

(단위 : 명)

회사명	한국	미국	중국	합계
A	80	40	40	160
B	80	40	40	160
…	…	…	…	…
평균	80	40	40	160

| 표 3-10 | 기업별 추정광고비

(단위 : 원, 달러, 위안)

회사명	한국	미국	중국
A	584,414,696	284,311	3,062,113
B	584,414,696	284,311	3,062,113
…	…	…	…
평균	584,414,696	284,311	3,062,113

| 표 3-11 | 기업별 제품모델

(단위 : 번호)

회사명	생산모델 번호	신제품모델 가능번호
A	3	3
B	3	3
…	…	…
평균	3	3

(2) 산업마케팅동향 보고서의 주요 변수

1) 판매량

- 판매량은 참가기업의 한국 영업지점, 미국 영업지점, 중국 영업지점의 분기별 판매량이며 단위는 개이다.

2) 재고량

- 재고량은 참가기업의 한국 영업지점, 미국 영업지점, 중국 영업지점의 분기별 기말재고량이며 단위는 개이다.

3) 제품가격

- 제품가격은 참가기업의 한국 영업지점, 미국 영업지점, 중국 영업지점의 분기별 제품가격이며 단위는 원, 달러, 위안이다.

4) 영업사원 수

- 영업사원 수는 참가기업의 한국 영업지점, 미국 영업지점, 중국 영업지점의 분기말 영업사원 수이며 단위는 명이다.

5) 추정광고비

- 추정광고비는 참가기업의 한국 영업지점, 미국 영업지점, 중국 영업지점의 분기별 광고비의 추정치이며, 단위는 원, 달러, 위안이다.
- 게임에서 참가기업의 실제 광고비는 경쟁사가 정확하게 알 수 없기 때문에 참가기업의 실제 광고비를 추정해서 제공해 준다.

6) 제품모델

- 제품모델은 참가기업의 생산모델 번호와 신제품모델 가능번호를 제공해 준다. 단위는 1부터 10까지의 번호이다.
- 생산모델 번호는 이번 분기에 생산 · 판매한 제품모델 번호를, 신제품모델 가능번호는 다음 분기에 생산 · 판매가 가능한 제품모델 번호를 의미한다. 예를 들어서 생산모델 번호가 3이고, 신제품모델 가능번호가 4이면, 이번 분기에 제품모델 번호가 3인 제품을 생산 · 판매했고, 다음 분기에는 3번 모델이나 4번 모델에서 하나를 생산 · 판매할 수 있음을 의미한다.
- 참가기업의 제품모델 번호는 영업지점별로 동일하다.

2.2 자사 마케팅운영 보고서

(1) 자사 마케팅운영 보고서의 내용

- 자사 마케팅운영 보고서는 자사 영업사원의 세부현황에 관한 정보를 포함한 것으로 자사 임·직원에게만 제공되는 내부 보고서이다.
- 자사 영업사원의 세부현황은 전 분기 말 영업사원 수, 전 분기 훈련 영업사원 수, 현 분기 퇴직 영업사원 수, 현 분기 말 영업사원 수, 현 분기 훈련 영업사원 수, 1인당 판매량의 변수로 구성되어 있다.
- 자사 마케팅운영 보고서는 게임 메뉴에서 '경영성과 세부 보고서' 중 마케팅 보고서를 클릭하면 분기별로 출력할 수 있다. 2012년 4분기의 영업사원 세부현황 출력 양식은 다음과 같다.

| 표 3-12 | 영업사원 세부현황

(단위 : 명)

지표	한국	미국	중국
전 분기 말 영업사원 수	77	39	38
전 분기 훈련 영업사원 수	8	4	6
현 분기 퇴직 영업사원 수	5	3	4
현 분기 말 영업사원 수	80	40	40
현 분기 훈련 영업사원 수	6	4	6
1인당 판매량	834	817	763

(2) 자사 마케팅운영 보고서의 주요 변수

1) 영업사원 세부현황

가. 전 분기 말 영업사원 수

- 전 분기 말 영업사원 수는 지난 분기 말 각 영업지점이 보유하고 있는 영업사원 수이며, 단위는 명이다.

나. 전 분기 훈련 영업사원 수

- 전 분기 훈련 영업사원 수는 지난 분기에 신규채용되어서 교육 · 훈련을 받고, 이번 분기부터 영업을 시작한 영업사원 수이며, 단위는 명이다.

다. 현 분기 퇴직 영업사원 수

- 현 분기 퇴직 영업사원 수는 이번 분기에 자연적으로 퇴직한 영업사원 수와 각 영업지점에서 해고한 영업사원 수의 합이고, 단위는 명이다.

| 표 3-13 | 현 분기 퇴직 영업사원 수

현 분기 퇴직 영업사원 수 = 이번 분기 퇴직한 영업사원 수 + 각 영업지점에서 해고한 영업사원 수

라. 현 분기 말 영업사원 수

- 현 분기 말 영업사원 수는 이번 분기에 각 영업지점에서 영업활동을 한 영업사원 수이며, 단위는 명이다. 현 분기 말 영업사원 수는 다음 분기 보고서에서 전 분기 말 영업사원 수가 된다.

| 표 3-14 | 현 분기 말 영업사원 수

현 분기 말 영업사원 수 = 전 분기 말 영업사원 수 + 전 분기 훈련한 영업사원 수 - 현 분기 퇴직한 영업사원 수

마. 현 분기 훈련 영업사원 수

- 현 분기 훈련 영업사원 수는 현 분기에 신규채용되어서 교육 · 훈련을 받고 있는 영업사원 수로서, 다음 분기부터 영업활동이 가능한 신규 영업사원을 의미한다. 단위는 명이다. 현 분기 훈련 영업사원 수는 다음 분기 보고서에는 전 분기 훈련 영업사원 수가 된다.

표 3-15 현 분기 훈련 영업사원 수

현 분기 훈련 영업사원 수 = 전 분기 훈련 영업사원 수

바. 1인당 판매량

- 1인당 판매량은 각 영업지점의 총판매량을 영업지점의 현 분기 말 영업사원 수로 나눈 값으로서, 영업사원 1인당 평균 판매량을 의미한다. 단위는 개이다.

표 3-16 1인당 판매량

1인당 판매량 = 각 영업지점의 총판매량 / 영업지점의 현 분기 말 영업사원 수

3. 생산 보고서

- 산업생산동향 보고서는 참가기업의 생산부서의 경영성과 및 주요 생산변수들에 대한 정보를 포함한 보고서로서 참가기업 모두에게 공유되는 정보이다.
- 자사 생산운영 보고서는 자사의 생산능력, 실적 및 원가에 관한 정보를 포함한 것으로써 자사 임 · 직원에게만 제공되는 내부 보고서이다.

그림 3-4 생산 보고서의 구성

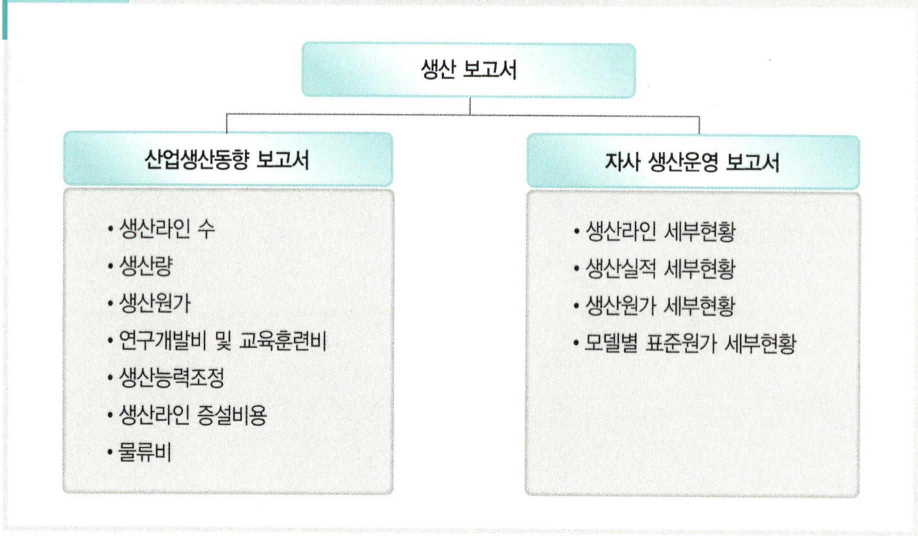

3.1 산업생산동향 보고서

(1) 산업생산동향 보고서의 내용

- 산업생산동향 보고서는 참가기업의 생산부분의 성과 및 주요 생산변수들에 대한 정보를 포함한 것으로, 참가기업의 생산라인 수, 생산량, 생산원가, 연구개발비 및 교육훈련비, 생산능력 조정현황, 생산라인 증설비용, 물류비에 관한 정보를 제공해 주고 있다.
- 산업생산동향 보고서는 게임 메뉴에서 '경영성과 세부 보고서' 중 생산 보고서를 클릭하면 분기별로 출력할 수 있다. 2012년 4분기의 산업생산동향 보고서 출력 양식은 다음과 같다.

| 표 3-17 | 기업별 생산라인 수 (단위 : 라인 수)

회사명	한국	미국	중국	합계
A	6	0	0	6
B	6	0	0	6
…	…	…	…	…
평균	6	0	0	6

| 표 3-18 | 기업별 생산량 (단위 : 개)

회사명	한국	미국	중국	합계
A	142,167	0	0	142,167
B	142,167	0	0	142,167
…	…	…	…	…
평균	142,167	0	0	142,167

| 표 3-19 | 기업별 생산원가

(단위 : 원, 달러, 위안)

회사명	한국	미국	중국
A	67,939	0	0
B	67,939	0	0
…	…	…	…
평균	67,939	0	0

| 표 3-20 | 기업별 연구개발비 및 교육훈련비

(단위 : 원)

회사명	연구개발비	교육훈련비
A	700,000,000	300,000,000
B	700,000,000	300,000,000
…	…	…
평균	700,000,000	300,000,000

| 표 3-21 | 기업별 생산능력 조정

(단위 : 라인 수)

회사명	한국	미국	중국
A	0	0	0
B	0	0	0
…	…	…	…
평균	0	0	0

| 표 3-22 | 생산라인 증설비용

(단위 : 원, 달러, 위안)

회사명	한국	미국	중국
2교대 생산라인 증설비용(라인당)	400,000,00	480,000,000	285,000,000
정규 생산라인 증설비용(라인당)	1,900,000,000	2,280,000,000	1,335,000,000
공장 8라인 건설비용(8개라인)	9,000,000,000	10,800,000,000	6,300,000,000

| 표 3-23 | 물류비

(단위 : 원)

	국내-국내	국내-미국	국내-중국	미국-미국	중국-중국
단위당 물류비	2,000	11,000	7,000	3,000	2,000

(2) 산업생산동향 보고서의 주요 변수

1) 생산라인 수

- 생산라인 수는 참가기업이 제품을 생산하기 위해서 가동하는 생산라인 수로서, 정규 생산라인 수와 2교대 생산라인 수의 합으로 구성된다. 단위는 라인 수이다.

표 3-24 생산라인 수

생산라인 수 = 정규 생산라인 수 + 2교대 생산라인 수

2) 생산량

- 생산량은 참가기업의 분기별 실제 생산량이다. 단위는 개이다.

3) 생산원가

- 생산원가는 참가기업의 분기별 단위당 생산원가이다. 단위는 원이다.

4) 연구개발비 및 교육훈련비

- 연구개발비와 교육훈련비는 참가기업의 분기별 연구개발비와 교육훈련비를 의미한다. 단위는 원이다.

5) 생산능력 조정

- 생산능력 조정은 참가기업의 분기별 생산라인 수 변동현황이다. 단위는 라인 수이다.
- 생산능력 조정현황은 신설한 생산라인 수에서 폐쇄한 생산라인 수를 차감한 값이다.

표 3-25 생산능력 조정현황

생산능력 조정현황 = 신설한 생산라인 수(정규 생산라인 수 + 2교대 생산라인 수) − 폐쇄한 생산라인 수(정규 생산라인 수 + 2교대 생산라인 수)

6) 생산라인 증설비용

- 생산라인 증설비용은 생산라인을 신설할 때 소요되는 비용을 의미하며, 단위는 원이다.
- 생산라인의 증설비용은 2교대 생산라인의 신설비용, 정규 생산라인의 신설비용, 공장 건설비용에 관한 정보를 제공해 준다.

7) 물류비

- 물류비는 공장에서 생산한 제품을 한국 영업지점, 미국 영업지점, 중국 영업지점으로 운송하는 데 소요되는 비용을 의미하며, 단위는 원이다.
- 게임 초기에는 생산 공장이 한국에만 있기 때문에 물류비는 한국 공장에서 세 영업지점으로 제품을 운송하는 데 소요되는 비용을 의미한다. 향후 미국과 중국에 공장이 건설되면 미국과 중국에서 생산한 제품은 자국 내에서만 판매할 수 있기 때문에 물류비는 자국 내에서만 발생한다.

3.2 자사 생산운영 보고서

(1) 자사 생산운영 보고서의 내용

- 자사 생산운영 보고서는 자사의 생산능력, 실적 및 원가에 관한 정보를 제공해 주는 보고서로 주요 내용은 생산라인, 생산실적, 생산원가, 모델별 표준원가에 대한 세부정보로 구성되어 있다.
- 자사 생산운영 보고서는 게임 메뉴에서 '경영성과 세부 보고서' 중 생산 보고서를 클릭하면 분기별로 출력할 수 있다. 2012년 4분기의 자사 생산운영 보고서 출력양식은 다음과 같다.

| 표 3-26 | 생산라인 세부현황

(단위 : 라인 수)

	한국	미국	중국
분기 초 정규 생산라인 수	6	0	0
생산한 정규 생산라인 수	6	0	0
조업중지한 정규 생산라인 수	0	0	0
폐쇄한 정규 생산라인 수	0	0	0
신설한 정규 생산라인 수	0	0	0
분기 말 정규 생산라인 수	6	0	0
분기 초 2교대 생산라인 수	0	0	0
생산한 2교대 생산라인 수	0	0	0
조업중지한 2교대 생산라인 수	0	0	0
폐쇄한 2교대 생산라인 수	0	0	0
신설한 2교대 생산라인 수	0	0	0
분기 말 2교대 생산라인 수	0	0	0

| 표 3-27 | 생산실적 세부현황

(단위 : 개)

	한국	미국	중국
기초재고량	0	18,246	539
정산생산량	138,000	0	0
실제생산량	142,168	0	0
지점주문량	60,000	30,000	30,000
지점구매량	82,168	30,000	30,000
총판매량	66,686	32,683	30,539
기말재고량	15,482	15,563	0
청산매출	0	0	0

| 표 3-28 | 생산원가 세부현황

(단위 : 원, 달러, 위안)

지표	한국	미국	중국
노무비	3,450,000,000	0	0
재료비	4,833,698,400	0	0
제조간접비	900,000,000	0	0

조업중단비용	0	0	0
총제조원가	9,183,698,400	0	0
설비 감가상각	375,000,000	0	0
공장 감가상각	100,000,000	0	0
총생산원가	9,658,698,400	0	0
생산량	142,168	0	0
단위당 생산원가	67,939	0	0

표 3-29 모델별 표준원가 세부현황

(단위 : 원)

모델번호	3	4	5	6	7	8	9	10
노무비	25,000	25,510	26,042	26,596	27,174	27,778	28,409	29,412
재료비	34,000	36,000	42,000	44,000	48,000	52,000	56,000	61,000
합계	59,000	61,510	68,042	70,596	75,174	79,778	84,409	90,412

(2) 자사 생산운영 보고서의 주요 변수

1) 생산라인 세부현황

- 생산라인의 세부현황은 개별 기업이 보유하고 있는 생산라인의 구성현황을 보여준다. 생산라인은 정규 생산라인과 2교대 생산라인이 있다.

가. 정규 생산라인의 구성현황

① 분기 초 정규 생산라인 수

- 현 분기 초에 생산 가능한 정규 생산라인 수이다.

② 생산한 정규 생산라인 수

- 현 분기에 제품을 생산하기 위해서 가동한 생산라인 수이다.

③ 조업중지한 정규 생산라인 수

- 현 분기에 조업을 중지한 정규 생산라인 수이다. 조업중지한 정규 생산라인은 다음 분기의 분기 초 정규 생산라인 수에 포함된다.

④ 폐쇄한 정규 생산라인 수

- 현 분기에 폐쇄한 정규 생산라인 수로서 정규 생산라인을 폐쇄하게 되면 생산설비를 매각하고, 생산인력을 해고하게 된다.

⑤ 신설한 정규 생산라인 수

- 현 분기에 신설한 정규 생산라인 수이다. 신설한 정규 생산라인 수는 2분기 후에 분기 초 정규 생산라인 수에 포함된다.

⑥ 분기 말 정규 생산라인 수

- 현 분기 말 생산이 가능한 정규 생산라인 수로서 다음 분기 초 생산라인 수가 된다.

표 3-30 분기 말 정규 생산라인 수

분기 말 정규 생산라인 수 = 분기 초 생산라인 수 + 지난 분기 신설한 정규 생산라인 수 − 폐쇄한 정규 생산라인 수

나. 2교대 생산라인의 구성현황

① 분기 초 2교대 생산라인 수

- 현 분기에 생산 가능한 2교대 생산라인 수이다.

② 생산한 2교대 생산라인 수

- 현 분기에 제품을 생산하기 위해서 가동한 2교대 생산라인 수이다.

③ 조업 중지한 2교대 생산라인 수

- 현 분기에 조업을 중지한 2교대 생산라인 수이다. 조업중지한 2교대 생산라인 수는 다음 분기의 분기 초 2교대 생산라인 수에 포함된다.

④ 폐쇄한 2교대 생산라인 수

- 현 분기에 폐쇄한 2교대 생산라인 수로서 2교대 생산라인을 폐쇄하게 되면, 그만큼의 생산인력을 해고해야 한다.

⑤ 신설한 2교대 생산라인 수

- 현 분기에 신설한 2교대 생산라인 수이다. 신설한 2교대 생산라인 수는 다음 분기의 분기 초 정규 생산라인 수에 포함된다.

⑥ 분기 말 2교대 생산라인 수

- 현 분기 말 생산이 가능한 2교대 생산라인 수로서 다음 분기 초 생산 가능한 2교대 생산라인 수가 된다.

표 3-31 분기 말 2교대 생산라인 수

분기 말 2교대 생산라인 수 = 분기 초 2교대 생산라인 수 + 현 분기 신설한 2교대 생산라인 수 − 폐쇄한 2교대 생산라인 수

2) 생산실적 세부현황

- 생산실적 세부현황은 개별 기업의 재고량, 생산량, 주문량, 판매량, 구매량, 청산매출량에 관한 정보를 제공해 준다.

가. 기초재고량

각 영업지점에서 보유하고 있는 분기 초 재고량이다. 이것은 지난 분기의 기말재고량에서 지난 분기의 청산매출량을 뺀 실제재고량이다.

표 3-32 기초재고량

기초재고량 = 지난 분기의 기말재고량 − 지난 분기의 청산매출량

나. 정상생산량

현 분기에 가동한 정규 생산라인과 2교대 생산라인에서 정상적으로 생산할 수 있는 생산량이다. 정상생산량은 40시간을 기준으로 계산하며, 잔업시간, 계절적 요인, 모델별 수율, 교육훈련비 수율 등을 고려하지 않은 이론적인 생산량이다.

다. 실제생산량

가동한 정규 생산라인과 2교대 생산라인에서 생산한 실제생산량이다.

라. 지점주문량

각 영업지점에서 공장에 주문한 양이다.

마. 지점구매량

각 영업지점이 공장으로부터 실제로 구매한 양이다.

바. 총판매량

각 영업지점에서 소비자에게 실제로 판매한 판매량이다.

사. 기말재고량

각 영업지점에서 보유하고 있는 분기 말 영업지점의 재고량이다. 기말재고량은 기초재고량과 지점구매량의 합에서 총판매량을 뺀 값이다.

표 3-33 기말재고량

기말재고량 = (기초재고량 + 지점구매량) – 총판매량

아. 청산매출량

기말재고량 중 구모델 제품의 재고량을 청산매출하는 양이다. 청산매출은 신모델의 제품이 출시될 때 발생할 가능성이 있다. 기말재고량에서 청산매출을 뺀 값이 다음 분기의 기초재고량이 된다.

3) 생산원가 세부현황

- 생산원가 세부현황은 제품의 생산원가에 관한 정보를 제공해 준다.

가. 노무비

정규 생산라인과 2교대 생산라인의 노무비이다. 노무비는 가동한 정규 및 2교대 생산라인 수, 작업시간, 물가상승률, 환율 등에 의해서 변동된다.

나. 재료비

생산한 제품의 재료비이다. 재료비는 실제생산량, 모델별 재료비, 물가상승률, 환율 등에 의해서 변동된다.

다. 제조간접비

생산라인을 가동하는 데 발생하는 비용이다. 제조간접비는 생산라인 수, 물가상승률, 환율 등에 의해서 변동된다.

라. 조업중단비용

생산라인을 조업중지할 때 발생하는 비용이다. 조업중단비용은 조업중지된 생산라인 수, 물가상승률, 환율 등에 의해 변동된다.

마. 총제조원가

제품을 생산할 때 발생하는 직접비이다.

표 3-34 총제조원가

총제조원가 = 노무비 + 재료비 + 제조간접비 − 조업중단비

바. 설비 감가상각비

생산라인 설비의 감가상각비이다. 생산설비의 내구연한은 8년으로 정액법에 의해 분기마다 감가상각된다.

사. 공장 감가상각비

공장시설의 감가상각비이다. 공장의 내구연한은 20년으로 정액법에 의해 분기마다 감가상각된다.

아. 총생산원가

제품생산에 발생하는 비용의 총합이다.

표 3-35 총생산원가

총생산원가 = 총제조원가 + 설비 및 공장의 감가상각비

자. 생산량

실제로 생산한 제품생산량이다.

차. 단위당 생산원가

제품 한 개를 생산할 때마다 발생되는 한 단위당 생산원가를 의미한다.

표 3-36 단위당 생산원가

단위당 생산원가 = 총제조원가 / 실제생산량

4) 모델별 표준원가 세부현황

- 모델별 표준원가 세부현황에서는 각 기업이 생산할 수 있는 모델의 노무비와 재료비에 관한 정보를 제공해 준다.

가. 노무비

한국 공장의 정규 생산라인 작업시간(40시간)을 기준으로 한 단위당 노무비로서 물가상승률을 고려한 값이다.

나. 재료비

단위당 재료비로서 물가상승률을 고려한 값이다.

4. 재무 보고서

- 산업재무동향 보고서는 참가기업의 재무성과 및 주요 재무변수들에 대한 정보로서 참가기업 모두에게 공유되는 정보이다.
- 자사 재무 보고서에서는 자사의 주요 재무지표와 재무비율, 손익계산서, 현금흐름표, 대차대조표에 대한 정보를 제공해 준다. 자사 재무 보고서는 자사 임 · 직원에게만 제공되는 내부 보고서이다.

그림 3-5 재무 보고서의 구성

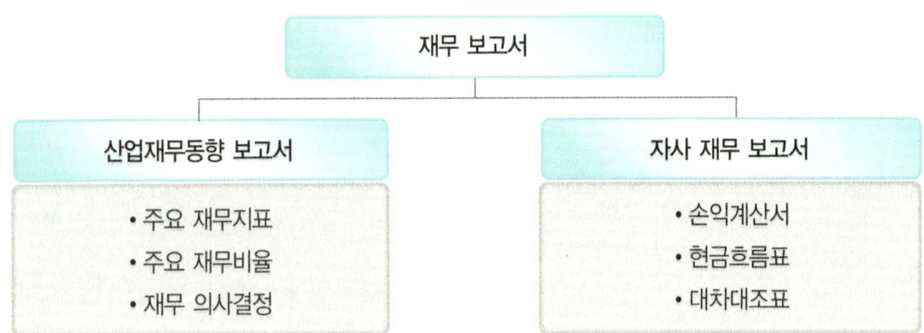

4.1 산업재무동향 보고서

(1) 산업재무동향 보고서의 내용

- 산업재무동향 보고서는 참가기업의 재무성과 및 주요 재무변수들에 관한 정보를 제공해 주는 보고서로서 보고서의 주요 내용은 주요 재무지표 현황, 주요 재

무비율 현황, 재무 의사결정현황으로 구성되어 있다.

- 산업재무동향 보고서는 게임 메뉴에서 '경영성과 세부 보고서' 중 재무 보고서를 클릭하면 분기별로 출력할 수 있다. 2012년 4분기의 산업재무동향 보고서의 출력 양식은 다음과 같다.

표 3-37 | 기업별 주요 재무지표

(단위 : 원)

회사명	영업이익	경상이익	기말현금
A	1,061,886,924	1,070,074,424	13,828,722,182
B	1,061,886,924	1,070,074,424	13,828,722,182
…	…	…	…
평균	1,061,886,924	1,070,074,424	13,828,722,182

표 3-38 | 기업별 주요 재무지표

(단위 : 원)

회사명	유동자산	자산총계	유동부채	부채총계
A	16,437,880,673	30,737,880,673	0	0
B	16,437,880,673	30,737,880,673	0	0
…	…	…	…	…
평균	16,437,880,673	30,737,880,673	0	0

표 3-39 | 기업별 주요 재무비율

(단위 : %)

회사명	자본 수익률	매출액경상 이익률	주가 이익비율	유동비율	당좌비율	매출액 증가율
A	2.58	7.10	36.40	유동부채 없음	유동부채 없음	0.30
B	2.58	7.10	36.40	유동부채 없음	유동부채 없음	0.30
…	…	…	…	…	…	…
평균	2.58	7.10	36.40	유동부채 없음	유동부채 없음	0.30

표 3-40 기업별 주요 재무비율

(단위 : %)

회사명	자기자본 증가율	총자본 회전율	재고자산 회전율	부채비율	이자 보상비율
A	2.57	0.50	8.91	부채 없음	이자비용 없음
B	2.57	0.50	8.91	부채 없음	이자비용 없음
…	…	…	…	…	…
평균	2.57	0.50	8.91	부채 없음	이자비용 없음

(2) 산업재무동향 보고서의 주요 변수

1) 주요 재무지표

- 주요 재무지표는 참가기업의 주요 재무지표인 영업이익, 경상이익, 기말현금, 유동자산, 자산총계, 유동부채, 부채총계에 대한 정보를 제공한다.

가. 영업이익

영업이익은 매출액에서 매출원가와 판매 및 관리비를 차감한 이익으로서 영업활동에서 발생한 이익이다.

표 3-41 영업이익

영업이익 = 매출액 − 매출원가 − 판매 및 관리비

나. 경상이익

경상이익은 영업이익에 영업외수익을 더하고, 영업외비용을 차감한 이익으로서 기업의 경상거래에서 발생한 이익이다.

표 3-42 경상이익

경상이익 = 영업이익 + 영업외수익 − 영업외비용

다. 기말현금

기말현금은 기초현금에서 영업활동에서의 현금 유출입, 투자활동에서의 현금 유출입, 재무활동에서의 현금 유출입을 가감한 값으로 분기 말에 보유하고 있는 현금이다.

표 3-43 기말현금

기말현금(분기 말에 보유하고 있는 현금) = 기초현금 – 영업활동에서의 현금 유출입 – 투자활동에서의 현금 유출입

라. 유동자산

유동자산은 영업활동을 하면서 자주 변동되는 영업자산으로서, 단기간에 현금화할 수 있으며, 당좌자산, 재고자산, 기타 유동자산 등으로 구성된다.

마. 자산총계

자산총계는 기업이 보유하고 있는 자산의 총액으로, 유동자산과 고정자산의 합이다. 또한 자산은 타인자본(부채)과 자기자본의 합이기도 하다.

표 3-44 자산총계

자산총계 = 유동자산 + 고정자산 or 타인자본(부채) + 자기자본

바. 유동부채

유동부채는 단기간에 상환해야 하는 단기부채이다.

사. 부채총계

부채총계는 기업이 차입한 금액의 총액으로 유동부채와 고정부채의 합이다.

표 3-45 부채총계

부채총계 = 유동부채 + 고정부채

2) 주요 재무비율

- 주요 재무비율은 참가기업의 자본수익률, 매출액경상이익률, 주가이익비율, 유동비율, 당좌비율, 매출액증가율, 자기자본증가율, 총자본회전율, 재고자산회전율, 부채비율, 이자보상비율에 대한 정보를 제공한다.

가. 자본수익률

당기순이익을 자기자본으로 나눈 비율로서 수익성을 나타내는 지표이다. 또한 자본수익률은 주주들의 투자에 대한 수익성을 측정하는 지표로서 자본수익률이 높을수록 납입자본금의 수익성이 양호한 상태를 나타내며, 최소 은행이자보다 높아야 수익성이 있다고 할 수 있다.

표 3-46 자본수익률

자본수익률 = (당기순이익 / 자기자본) × 100

나. 매출액경상이익률

경상이익을 매출액으로 나눈 비율로서 수익성을 나타내는 지표이다. 이 지표는 기업의 경상적인 수익률을 총괄적으로 표시하는 수익성 지표로서 영업활동뿐만 아니라 재무활동에서 발생한 경영성과를 동시에 분석하는 지표이다.

표 3-47 매출액경상이익률

매출액경상이익률 = (경상이익 / 매출액) × 100

다. 주가이익비율

- 보통주 1주당 시가를 보통주 1주당 순이익으로 나눈 비율로서 수익성을 나타내는 지표이다. 주가이익비율은 주식의 액면가나 유통주식 수의 차이에 따라 달라지지 않기 때문에 기업 간 비교가 용이하고, 자본시장에서 주식을 매입할 때 보편적으로 이용되는 수익성비율이다.

- 주가이익비율이 높으면 기업이 영업활동으로 벌어들인 이익에 비해 주가가 높게 평가된 것이며, 반대로 주가이익비율이 낮으면 이익에 비해 주가가 낮게 평가된 것이다.

| 표 3-48 | 주가이익비율

주가이익비율 = 1주당 시가 / 1주당순이익 or 현 분기 주식가격 / (당기순이익 / 발행주식 수)

라. 유동비율

- 유동부채에 대한 유동자산의 비율로서 유동성을 나타내는 지표이다. 유동비율은 해당 분기 내에 갚아야 하는 유동부채를 해당 분기 내에 현금화할 수 있는 자산으로 상환할 수 있는지에 대한 비율로서 운전자본비율이라고도 하며 산업 특성에 따라 차이가 있지만 일반적으로 200% 이상이면 양호하다.
- 이 비율은 은행이 기업에 대한 신용 수여의 관점에서 중요시하기 때문에 은행가비율(banker ratio)이라고도 한다.

| 표 3-49 | 유동비율

유동비율 = (유동자산 / 유동부채) × 100

마. 당좌비율

유동부채에 대한 당좌자산의 비율로서 유동성을 나타내는 지표이다. 당좌비율은 단기채무에 대한 기업의 단기적 지급능력을 의미하며, 산성시험비율(acid-test ratio)이라고도 한다. 일반적으로 100% 이상이면 양호하다.

| 표 3-50 | 당좌비율

당좌비율 = (당좌자산 / 유동부채) × 100

바. 매출액증가율

매출액의 성장을 측정하는 비율로서 성장성을 나타내는 지표이다. 매출액증가율은 전 분기 매출액에 비해 현 분기 매출액이 얼마나 증가하였는가를 나타내는 비율이다.

| 표 3-51 | 매출액증가율

매출액증가율 = {(현 분기 매출액 – 전 분기 매출액) / 전 분기 매출액} × 100

사. 자기자본증가율

회사의 자기자본의 성장을 측정하는 비율로서 성장성을 나타내는 지표이다. 자기자본증가율은 전 분기 자기자본에 비해 현 분기 자기자본이 얼마나 증가하였는가를 나타내는 비율이다.

| 표 3-52 | 자기자본증가율

자기자본증가율 = {(현 분기 자기자본 – 전 분기 자기자본) / 전 분기 자기자본} × 100

아. 총자본회전율

매출액에 대한 자기자본의 비율로서 활동성을 나타내는 지표이다. 자기자본회전율은 자기자본 이용의 효율성을 측정하는 지표로서 자기자본 한 단위에 의해서 창출된 자기자본 활용의 효율성을 측정하는 비율이다.

| 표 3-53 | 총자본회전율

총자본회전율(회) = 매출액 / {(전 분기 자기자본 + 현 분기 자기자본) / 2}

자. 재고자산회전율

매출액을 재고자산으로 나눈 비율로서 활동성을 나타내는 지표이다. 재고자산회전율은 재고자산이 당좌자산으로 변하는 속도를 측정하는 지표로서 재고자산에 투입된 자본이 얼마나 빨리 회수되는가를 측정하는 비율이다.

| 표 3-54 | 재고자산회전율

재고자산회전율(회) = 매출액 / {(전 분기 재고자산 + 현 분기 재고자산) / 2}

차. 부채비율

부채와 자기자본과의 관계를 측정하는 비율로서 안정성을 나타내는 지표이다. 부채비율은 채권자에 의해 제공된 자금과 주주에 의해 제공된 자금과의 상대적인 크기를 나타내는 비율이다. 일반적으로 100%를 표준비율로 하고 있다.

| 표 3-55 | 부채비율

부채비율 = {(유동부채 + 고정부채) / 자기자본} × 100

카. 이자보상비율

고정비용인 이자비용을 영업이익으로 나눈 비율로서 안정성을 나타내는 지표이다. 이자보상비율은 채권자에게 지불해야 하는 고정비용인 이자비용을 영업이익을 통해서 지급할 수 있는 능력을 평가하는 비율이다. 즉, 채권자에게 지불해야 하는 이자비용에 대한 안전도(safety margin)를 의미한다.

| 표 3-56 | 이자보상비율

이자보상비율 = (영업이익 + 이자비용) × 100

| 표 3-57 | 주요 재무비율 현황

구분	재무비율	구 성
수익성	자본수익률	(당기순이익/자기자본)×100
	매출액경상이익률	(경상이익/매출액)×100
	주가이익비율	보통주 1주당 시가/주당순이익

유동성	유동비율	(유동자산/유동부채)×100
	당좌비율	(당좌자산/유동부채)×100
성장성	매출액증가율	{(현 분기 매출액-전 분기 매출액)/전 분기 매출액}×100
	자기자본증가율	{(현 분기 자기자본-전 분기 자기자본)/ 전 분기 자기자본}×100
활동성	총자본회전율	매출액/{(전 분기 자기자본+현 분기 자기자본)}/2
	재고자산회전율	매출액/{(전 분기 재고자산+현 분기 재고자산)}/2
안전성	부채비율	{(유동부채+고정부채)/자기자본}×100
	이자보상비율	(영업이익/이자비용)×100

4.2 자사 재무 보고서

(1) 자사 재무 보고서의 내용

- 자사 재무 보고서는 참가기업의 재무성과 및 주요 재무변수들에 관한 정보를 제공해 주는 보고서로서 손익계산서, 현금흐름표, 대차대조표로 구성되어 있다.
- 자사 재무 보고서는 게임 메뉴에서 '경영성과 세부 보고서' 중 재무 보고서를 클릭하면 해당 보고서를 분기별로 출력할 수 있다.

(2) 자사 재무 보고서의 주요 보고서

1) 손익계산서

- 손익계산서는 일정기간 동안의 영업활동 결과를 나타내는 기업의 성적표로서, 매출액, 매출원가, 매출총이익, 판매 및 관리비, 영업이익, 영업외수익, 영업외비용, 경상이익, 당기순이익, 배당, 당기유보이익에 관한 정보를 제공해 준다.
- 게임에서 손익계산서는 한 분기 동안의 자사 경영성과에 관한 정보를 제공해 준다. 손익계산서는 자사 임·직원에게만 제공되는 내부 보고서이다. 2012년 4분기의 손익계산서 출력 양식은 다음과 같다.

표 3-58 손익계산서

(단위 : 원)

항목	금액	합계
Ⅰ. 매출액		15,062,412,906
1. 국내매출액	7,335,428,571	
2. 수출액	7,726,984,334	
3. 청산매출액	0	
Ⅱ. 매출원가		8,819,843,992
1. 기초제품재고	1,270,304,083	
2. 당분기 제품생산원가	9,658,698,400	
3. 기말제품재고	2,109,158,491	
Ⅲ. 매출총이익		6,242,568,913
Ⅳ. 판매 및 관리비		5,180,681,990
1. 광고비	1,410,000,000	
2. 영업사원 급여	632,000,000	
3. 영업사원 수당	385,972,372	
4. 물류비	704,335,200	
5. 판매촉진비	101,797,237	
6. 영업지점 유지비용	290,500,000	
7. 연구개발비	700,000,000	
8. 교육훈련비	300,000,000	
9. 재고유지비	136,629,943	
10. 입원급여	337,500,000	
11. 기타비용	181,947,237	
Ⅴ. 영업이익		1,061,886,924
Ⅵ. 영업외수익		8,187,500
1. CD 이자수익	8,187,500	
2. 유가증권처분이익	0	
Ⅶ. 영업외비용		0
1. 이자비용	0	
2. 유가증권처분손실	0	
3. 유형자산처분손실	0	
4. 사채상환손실	0	
Ⅷ. 경상이익		1,070,074,424
Ⅸ. 특별이익		0
Ⅹ. 특별손실		0
XI. 법인세비용차감전 순이익		1,070,074,424
XII. 법인세비용		276,920,094
XIII. 당기순이익		793,154,329
ⅨX. 배당		23,794,630
XX. 당기유보이익		769,359,690

가. 손익계산서의 주요 변수

① 매출액

- 매출액은 상품 및 제품의 판매와 용역의 제공으로 얻는 금액을 말한다.
- 게임에서 매출액은 각 영업지점에서 판매한 제품의 총(판매)금액을 의미하여, 실현주의 원칙에 의하여 해당 분기의 매출을 매출액으로 정의한다. 매출액은 크게 국내매출액, 수출액, 청산매출액 등 세 부분으로 구성되어 있다.

a. 국내매출액

- 국내매출액은 해당 분기의 한국 영업지점 매출액이다.

| 표 3-59 | 국내매출액

국내매출액 = 현 분기의 한국 판매량 × 현 분기의 한국 제품가격

b. 수출액

- 수출액은 미국과 중국의 영업지점에서 판매한 매출액으로서 각국의 수출액을 원화로 환산한다.

| 표 3-60 | 수출액

수출액 = 미국 수출액 × 중국 수출액	
미국 수출액	= 현 분기의 미국 판매량 × 현 분기의 미국 제품가격 × 현 분기의 환율
+	
중국 수출액	= 현 분기의 중국 판매량 × 현 분기의 중국 제품가격 × 현 분기의 환율

c. 청산매출액

- 청산매출액은 신제품 출시 후 한 분기가 지난 후 남은 구제품의 재고를 청산인에게 지난 분기의 생산원가로 판매하여 발생하는 매출액이다.
- 예를 들어서 지난 분기에 제품의 모델번호가 2이고, 이번 분기에 모델번호 3을 출시하면 이번 분기에 모델번호 2와 3이 동시에 판매가 된다. 이때 먼저 모델번호 2를 판매하게 되며, 모델번호 2의 재고가 다 판매된 후, 모델번호 3이 판

매가 된다. 따라서 모델번호 2의 재고가 없는 경우에는 청산매출이 없다. 그러나 모델번호 2의 재고가 남아 있는 경우는 이번 분기에 청산하게 되며, 이를 청산매출이라고 한다.

표 3-61 청산매출액

청산매출액 = 한국 청산매출액 × 미국 청산매출액 + 중국 청산매출액	
한국 청산 매출액	= 현 분기의 한국 청산매출량 × 지난 분기의 한국 단위당 생산원가
+	
미국 청산 매출액	= 현 분기의 미국 청산매출량 × 지난 분기의 미국 단위당 생산원가 × 현 분기의 환율
+	
중국 청산 매출액	= 현 분기의 중국 청산매출량 × 지난 분기의 중국 단위당 생산원가 × 현 분기의 환율

* 단, 미국과 중국에서 생산하지 않는 경우에는 한국 공장의 단위당 생산원가를 적용한다.

② 매출원가

- 매출원가는 제품을 생산하는 데 발생하는 총원가를 의미한다. 매출원가는 매출을 실현하기 위한 생산이나 구매과정에서 발생된 상품과 서비스의 소비액 및 기타 경비를 말하며, 공장비용이라고도 한다.

a. 기초제품재고

- 기초제품재고는 분기 초 제품재고의 원가를 의미한다. 분기 초 제품재고량은 지난 분기의 기말재고량에서 지난 분기의 청산매출량을 제외한 값과 동일하다.

표 3-62 기초제품재고

기초제품재고 = 기초 한국제품재고 + 기초 미국제품재고 + 기초 중국제품재고	
기초 한국제품재고	= 기초 한국제품재고량 × 전 분기의 한국 단위당 생산원가
+	
기초 미국제품재고	= 기초 미국제품재고량 × 전 분기의 미국 단위당 생산원가
+	
기초 중국제품재고	= 기초 중국제품재고량 × 전 분기의 중국 단위당 생산원가

* 단, 미국과 중국에서 생산하지 않는 경우에는 한국 공장의 단위당 생산원가를 적용한다.

b. 당 분기 제품생산원가

- 당 분기 제품생산원가는 당 분기에 생산하는 제품의 생산원가를 의미한다.

표 3-63 당 분기 제품생산원가

당 분기 제품생산원가=한국 총생산원가+미국 총생산원가+중국 총생산원가	
한국 총생산원가	= 한국제조원가(=노무비+재료비+제조간접비+조업중단비용) + 감가상각비(=설비감가상각비+공장감가상각비)
+	
미국 총생산원가	= 미국제조원가(=노무비+재료비+제조간접비+조업중단비용) + 감가상각비(=설비감가상각비+공장감가상각비)
+	
중국 총생산원가	= 중국제조원가(=노무비+재료비+제조간접비+조업중단비용) + 감가상각비(=설비감가상각비+공장감가상각비)

c. 기말제품재고

- 기말제품재고는 당 분기 기말제품재고량의 가치를 의미한다.

표 3-64 기말제품재고

기말제품재고=기말 한국제품재고+기말 미국제품재고+기말 중국제품재고	
기말 한국제품재고	= 기말 한국제품재고량×현 분기의 한국 단위당 생산원가
+	
기말 미국제품재고	= 기말 미국제품재고량×전 분기의 미국 단위당 생산원가
+	
기말 중국제품재고	= 기말 중국제품재고량×전 분기의 중국 단위당 생산원가

③ 매출총이익

- 매출총이익은 매출액에서 매출원가를 뺀 이익이다.

표 3-65 매출총이익

매출총이익 = 매출액 − 매출원가

④ 판매 및 관리비

- 판매 및 관리비는 제품의 판매활동 및 기업의 관리 및 유지에서 발생하는 비용으로 매출원가에 포함되지 않는 모든 비용을 의미한다.
- 게임에서 판매 및 관리비는 다음과 같은 항목으로 구성된다.

a. 광고비

- 광고비는 한국, 미국, 중국 영업지점에서 제품판매를 촉진하기 위해서 홍보하는 데 사용되는 비용을 의미한다.

| 표 3-66 | 광고비

광고비 = 한국 광고비 + (미국 광고비 × 현 분기의 환율) + (중국 광고비 × 현 분기의 환율)

b. 영업사원 기본급

- 영업사원 기본급은 한국, 미국, 중국 영업사원의 분기당 기본급을 의미한다.

| 표 3-67 | 영업사원 기본급

영업사원 기본급=한국 영업사원 기본급+미국 영업사원 기본급+중국 영업사원 기본급	
한국 영업사원 기본급	= 한국에서 활동 중인 영업사원 수× 한국 영업사원 기본급
+	
미국 영업사원 기본급	= 미국에서 활동 중인 영업사원 수× 미국 영업사원 기본급 × 현 분기의 환율
+	
중국 영업사원 기본급	= 중국에서 활동 중인 영업사원 수× 중국 영업사원 기본급 × 현 분기의 환율

c. 영업사원 수당

- 영업사원 수당은 영업사원이 제품을 판매할 때마다 받게 되는 수당을 의미한다.

표 3-68 영업사원 수당

영업사원 수당=한국 영업사원 수당+미국 영업사원 수당+중국 영업사원 수당	
한국 영업사원 수당	= 한국 지점의 총판매량×한국 영업사원 수당
+	
미국 영업사원 수당	= 미국 지점의 총판매량×미국 영업사원 수당×현 분기의 환율
+	
중국 영업사원 수당	= 중국 지점의 총판매량×중국 영업사원 수당×현 분기의 환율

d. 물류비

- 물류비는 생산 공장에서 한국, 미국, 중국의 각 영업지점까지 제품을 운송하는 데 발생하는 비용이다.

표 3-69 물류비

물류비=한국 물류비용+미국 물류비용+중국 물류비용	
한국 물류비용	= 한국 영업지점의 구매량×단위당 한국 물류비용×물가상승률
+	
미국 물류비용	= 미국 영업지점의 구매량×단위당(한국-미국) 물류비용×물가상승률
+	
중국 물류비용	= 중국 영업지점의 구매량×단위당(한국-중국) 물류비용×물가상승률

* 단, 미국과 중국 공장에서 생산하는 경우에는 미국과 중국의 국내 단위당 물류비용으로 계산한다.

- 2012년 4분기 기준으로 물류비는 다음과 같다.

표 3-70 2012년도 4분기 물류비 현황

(단위 : 원)

	국내-국내	국내-미국	국내-중국	미국-미국	중국-중국
단위당 물류비	2,000	11,000	7,000	3,000	2,000

e. 판매촉진비

- 판매촉진비는 한국, 미국, 중국의 각 영업지점에서 판매를 촉진하기 위해 발생되는 비용을 의미한다. 판매촉진비는 영업사원의 급여 및 판매수당의 총합에 판매촉진비율을 곱해서 계산된다.

| 표 3-71 | 판매촉진비

판매촉진비 = (영업사원 기본급 + 영업사원 수당) × 판매촉진비율

f. 영업지점 유지비용

- 영업지점 유지비용은 한국, 미국, 중국 영업지점의 직원들의 급여와 건물 임차료를 포함한 영업지점의 유지비용을 의미한다.

| 표 3-72 | 영업지점 유지비용

영업지점 유지비용=한국 물류비용+미국 물류비용+중국 물류비용	
한국 영업지점 유지비용	= 한국 영업지점 유지비 × 물가상승률
+	
미국 영업지점 유지비용	= 미국 영업지점의 유지비 × 환율 × 물가상승률
+	
중국 영업지점 유지비용	= 중국 영업지점의 유지비 × 환율 × 물가상승률

- 2012년 4분기를 기준으로 각 영업지점의 유지비는 다음과 같다.

| 표 3-73 | 2012년도 4분기 영업지점 유지비 현황

국가	영업지점 유지비
한국	분기당 100,000,000원
미국	분기당 100,000원
중국	분기당 470,000원

g. 연구개발비

- 연구개발비는 신제품을 개발하는 데 투입되는 연구인력 및 연구비용을 의미하며 비경상적으로 발생하는 비용이다. 또한 연구개발비는 인플레이션을 고려해서 의사결정 양식에 입력한 값이다. 연구개발은 한국에서만 이루어진다.

표 3-74 연구개발비

연구개발비 = 의사결정 양식의 연구개발비

h. 교육훈련비

- 교육훈련비는 각 영업지점 및 생산직 직원들의 교육훈련비의 합을 의미한다.
- 게임에서 교육훈련비용은 신입 영업사원의 교육훈련비, 신규 생산라인의 교육훈련비, 기존 생산라인의 교육훈련비로 나누어진다.

표 3-75 교육훈련비용

교육훈련비용=신입 영업사원의 교육훈련비+신규 생산라인의 교육훈련비 +기존 생산라인의 교육훈련비	
신입 영업사원 교육훈련비	= 신규 채용한 영업사원 수× 신입사원 교육훈련비 × 물가상승률
+	
신규 생산라인의 교육훈련비	= 신규 증설라인 수 × 신규라인 교육훈련비 × 물가상승률
+	
기존 생산라인의 교육훈련비	= 의사결정 양식의 교육훈련비

- 2012년 4분기 기준으로 신입 영업사원과 신규 생산라인의 교육훈련비는 다음과 같다.

표 3-76 2012년 4분기 신규 영업사원 및 신규 생산라인 교육훈련비 현황

국가	신규 영업사원 교육훈련비	신규 생산라인 교육훈련비
한국(원)	500,000	400,000,000
미국(달러)	500	400,000
중국(위안)	2,300	1,900,000

i. 재고유지비

- 재고유지비는 각 영업지점에서 보유하고 있는 기말재고를 유지하는 데 발생하

는 유지비용을 의미한다.

- 재고유지비는 재고량이 50,000개 이하인 경우, 즉 지점 내에서 관리할 때 발생하는 재고유지비용과 50,000개가 넘는 경우, 외부에서 관리할 때 발생하는 재고유지비용으로 나누어진다.

표 3-77 내 · 외부 재고유지비

내 · 외부 재고유지비	
기말재고가 50,000개 이하인 경우	= 기말재고량 × 내부 재고유지비
기말재고가 50,000개를 초과한 경우	= 50,000개 × 내부 재고유지비 + (기말재고량 − 50,000) × 외부 재고유지비

표 3-78 재고유지비

재고유지비 = 한국 영업지점의 재고유지비 + 미국 영업지점의 재고유지비 + 중국 영업지점의 재고유지비	
한국 영업지점의 재고유지비용	= 재고유지비용 × 물가상승률
+	
미국 영업지점의 재고유지비용	= 재고유지비용 × 물가상승률 × 환율
+	
중국 영업지점의 재고유지비용	= 재고유지비용 × 물가상승률 × 환율

- 2012년 4분기 기준으로 내부 재고유지비와 외부 재고유지비는 다음과 같다.

표 3-79 2012년 4분기 단위당 내 · 외부 재고유지비 현황

단위당 내부 재고유지비	한국 4,000원	미국 4달러	중국 20위안
단위당 외부 재고유지비	한국 8,000원	미국 8달러	중국 40위안

j. 임원급여

- 임원급여는 본사 및 공장 임원들과 영업지점 임원들의 급여를 의미한다.

| 표 3-80 | 임원급여

임원급여=본사 및 공장 임원들의 연봉+영업지점 임원들의 연봉	
본사 및 공장 임원들의 연봉	=(한국 공장의 연봉×1/4×물가상승률)+(미국 공장의 연봉×1/4×현 분기의 환율×물가상승률)+(중국 공장의 연봉×1/4×현 분기의 환율×물가상승률)
+	
영업지점 임원들의 연봉	=(한국 영업지점 연봉×1/4×물가상승률)+(미국 영업지점 연봉×1/4×현 분기 환율×물가상승률)+(중국 영업지점 연봉×1/4×현 분기의 환율×물가상승률)

- 2012년 4분기 기준으로 본사 및 공장 · 영업지점의 임원들의 연봉은 다음과 같다.

| 표 3-81 | 2012년 4분기 임원연봉 현황

본사 및 공장 임원들의 연봉	한국 4억 원	미국 40만 달러	중국 180만 위안
영업지점 임원들의 연봉	한국 4억 원	미국 40만 달러	중국 180만 위안

k. 기타 비용

- 기타 비용은 기업을 운영하는 데 발생하는 기타 비용을 의미한다. 기타 비용은 다음과 같은 항목으로 구성된다.

| 표 3-82 | 기타 비용

기타 비용=영업사원 퇴직금+제세 공과금 및 사무용품비 등 기타 비용	
영업사원 퇴직금	=(한국 영업지점의 퇴직 영업사원 수×지난 분기 기본급)+(미국 영업지점의 퇴직 영업사원 수×지난 분기 기본급×현 분기의 환율)+(중국 영업지점 퇴직 영업사원의 수×지난 분기 기본급×현 분기의 환율)
+	
제세 공과금 및 사무용품비 등 기타 비용	=(임원급여+영업사원 기본급+영업사원 수당)×기타 비용 비율(=10%)

⑤ 영업이익

- 매출총이익에서 판매 및 관리비를 차감한 금액으로서 영업활동에서 발생한 이익을 의미한다.

표 3-83 영업이익

영업이익 = 매출액 – 매출원가 – 판매 및 관리비

⑥ 영업외수익

- 영업외수익은 본래의 영업활동 이외의 활동(주로 재무활동)에서 발생하는 수익을 의미한다. 영업외수익은 이자수익, 배당금수익, 임대료수익, 유가증권처분이익, 유가증권평가이익, 외환차익, 외화환산이익, 지분법평가이익, 투자유가증권감액손실환입, 투자자산처분이익, 유형자산처분이익, 사채상환이익, 법인세환급액, 대손충당금환입이 있다.
- 게임의 영업외수익은 크게 CD이자수익과 유가증권처분이익으로 구성된다.

a. 이자수익

- 이자수익은 양도성예금증서인 CD에 투자해서 얻은 이자소득을 의미한다. 현 분기에 양도성예금증서에 투자된 투자액은 현 분기에 유출되고, 다음 분기에 투자액과 이자가 함께 유입된다. 따라서 이자수익은 지난 분기 CD투자액에 대한 이자이다.

표 3-84 이자수익

이자수익 = 지난 분기 CD투자액 × 지난 분기 CD이자율 × 1/4

b. 유가증권처분이익

- 유가증권처분이익은 보유하고 있는 유가증권을 장부가액보다 높은 가액으로 매각한 때에 발생하는 이익이다.
- 게임에서 유가증권 투자는 특정 주식에 직접 투자는 하지 않고, Fund에 가입하

는 방식을 취한다. 투자해서 회수한 금액이 투자한 금액보다 많을 때는 유가증권처분이익이 되며, 투자한 금액보다 적을 때는 유가증권처분손실이 된다.

표 3-85 유가증권처분이익

유가증권처분이익 = 유가증권처분액 – 유가증권장부가

⑦ 영업외비용

- 영업외비용은 영업활동 이외의 활동(주로 재무활동)에서 발생한 비용을 의미한다.
- 게임에서 영업외비용은 이자비용, 유가증권처분손실, 유형자산처분손실, 사채상환손실이 있다.

a. 이자비용

- 이자비용은 자금을 조달하기 위해서 은행에서 대출을 받거나, 회사채를 발행해서 발생하는 자금조달비용을 의미한다.
- 게임에서 이자비용은 은행대출 이자와 회사채의 이자로 구성된다. 게임에서 은행대출은 분기 초에 유입되고, 분기 말에 이자를 지급하고, 다음 분기에 상환하게 된다.

b. 유가증권처분손실

- 유가증권처분손실은 보유하고 있는 유가증권을 장부가액보다 낮은 가액으로 매각한 때에 발생하는 손실이다.
- 게임에서 유가증권처분손실은 주식에 투자해서 발생한 손실을 의미한다.

표 3-86 유가증권처분손실

유가증권처분손실 = 유가증권장부가 – 유가증권처분액

c. 유형자산처분손실

- 유형자산처분손실은 자발적 또는 비자발적 원인에 의하여 보유하고 있는 유형자산을 처분할 때 발생하는 손실이다.
- 게임에서 유형자산처분손실은 생산라인을 폐쇄함으로써 발생되는 손실이다. 생산라인을 폐쇄할 때는 생산설비를 장부가격의 30%에 매각하기 때문에 장부가격의 70%에 해당하는 유형자산처분손실이 발생한다. 또한 생산라인 직원들의 퇴직 위로비로 라인당 노무비의 100%를 지불해야 하기 때문에 이 역시 유형자산처분손실이 된다.

| 표 3-87 | 유형자산처분손실

유형자산처분손실 = 생산설비 매각손실 = 퇴직위로금	
생산설비 매각손실	= 폐쇄한 정규 생산라인의 수×생산설비의 장부가격×생산설비 매각손실률(=0.7)
+	
퇴직위로금	= 폐쇄한 정규 및 2교대 생산라인의 수×지난 분기 라인당 노무비

d. 사채상환손실

- 사채상환손실은 회사채를 조기상환하고자 할 때 발생하는 추가 금융비용을 의미한다.

| 표 3-88 | 사채상환손실

사채상환손실 = 조기상환하는 회사채 × 발행시점의 장기이자율 × 1/4 × 사채 조기상환비율(= 0.05)

⑧ 경상이익

- 경상이익은 영업이익에 영업외수익을 더하고, 영업외비용을 차감한 이익으로서 재무활동을 포함한 기업의 경상거래에서 발생한 이익이다.
- 그러나 영업외비용이 영업이익과 영업외수익의 합계액을 초과하는 경우에는 경상손실이 발생한다. 경상손실이 발생하는 경우에는 부도가 나기 때문에 부도를

막기 위해서 경상손실 부분을 은행에서 자동으로 긴급대출해 준다. 긴급대출로 부도를 막는 대신 신용등급은 7등급으로 하락하고, 긴급대출액의 원금과 이자는 다음 분기로 자동상환된다.

표 3-89 경상이익

경상이익 = 영업이익 + 영업외수익 – 영업외비용

⑨ 특별이익

- 특별이익은 본연의 영업활동 외 우발적 원인에 따라서 발생하는 이익으로 비경상적이고, 비반복적이고 임시적인 이익으로서 자산수증이익, 채무면제이익, 영업외수익 중 임시 거액인 경우(거액의 유형자산처분이익) 등에 해당하는 항목 등으로 구성된다.
- 게임에서는 특별이익에 해당하는 항목이 없으나 손익계산서의 구성을 위해서 포함을 시켰으며 금액은 0원으로 한다.

⑩ 특별손실

- 특별손실은 비경상적이고, 비반복적인 임시적인 손실로서 재해손실, 영업외비용 중 임시거액인 경우(거액의 유형자산손실) 등에 해당하는 항목 등으로 구성된다.
- 게임에서 특별손실은 공장을 폐쇄할 때 발생하는 자본손실을 의미한다. 공장을 폐쇄할 때 받는 금액은 장부가격의 90%이기 때문에 10%의 자본손실이 발생한다. 그러나 초기에는 공장을 폐쇄하면 게임을 중단하는 결과가 나오기 때문에 공장을 신설해서 폐쇄하기 전에는 공장을 매각하는 일이 없어야 한다.

표 3-90 특별손실

특별손실 = 공장의 장부가 × (1 – 공장 매각(처분)손실률(=0.9))

⑪ 법인세비용차감전 순이익

- 법인세비용차감전 순이익은 경상이익에서 특별이익을 가산하고, 특별손실을 차감한 이익으로서 세금을 내기 전 이익이기 때문에 세전이익이라고도 한다.

| 표 3-91 | 법인세비용차감전 순이익

법인세비용차감전 순이익 = 경상이익 + 특별이익 − 특별손실

⑫ 법인세비용

- 법인세비용은 회사가 벌어들인 소득에 대해 납부할 세금을 총칭한다. 이 비용은 당해 회계연도에 발생하는 직접세로서, 법인세, 주민세, 농어촌특별세가 여기에 해당된다. 그러나 이들 세금을 전부 나열하기 힘들기 때문에 총칭해서 법인세로 정의한다.
- 게임에서 법인세비용은 법인세비용차감전 순이익에 법인세율을 곱하여 산출한다.

| 표 3-92 | 법인세율

법인세비용차감전 순이익	법인세율
1억 원 이하	법인세비용차감전 순이익의 100분의 15
1억 원 초과	1,500만 원+1억 원을 초과하는 금액의 100분의 27

* 법인세는 과세표준에 대해 법인세율을 적용하여 납부하나 본 게임에서는 편의상 법인세비용차감전 순이익에 대해 법인세율을 적용한다.

⑬ 당기순이익

- 당기순이익은 법인세비용차감전 순이익에서 법인세비용을 차감한 이익으로서, 세금을 내고 난 후의 이익이라는 측면에서 세후이익이라고 한다.

| 표 3-93 | 당기순이익

당기순이익 = 법인세비용차감전 순이익 − 법인세비용

⑭ 배당

- 배당은 당기순이익이 흑자인 경우 이익을 주주들에게 배당하는 금액을 의미한다.
- 게임에서 당기순이익이 적자인 경우 배당은 없다.

표 3-94 배당

배당 = 당기순이익 × 배당비율

⑮ 당기 유보이익

- 당기 유보이익은 당기순이익에서 주주에게 배당한 배당금액을 차감한 금액으로서 다음 분기의 운영 및 투자에 사용될 수 있는 이익이다.

표 3-95 유보이익

유보이익 = 당기순이익 − 배당

2) 현금흐름표

- 현금흐름표란 일정기간 동안에 발생한 현금의 변동 내용을 나타내는 동태적 보고서로서 특정 회계기간의 현금유입과 유출 내용을 적정하게 표시한 것이다.
- 게임에서 현금흐름표는 한 분기 동안의 영업활동으로 인한 현금흐름, 투자활동으로 인한 현금흐름, 재무활동으로 인한 현금흐름 등에 관한 정보를 제공해 준다. 현금흐름표는 자사 임·직원에게만 제공되는 내부 보고서이다. 2012년 4분기의 현금흐름표의 출력 양식은 다음과 같다.

표 3-96 현금흐름표

(단위 : 원)

항 목	금 액	
Ⅰ. 영업활동으로 인한 현금흐름		429,299,922
1. 매출 등 수익활동으로부터 유입액	15,062,412,906	
2. 매입 및 종업원에 대한 유출액	14,364,380,390'	
3. 이자수익유입액	8,187,500	
4. 배당금수익유입액	0	
5. 이자비용유출액	0	
6. 법인세의 지급	276,920,094	
Ⅱ. 투자활동으로 인한 현금흐름		-200,000,000
1. 투자활동으로 인한 현금유입액		300,000,000
가. 단기금융상품의 처분	0	
나. 유가증권의 처분	0	
다. 생산설비의 취득	0	
라. 공장의 취득	0	
2. 투자활동으로 인한 현금유출액		500,000,000
가. 단기금융상품의 취득	500,000,000	
나. 유가증권의 취득	0	
다. 생산설비의 취득	0	
라. 공장의 취득	0	
Ⅲ. 재무활동으로 인한 현금흐름		-23,794,630
1. 재무활동으로 인한 현금흐름		0
가. 단기차입금의 차입	0	
나. 사채의 발행	0	
다. 주식의 발행	0	-23,794,630
2. 재무활동으로 인한 현금유출액		0
가. 단기차입금의 상환	0	
나. 사채의 상환	0	
다. 배당금의 지급	23,794,630	
라. 자기주식의 취득	0	
Ⅳ. 현금의 증가, 손실		205,505,292
Ⅴ. 기초의 현금		13,623,216,891
Ⅵ. 기말의 현금		13,828,722,182

가. 현금흐름표의 주요 변수

표 3-97 현금흐름표 요약

기업의 경영활동		현금흐름	
		유입	유출
영업활동	제품의 생산, 상품 및 용역의 판매 및 구매활동에서 발생하는 현금흐름을 의미하며, 투자 및 재무활동에 속하지 아니하는 거래를 모두 포함한다.	• 매출 등 수익활동에 따른 현금유입 • 이자수익과 배당금수익 • 기타의 영업활동으로 인한 현금유입	• 원자재 등의 구입에 따른 현금유출 • 이자비용유출액 • 법인세 지급액 • 기타 영업활동에 따른 현금유출액
투자활동	현금의 대여와 회수활동, 유가증권, 투자자산, 무형자산의 취득과 처분활동 등 영업활동과 관련이 없는 자산의 증가 · 감소거래	• 단기금융상품의 처분 • 유가증권의 처분 • 대여금의 회수 • 미수금의 회수 • 생산설비의 매각 • 공장의 매각	• 단기금융상품의 취득 • 유가증권의 취득 • 대여금의 지급 • 생산설비의 취득 • 공장의 취득
재무활동	현금의 차입 및 상환활동, 신주발행이나 배당금지급 등 영업활동과 관련이 없는 부채 및 자본의 증가 · 감소거래	• 차입금의 차입 • 사채의 발행 • 주식의 발행 • 자기주식의 매각	• 차입금의 상환 • 사채의 상환 • 배당금의 지급 • 자기주식의 취득

① 영업활동으로 인한 현금흐름

- 영업활동으로 인한 현금흐름은 제품의 생산, 상품 및 용역의 판매 및 구매활동에서 발생한 현금흐름을 의미한다. 영업활동으로 인한 현금의 유입과 유출의 형태는 다음과 같다.

a. 영업활동으로 인한 현금의 유입

- 제품의 판매에 따른 현금유입(매출채권의 회수 포함), 이자수익과 배당금수익, 기타 투자활동과 재무활동에 속하지 않은 거래에서 발생한 현금유입을 의미한다.

b. 영업활동으로 인한 현금의 유출

- 원재료, 상품 등의 구입에 따른 현금유출(매입채무의 결제 포함), 기타 상품과 용역의 공급자와 종업원에 대한 현금지출, 미지급법인세의 지급, 이자비용, 기타 투자활동과 재무활동에 속하지 않은 거래에서 발생한 현금유출을 의미한다.
- 게임에서는 영업활동의 현금흐름을 직접법 방식을 통해서 작성한다.

표 3-98 영업활동의 현금흐름

영업활동의 현금흐름 = 매출 등 수익활동으로부터 유입액 − 매입 등 종업원에 대한 유출액 + 이자수익 유입액 + 배당금수익 유입액 − 이자비용 유출액 − 법인세비용 유출액

b-1 매출 등 수익활동으로부터 유입액

- 매출 등 수익활동으로부터 유입액은 매출 등의 수익활동에서 발생한 현금의 유입액을 의미한다.
- 게임에서는 전액 현금매출을 가정하였기 때문에 당해 항목은 손익계산서의 총매출액과 동일하다.

표 3-99 매출 등 수익활동으로부터 유입액

매출 등 수익활동으로부터 유입액 = 손익계산서의 총매출액

b-2 매입 및 종업원에 대한 유출액

- 매입 및 종업원에 대한 유출액은 원 · 부자재 구입 및 종업원의 인건비 등에 대한 현금유출액을 의미한다.
- 게임에서는 감가상각비를 제외한 제조원가와 판매 및 관리비가 여기에 해당된다.

표 3-100 매입 및 종업원에 대한 유출액

매입 및 종업원에 대한 유출액 = 총제조원가(감가상각비 제외) + 판매비와 관리비

b-3 이자수익 유입액

- 이자수익 유입액은 이자수익의 현금유입액을 의미한다.
- 게임에서는 CD투자로부터 들어온 현금유입액이 여기에 해당되며, 손익계산서의 이자수익과 동일하다.

표 3-101 이자수익 유입액

이자수익 유입액 = 손익계산서의 이자수익

b-4 배당금수익 유입액

- 배당금수익 유입액은 주식투자를 통해서 받은 배당금수익의 현금유입액을 의미한다.
- 게임에서는 주식시장에 대한 투자가 있으나, 배당금이 없기 때문에 배당금수익 유입액은 0이다.

b-5 이자비용 유출액

- 이자비용 유출액은 차입금에 대한 이자비용의 현금유출액을 의미한다.
- 게임에서 이자비용 유출액은 은행 단기차입금 및 회사채발행에 대한 이자 등 두 부분으로 구성되어 있다. 이자비용 유출액은 손익계산서의 이자비용과 동일하다.

표 3-102 이자비용 유출액

이자비용 유출액 = 손익계산서의 이자비용

b-6 법인세의 지급

- 법인세의 지급은 기업이 국가에 납부하는 세액을 의미한다.
- 게임에서 법인세는 분기마다 내는 것으로 가정하며, 손익계산서의 법인세와 동일하다.

| 표 3-103 | 법인세의 지급

법인세의 지급 = 손익계산서의 법인세비용

② 투자활동으로 인한 현금흐름

- 투자활동으로 인한 현금흐름은 현금의 대여와 회수활동, 유가증권, 투자자산, 무형자산의 취득과 처분활동 등 영업활동과 관련이 없는 자산의 증가 및 감소에서 발생한 현금흐름을 의미한다.

| 표 3-104 | 투자활동으로 인한 현금흐름

투자활동으로 인한 현금흐름 = 투자활동으로 인한 현금유입액 − 투자활동으로 인한 현금유출액

a. 투자활동으로 인한 현금유입액

- 투자활동으로 인한 현금유입액은 대여금의 회수, 단기금융상품의 처분, 유가증권의 처분, 투자자산의 처분, 유형자산 및 무형자산의 처분 등의 활동에서 발생한 현금유입을 의미한다.
- 게임에서 투자활동으로 인한 현금흐름은 단기금융상품의 처분, 유가증권의 처분, 기계장치의 매각, 건물의 매각 등이 있다.

| 표 3-105 | 투자활동으로 인한 현금유입액

투자활동으로 인한 현금유입액 = 단기금융상품의 처분 + 유가증권의 처분 + 기계장치의 매각 + 건물의 매각

a-1 단기금융상품의 처분

- 단기금융상품의 처분은 단기금융상품을 처분해서 발생한 현금유입을 의미한다.
- 게임에서 단기금융상품의 처분에서 발생한 현금유입은 지난 분기에 투자한 양도성예금증서가 만기가 되어서 유입된 현금유입이다.

표 3-106 단기금융상품의 처분

단기금융상품의 처분 = 지난 분기 의사결정서의 CD투자액

a-2 유가증권의 처분

- 유가증권의 처분은 기업이 보유하고 있는 유가증권을 처분해서 발생한 현금유입을 의미한다.
- 게임에서 유가증권의 처분에서 발생한 현금유입은 주식시장에 투자한 투자금액을 회수해서 발생한 현금유입이다.

표 3-107 유가증권의 처분

유가증권의 처분 = 의사결정서의 주식회수액 + 손익계산서의 유가증권처분이익 혹은 유가증권처분손실

a-3 생산설비의 매각

- 생산설비의 매각은 공장의 생산설비를 처분해서 발생한 현금유입을 의미한다.
- 게임에서 생산설비의 처분에서 발생한 현금유입은 생산라인을 폐쇄함에 따라 발생하는 현금유입이다.

표 3-108 생산설비의 매각

생산설비의 매각 = 생산설비의 장부가 – 유형자산처분손실

a-4 공장의 매각

- 공장의 매각은 공장의 건물을 매각해서 발생한 현금유입을 의미한다.
- 게임에서 건물의 매각에서 발생한 현금유입은 공장을 매각해서 발생한 현금유입이다. 공장의 매각은 공장의 장부가에서 공장을 처분해서 발생한 손실을 차감한 금액이다.

| 표 3-109 | 공장의 매각금액

공장의 매각금액 = 공장의 장부가 × 공장 매각(처분)손실률(=0.9)

b. 투자활동으로 인한 현금유출액

- 투자활동으로 인한 현금유출액은 단기금융상품의 취득, 현금의 대여, 유가증권의 취득, 투자자산, 유형자산, 무형자산의 취득에 따른 현금유출을 의미한다.
- 게임에서 투자활동으로 인한 현금유출은 단기금융상품의 취득, 유가증권의 취득, 생산설비의 취득, 공장의 취득을 의미한다.

| 표 3-110 | 투자활동의 현금유출액

투자활동의 현금유출액 = 단기 금융상품의 취득 + 유가증권의 취득 + 생산설비의 취득 + 공장의 취득

b-1 단기금융상품의 취득

- 단기금융상품의 취득은 단기금융상품을 취득해서 발생한 현금유출을 의미한다.
- 게임에서 단기금융상품의 취득에서 발생한 현금유출은 CD(양도성예금증서)를 구입하여 발생한 현금유출이다.

| 표 3-111 | 단기금융상품의 취득

단기금융상품의 취득 = 의사결정서의 CD(양도성예금증서)투자액

b-2 유가증권의 취득

- 유가증권의 취득은 기업이 유가증권을 취득하기 위해 지출한 현금유출을 의미한다.
- 게임에서 유가증권의 취득에서 발생한 현금유출은 주식에 투자해서 발생한 현금유출이다.

| 표 3-112 | 유가증권의 취득

유가증권의 취득 = 의사결정서의 주식투자액(+인 경우)

b-3 생산설비의 취득

- 생산설비의 취득은 공장의 생산설비를 취득하기 위해서 발생한 현금유출을 의미한다.
- 게임에서 생산설비의 취득에서 발생한 현금유출은 신규 생산라인을 증설하기 위해서 발생한 현금유출이다.

| 표 3-113 | 생산설비의 취득

생산설비의 취득 = 신규 생산라인 수 × 라인별 가격 × 환율 × 물가상승률

b-4 공장의 취득

- 공장의 취득은 공장을 신설할 때 발생하는 현금유출을 의미한다.
- 게임에서 공장의 취득은 신규 공장을 건설할 때 발생하는 현금의 유출을 의미한다.

| 표 3-114 | 공장의 취득

공장의 취득 = 미국 공장의 취득가 + 중국 공장의 취득가	
미국 공장의 취득가	= 미국 공장의 건설비용×환율×물가상승률
+	
중국 공장의 취득가	= 중국 공장의 건설비용×환율×물가상승률

③ 재무활동으로 인한 현금흐름

- 재무활동으로 인한 현금흐름은 현금의 차입 및 상환활동, 신주발행이나 배당금의 지급활동 등과 같이 영업활동과 관계없이 부채 및 자본계정에 영향을 주는 거래를 의미한다.

| 표 3-115 | 재무활동의 현금흐름

재무활동의 현금흐름 = 재무활동으로 인한 현금의 유입액 − 재무활동으로 인한 현금의 유출액

a. 재무활동으로 인한 현금의 유입액

- 재무활동으로 인한 현금유입액은 장 · 단기 차입금의 차입, 사채의 발행, 주식의 발행, 자기주식의 매각, 대여금의 회수, 단기금융상품, 유가증권, 투자자산, 유형자산 및 무형자산의 처분 등의 활동에서 발생한 현금유입을 의미한다.
- 게임에서 재무활동으로 인한 현금유입은 단기차입금의 차입, 사채의 발행, 주식의 발행 등으로 한다.

| 표 3-116 | 재무활동의 현금유입액

재무활동의 현금유입액 = 단기차입금의 차입 + 사채의 발행 + 주식의 발행

a-1 단기차입금의 차입

- 단기차입금의 차입은 단기차입금의 차입을 통한 현금유입을 의미한다.
- 게임에서 단기차입금의 차입에서 발생한 현금유입은 은행대출 금액이 된다.

| 표 3-117 | 단기차입금의 차입

단기차입금의 차입 = 의사결정서의 은행대출액 + 긴급대출액(=손익계산서의 경상손실액)

a-2 사채의 발행

- 사채의 발행은 회사채발행을 통한 현금의 유입을 의미한다.
- 게임에서 사채발행으로 인한 현금유입은 회사채발행 금액이 된다.

| 표 3-118 | 사채의 발행

사채의 발행 = 의사결정서의 회사채 총액

a-3 주식의 발행

- 주식의 발행은 보통주발행을 통한 현금유입을 의미한다.
- 게임에서 주식발행에서 발생한 현금유입은 신규 주식을 발행해서 유입된 현금으로 한다.

| 표 3-119 | 주식의 발행

주식의 발행 = 발행된 주식 수 × 주식발행가	
주식발행가	= (발행 전 주식수×발행 전 주가) / (발행 전 주식 수+발행한 주식 수)

b. 재무활동으로 인한 현금의 유출

- 재무활동으로 인한 현금유출액은 장 · 단기 차입금의 상환, 사채의 상환, 배당금의 지급, 유상감자, 자기주식의 취득, 신주발행비, 사채발행비의 발생 등에서 발생한 현금유출을 의미한다.
- 게임에서 재무활동으로 인한 현금유출은 단기차입금의 상환, 사채의 상환, 배당금의 지급, 자기주식의 취득으로 한다.

| 표 3-120 | 재무활동의 현금유출액

재무활동의 현금유출액 = 단기차입금의 상환 + 사채의 상환 + 배당금의 지급 + 자기주식의 취득

b-1 단기차입금의 상환

- 단기차입금의 상환은 단기차입금의 상환을 위해서 발생한 현금유출을 의미한다.
- 게임에서 단기차입금의 상환에서 발생한 현금유출은 지난 분기에 차입한 은행대출액과 긴급대출액이 된다.

| 표 3-121 | 단기차입금의 상환액

단기차입금의 상환액 = 지난 분기의 의사결정서의 은행대출액 + 지난 분기의 긴급대출액

b-2 사채의 상환

- 사채의 상환은 차입한 회사채를 상환하기 위해서 발생된 현금유출을 의미한다.
- 게임에서 사채상환에서 발생한 현금유출은 상환한 회사채가 되며, 회사채의 기간은 4분기이다.

| 표 3-122 | 사채의 상환

사채의 상환 = 만기가 된 회사채 혹은 조기상환 회사채

b-3 배당금의 지급

- 배당금의 지급은 주주들에게 배당을 하기 위해서 발생된 현금유출을 의미한다.
- 게임에서 배당금의 지급은 주주들에게 배당한 현금유출을 의미한다.

| 표 3-123 | 배당금의 지급

배당금의 지급 = 손익계산서의 배당

b-4 자기주식의 취득

- 자기주식의 취득은 자기주식을 취득하기 위해서 발생된 현금유출을 의미한다.
- 게임에서 자사 보통주를 취득하기 위해서 유출된 현금을 의미한다.

| 표 3-124 | 자기주식의 취득

자기주식의 취득 = 취득한 주식 수 × 지난 분기 주가

④ 현금의 증가 및 손실

- 현금의 증가 및 손실은 해당 분기에 증가되거나 감소한 현금을 의미한다.

| 표 3-125 | 현금의 증가 및 손실

현금의 증가 및 손실 = 영업활동으로 인한 현금흐름 + 투자활동으로 인한 현금흐름 + 재무활동으로 인한 현금흐름

⑤ 기초의 현금

- 기초의 현금은 해당 분기의 기초현금으로서 지난 분기의 기말현금과 동일하다.

| 표 3-126 | 기초현금

기초현금 = 지난 분기의 기말현금

⑥ 기말의 현금

- 기말의 현금은 해당 분기의 기말현금을 의미한다.

| 표 3-127 | 기말현금

기말현금 = 기초의 현금 + 현금의 증가 · 감소

3) 대차대조표

- 대차대조표는 특정 시점의 재무상태를 나타내는 정태적인 보고서이다. 대차대조표를 통하여 각 기업들은 기업이 보유하는 경제적 자원(자산) 및 경제적 자원에 대한 청구권(부채 및 자본)에 대한 정보를 제공한다.
- 대차대조표는 분기말 자사의 재무상태를 자산, 부채, 자본의 구성 내역에 맞춰 정보를 제공해 준다. 대차대조표는 자사 임·직원에게만 제공되는 내부 보고서이다. 2012년 4분기의 대차대조표의 출력 양식은 다음과 같다.

표 3-128 대차대조표

항 목	금 액	
Ⅰ. 유동자산		16,437,880,673
1. 당좌자산		14,328,722,182
가. 현금및현금등가물	13,828,722,182	
나. 단기금융상품	500,000,000	
다. 유가증권	0	
2. 재고자산		2,109,158,491
가. 제품재고	2,109,158,491	
Ⅱ. 고정자산		14,300,000,000
1. 투자자산		0
2. 유형자산		14,300,000,000
가. 공장	6,800,000,000	
나. 생산설비	7,500,000,000	
3. 무형자산	0	
자산총계		30,737,880,673
Ⅰ. 유동부채		0
1. 단기차입금	0	
Ⅱ. 고정부채		0
1. 사채	0	
부채총계		0
Ⅰ. 자본금	25,000,000,000	
Ⅱ. 자본잉여금	0	
Ⅲ. 이익잉여금	5,737,880,673	
Ⅳ. 자본조정	0	
자본총계		30,737,880,673
부채와 자본총계		30,737,880,673

- 대차대조표의 주요 변수

① 유동자산

- 유동자산은 1년 이내에 현금화할 수 있는 자산으로서 영업활동을 수행하면서 빈번하게 변동되는 영업자산으로서 당좌자산, 재고자산, 기타 유동자산 등으로 구성된다.
- 게임에서 유동자산은 당좌자산과 재고자산으로 구성된다.

| 표 3-129 | 유동자산

유동자산 = 당좌자산 + 재고자산

a. 당좌자산

- 당좌자산은 복잡한 생산과정이나 판매과정을 거치지 않고 현금으로 바꿀 수 있는 자산이다. 당좌자산은 현금및현금등가물, 단기금융상품, 유가증권, 매출채권, 대손충당금, 단기대여금, 미수금과 미수수익, 선급금과 선급비용 등으로 구성된다.
- 게임의 당좌자산 항목은 현금및현금등가물, 단기금융상품, 유가증권 등 세 항목으로 구성한다.

| 표 3-130 | 당좌자산

당좌자산 = 현금및현금등가물 + 단기금융상품 + 유가증권

a-1 현금및현금등가물

- 현금및현금등가물은 당좌자산 중에서도 유동성이 가장 높은 자산이다.
- 게임에서 현금및현금등가물은 대금의 결제나 비용의 지출을 위해서 회사가 보유하고 있는 현찰로서 현금흐름표의 기말현금을 의미한다.

| 표 3-131 | 현금및현금등가물

현금및현금등가물 = 현금흐름표상의 기말현금

a-2 단기금융상품

- 단기금융상품은 금융기관의 금융상품에 예치된 금액이다. 금융기관이 취급하는 금융상품은 정기예금, 정기적금, 통지예금, 양도성예금증서, 어음관리계좌 등이 있다.
- 게임에서 양도성예금증서(certificate of deposit : CD)에 예치한 금액이 여기에 해당된다. 양도성예금증서는 1분기를 기준으로 투자되며, 1분기 후 만기가 된다.

| 표 3-132 | 단기금융상품

단기금융상품 = 의사결정서의 CD 투자액

a-3 유가증권

- 유가증권은 채권(국 · 공채, 금융채, 회사채)과 주식 및 지분 등으로 구성된다.
- 게임에서는 주식시장에 투자하는 투자액이 여기에 해당된다. 한 분기에 주식투자나 주식처분 둘 중에 하나만 일어난다.

| 표 3-133 | 유가증권

유가증권 = 기존 주식투자액 + 현 분기 주식투자액 − 현 분기 주식처분액

b. 재고자산

- 재고자산은 회사의 주된 영업활동을 수행하기 위해 창고에 보관하고 있는 자산으로 상품, 제품, 반제품, 원재료, 저장품, 재공품 등이 있다.
- 게임에서 재고자산은 판매목적으로 보유하고 있는 완제품의 재고를 의미한다.

| 표 3-134 | 재고자산

재고자산 = 제품재고

b-1 제품재고

- 제품재고는 회사가 원 · 부재료 등을 구입하여 생산 가공이 종료된 상태에서 판매를 위해서 보유하고 있는 자산을 의미한다.
- 게임에서 제품재고는 한국 영업지점, 미국 영업지점, 중국 영업지점에서 보유하고 있다.

| 표 3-135 | 제품재고

제품재고 = 손익계산서의 기말제품재고액

② 고정자산

- 고정자산은 유형고정자산, 무형고정자산, 투자와 기타자산의 세 종류로 구성되어 있다. 유형고정자산에는 건물, 구조물, 기계장치, 토지 등이 있으며 무형고정자산에는 영업권, 특허권, 광업권 등이 속하며, 투자와 기타자산에는 투자유가증권, 관계회사주식, 관계회사사채, 출자금, 장기대부금 등이 있다.
- 게임에서 고정자산은 투자자산, 유형자산, 무형자산으로 구성된다.

| 표 3-136 | 고정자산

고정자산 = 투자자산 + 유형자산 + 무형자산

a. 투자자산

- 투자자산은 회사가 장기간에 걸쳐서 여유 자산을 운용하여 많은 이익을 얻거나 또는 다른 기업을 통제 지배할 목적으로 보유하는 주식이나 채권에 투자한 자금을 의미한다. 투자자산의 항목은 장기금융상품, 투자유가증권, 장기대여금, 장기성매출채권, 투자부동산, 보증금, 이연법인세차 등으로 구성된다.

- 게임에서는 투자자산은 없는 것으로 하며, 따라서 투자자산의 값은 0이다.

b. 유형자산

- 유형자산은 회사가 영업활동을 영위하기 위해서 보유하고 있는 1년을 초과하여 사용하는 고정된 시설이나 장치로서 토지, 건물과 구축물, 기계장치, 선박, 차량 운반구, 건설중인 자산, 기타의 유형자산 등으로 구성되어 있다.
- 게임에서 유형자산은 공장, 설비 등으로 구성되어 있다.

표 3-137 유형자산

유형자산 = 공장 + 생산설비

b-1 공장

- 공장은 기업이 보유하고 있는 공장의 자산가치이다.
- 게임에서 공장의 장부가는 공장 취득가에서 공장의 감가상각비를 차감해서 계산한다. 공장의 감가상각은 정액법으로 20년 상각을 기준으로 계산한다.

표 3-138 공장의 장부가

공장 = 한국 분기말 공장 장부가 + 미국 분기말 공장 장부가 + 중국 분기말 공장 장부가	
한국 분기 말 공장 장부가	= 전 분기 말 한국 공장의 장부가액 − 현 분기 한국 공장의 감가상각비
+	
미국 분기 말 공장 장부가	= 전 분기 말 미국 공장의 장부가액 − 현 분기 미국 공장의 감가상각비
+	
중국 분기 말 공장 장부가용	= 전 분기 말 중국 공장의 장부가액 − 현 분기 중국 공장의 감가상각비

b-2 생산설비

- 생산설비는 생산에 필요한 기계 및 설비의 자산가치이다.
- 게임에서는 생산설비 가액은 취득가에서 생산설비의 감가상각비를 차감하여 계

산한다. 생산설비의 감가상각은 정액법으로 5년 상각을 기준으로 계산한다.

표 3-139 생산설비

생산설비 = 전 분기 말 생산설비의 장부가 + 현 분기 생산설비 취득액 − 현 분기 생산설비 처분액 − 현 분기 생산설비 감가상각비

c. 무형자산

- 무형자산은 재화의 생산이나 용역의 제공, 타인에 대한 임대 또는 관리에 사용할 목적으로 기업이 보유하고 있으며, 형태가 없는 자산으로서, 영업권, 산업재산권, 광업권과 어업권 및 차지권, 창업비, 개발비 등으로 구성되어 있다.
- 게임에서 무형자산은 없으며, 따라서 값은 0이다.

d. 자산총계

- 자산총계는 기업이 보유하고 있는 총자산으로서, 유동자산과 고정자산의 합이다.

표 3-140 자산총계

자산총계 = 유동자산 + 고정자산

③ 부채

a. 유동부채

- 유동부채는 대차대조표일로부터 1년 이내에 지급기일이 도래하는 부채로서, 생산 및 구매활동에서 발생한 영업상의 부채를 의미한다. 유동부채의 종류는 매입채무, 단기차입금, 미지급비용, 선수금, 유동성장기부채 등이 있다.
- 게임에서 유동부채는 은행의 단기차입금이다.

표 3-141 유동부채

유동부채 = 단기차입금

a-1 단기차입금

- 단기차입금은 기업의 차입금 중 차입일로부터 1년 이내에 지급기일이 도래하는 차입금으로서 금융기관으로부터의 단기차입액과 주주나 특수관계 회사로부터의 단기차입액, 당좌차월 등이 있다.
- 게임에서 단기차입금은 은행에서 차입한 대출액을 의미한다.

표 3-142 단기차입금

단기차입금 = 손익계산서의 단기차입금

b. 고정부채

- 고정부채는 장기간에 걸쳐서 자금을 활용하기 위해서 차입하는 부채를 의미하며 사채와 사채발행비, 장기차입금, 장기성매입채무, 부채성충당금, 이연법인세대 등으로 구성되어 있다.
- 게임에서는 고정부채는 발행한 회사채가 여기에 해당된다.

표 3-143 고정부채

고정부채 = 사채

b-1 사채

- 사채는 장기간에 걸쳐서 자금을 차입하기 위해서 발행한 회사채를 의미한다. 사채는 유형별로 주식으로 전환이 가능한 전환사채(CB : convertible bond)와 회사가 주식을 발행하는 경우 신주를 인수할 수 있는 권리가 있는 신주인수권부사채(BW : bond with warrant)가 있다.
- 게임에서는 발행일부터 만기일까지 기간이 4분기인 회사채를 의미한다.

표 3-144 사채

사채 = 지난 4분기의 사채발행액 – 현 분기 사채상환액

c. 부채총계

- 부채총계는 기업이 차입한 금액의 총합을 의미한다. 부채는 유동부채와 고정부채의 합으로 구성된다.

| 표 3-145 | 부채총계

부채총계 = 유동부채 + 고정부채

④ 자본

a. 자본금

- 자본금은 법정자본금, 즉 기업이 발행한 주식의 액면가액의 합계를 의미한다. 자본금은 1주당 액면금액에 발행 주식총수를 곱한 것이다. 자본금은 보통주자본금과 우선주자본금으로 나누어진다.
- 보통주(common stock)는 의결권이 있는 주식으로서, 보통주식을 소유한 주주는 부채에 대한 이자와 우선주에 대한 배당금을 지급한 후 배당을 받을 수 있다.
- 우선주(preferred stock)는 자본금에 대한 의결권은 배제되지만 정해진 범위 내에서 보통주에 앞서 이익배당을 받을 수 있는 권리가 주어진 주식을 의미한다.
- 게임에서 자본금은 보통주의 자본금으로만 구성되어 있다.

| 표 3-146 | 자본금

자본금 = 전 분기 말 자본금 + 당기 발행주식 수 × 액면가(=5,000)

b. 자본잉여금

- 자본잉여금은 영업활동이 아닌 자본거래에서 발생한 잉여금을 의미한다. 자본잉여금은 자본준비금과 재평가적립금으로 구성된다.
- 자본준비금은 자본거래로 발생한 잉여금 중 상법상 법정준비금으로서 적립이 강제되어 있는 준비금을 의미한다.
- 재평가적립금은 과거에 취득한 부동산 등의 취득가액을 현재의 시가로 평가할

때 증가하는 금액을 의미한다.

- 게임에서 자본잉여금은 다음과 같다.

| 표 3-147 | 자본잉여금

자본잉여금 = 전 분기 말 자본잉여금 + 현 분기 발행주식 수 × (발행가 − 액면가)

c. 이익잉여금

- 이익잉여금은 벌어들인 이익 중 주주들에게 배당하지 않고, 회사 내에 유보된 이익을 의미한다. 기업의 이익 중 기업 내에 유보된 부분인 이익잉여금은 배당제한 항목과 배당가능 항목으로 구성된다. 또한 이밖에도 이익잉여금은 이익준비금, 기타법정적립금, 임의적립금, 차기이월잉여금 등으로 구성된다.
- 게임에서 이익잉여금은 다음과 같다.

| 표 3-148 | 이익잉여금

이익잉여금 = 전 분기 말 이익잉여금 + 손익계산서의 당기유보이익

d. 자본조정

- 자본에 대한 가감 항목으로서, 자본금, 자본잉여금, 이익잉여금 이외의 임시적 성격의 항목이다. 자본조정 항목은 주식할인발행차금, 배당건설이자, 지기주식, 미교부주식배당금, 투자유가증권평가이익, 해외사업환산대 등이 있다.
- 게임에서 자본조정은 다음과 같다.

| 표 3-149 | 자본조정

자본조정 = 전 분기 말 자기주식 + 현 분기 자기주식 취득주식 수 × 전 분기 주가

e. 자본총계

- 자본총계는 회사를 설립하거나 이후 회사에 대한 주주들의 출자금으로 납입한

자금을 의미한다.

- 게임에서 자본총계는 자본은 자본금, 자본잉여금, 이익잉여금, 자본조정 등 모든 계정의 합으로 구성된다.

표 3-150 자본총계

자본총계 = 자본금 + 자본잉여금 + 이익잉여금 + 자본조정

⑤ 부채와 자본총계

- 부채와 자본총계의 합은 자산총계와 일치해야 한다.

표 3-151 자산총계

자산총계 = 부채 + 자본총계	
자산	= 유동자산(=당좌자산 + 재고자산) + 고정자산(=투자자산 + 유형자산 + 무형자산
+	
부채	= 유동부채 + 고정부채
+	
자본	= 자본금 + 자본잉여금 + 이익잉여금 + 자본조정

제 4 장

Biz-Master의 경영 미션

1. CEO 미션
2. 마케팅 미션
3. 생산 미션
4. 재무 미션

요약

- Biz-Master에서는 교육의 목표인 경영분석 능력 및 경영관리 능력을 단계별로 향상하기 위해서 다양한 종류의 경영 미션을 수행해야 한다. 교육생들은 가상 기업을 경영하는 과정에서 분기마다 요구되는 경영 미션을 수행하고, 실제 경영성과가 산출된 다음에, 경영 미션의 타당성을 분석하면서 자연스럽게 경영분석, 경영관리, 경영 의사결정 능력을 향상함으로써 교육효과를 높일 수 있다.
- Biz-Master에서 개발한 경영 미션은 총 16종으로, CEO, 마케팅, 생산, 재무의 네 영역으로 나누어져 있다. 각 영역별 경영 미션의 framework은 다음과 같다.

1. CEO 미션

CEO 영역에서 개발된 미션인 경영목표와 추진전략 수립, 핵심성과 지표 분석, 균형성과 지표 분석, 비전과 목표 수립의 의미와 활용방법에 대해 설명하고 있다.

2. 마케팅 미션

마케팅 영역에서 개발된 미션인 목표 판매량 예측, 마케팅원가 분석, 마케팅 수익성 분석, 마케팅 탄력성 분석의 의미와 활용방법에 대해 설명하고 있다.

3. 생산 미션

생산 영역에서 개발된 미션인 생산과 판매량 분석, 생산원가 분석, 생산계획의 경제성 분석, 생산라인의 손익분기 분석의 의미와 활용방법에 대해 설명하고 있다.

4. 재무 미션

재무 영역에서 개발된 미션의 추정 손익계산서 분석, 추정 현금흐름표 작성, 추정 대차대조표 분석, 추정 재무비율 분석의 의미와 활용방법에 대해 설명하고 있다.

그림 4-1 Biz-Master의 경영 미션

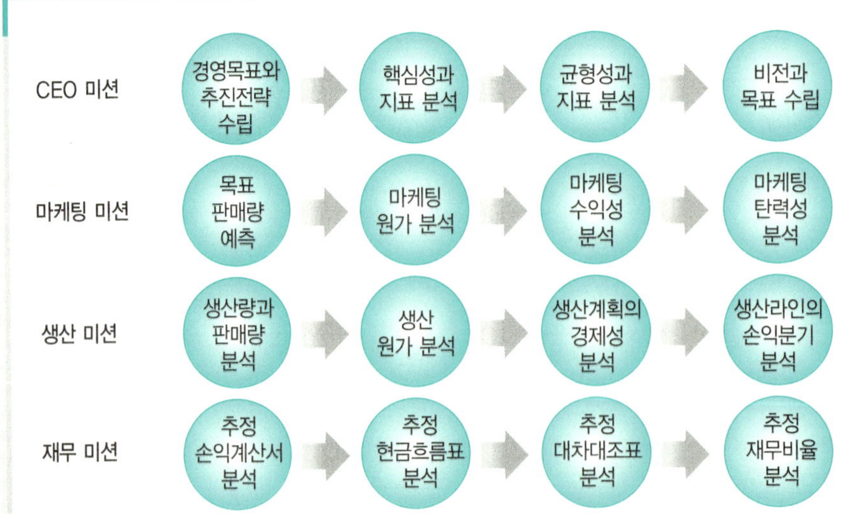

1. CEO 미션

- 기업의 최고경영자(CEO)는 기업 외부 환경과 내부 환경을 분석해서 경영목표와 경영전략을 수립하고 추진해야 한다. 또한 CEO는 기업을 효과적으로 운영하기 위해서 마케팅, 생산/운영, 재무 기능들을 조정해야 하며, 구성원들이 체계적으로 업무를 수행할 수 있도록 업무 프로세스와 환경을 구축해야 한다. Biz-Master에서는 기업의 최고경영자가 해야 할 일을 직접 경험하고 경영 능력을 높이기 위해서 네 종류의 미션을 개발하였다.

| 표 4-1 | CEO 미션과 목표

미션의 종류	목적
경영목표와 추진전략 수립	경영목표와 추진전략을 수립하는 능력을 향상
핵심성과 지표 분석 (Key Performance Indicator)	기능별 핵심성과 지표를 도출하고 관리할 수 있는 능력을 향상
균형성과 지표 분석 (Balanced Score Card)	경영 각 기능의 균형성과 지표를 도출하고 관리할 수 있는 능력을 향상
비전과 목표 수립	비전과 중 · 장기 목표를 수립할 수 있는 능력을 향상

1.1 경영목표와 추진전략 수립

(1) 정의

- 경영목표와 추진전략 수립은 기업의 경영목표와 추진전략을 수립하는 능력을 향상하기 위한 미션이다. 경영목표와 추진전략이 없다면 기업을 효과적으로 경영할 수 없기 때문에 합리적인 경영목표와 추진전략을 수립해서 추진해야 한다.

(2) 작성 방법

- 경영목표는 각 분기에 달성하고자 하는 목표 상태(to be)로서, 외부 환경과 내부 현황을 고려해서 수립해야 한다. 목표는 "2013년 1분기의 목표 시장점유율 40%" 혹은 목표 당기순이익 30억원 달성" 등과 같은 방법으로 절대적으로 표현하는 것이 바람직하다. 혹은 "2013년 1분기의 목표 시장점유율 2위 혹은 목표 당기순이익은 산업평균 수준" 등과 같은 방법으로 상대적인 수치로 표현될 수도 있다.
- 추진전략은 목표를 달성하기 위한 방법이며 수단(tool)이다. 추진전략은 무엇을, 누가, 언제, 어떻게, 왜, 어디서 등의 관점에서 구체적이고 명확하게 수립되어야 한다. 추진전략은 마케팅, 생산, 재무와 같은 기능별로, 혹은 한국, 미국, 중국 시장별로 수립되어야 한다.
- 실행계획은 추진전략을 달성하기 위한 구체적인 계획으로서 의사결정 입력 양식에서 입력한 주요 의사결정 지표들을 의미한다.

(3) 미션 평가 및 피드백

- 게임 전에 작성한 경영목표와 추진전략의 타당성을 시뮬레이션 후의 실제 경영성과와 비교하면서 분석한다.
- 다른 팀의 경영목표 및 추진전략의 발표를 들으면서 자기 팀의 경영목표와 추진전략 수립 방법의 개선 방안을 찾아본다.
- 실제 기업에서 경영목표와 추진전략을 수립하는 방법을 분석해 본다.

그림 4-2 경영목표와 추진전략 수립의 미션 양식지

1.2 핵심성과 지표 분석(Key Performance Indicator)

(1) 정의

- 핵심성과 지표 분석 미션은 CEO, 마케팅, 생산, 재무부서가 관리해야 할 핵심성과 지표를 찾아내고, 이들을 관리할 수 있는 능력을 향상하기 위한 미션이다.

(2) 작성 방법

- 성과 지표의 종류에서는 CEO, 마케팅, 생산, 재무의 각 영역의 성과를 측정할 수 있는 핵심성과 지표를 도출해야 한다. 예를 들어서 CEO는 당기순이익, 마케팅은 판매량, 생산은 생산원가, 재무는 주가 등과 같은 성과 지표를 찾아낸다.
- 성과 지표의 목표치는 각 영역별 핵심성과 지표별로 달성하고자 하는 구체적인 목표치를 설정해야 한다. 예를 들어서 당기순이익은 10억, 판매량은 7만 개, 생산원가는 60,000원, 주가는 5,500원 등으로 설정한다.

(3) 미션 평가 및 피드백

- 시뮬레이션 후에, 게임 전에 작성한 핵심성과 지표가 제대로 달성되었는지를 평가하고, 핵심성과 지표가 달성되지 않았으면 원인과 해결 방안을 분석한다.
- 다른 팀의 핵심성과 지표 분석 발표를 들으면서 핵심성과 지표를 도출하고 달성하는 방법의 개선 방안을 찾아본다.
- 실제 기업에서 각 기능에서 관리해야 하는 핵심성과 지표들을 도출하고, 이들 간의 연계성을 분석할 수 있는 방법을 찾아본다.

그림 4-3 핵심성과 지표 분석의 미션 양식지

영역		성과 지표의 종류	성과 지표의 목표치	성과 지표의 실제 성과	목표와 실제 성과 GAP분석
1. 기업 차원의 핵심성과 지표	1-1				
	1-2				
	1-3				
	1-4				
2. 마케팅 기능의 핵심성과 지표	2-1				
	2-2				
	2-3				
	2-4				
3. 생산 기능의 핵심성과 지표	3-1				
	3-2				
	3-3				
	3-4				
4. 재무 기능의 핵심성과 지표	4-1				
	4-2				
	4-3				
	4-4				

1.3 균형성과 지표 분석(Balanced Score Card)

(1) 정의

- 균형성과 지표 분석 미션은 재무, 고객, 내부 프로세스, 학습과 성장의 네 가지 관점에서 관리해야 할 핵심성과 지표를 찾아내고, 이들 지표들 간의 관계를 분석할 수 있는 능력을 향상하는 경영 미션이다.

(2) 작성 방법

- 재무 관점에서 관리해야 하는 주요 성과 지표를 찾아내고, 이들의 목표치를 찾아낸다. 재무 관점이란 기업이 달성해야 할 재무적 지표를 의미하는 것으로서 순이익, 순이익/매출액과 같은 비율이다.
- 고객 관점에서 관리해야 하는 주요 성과 지표를 찾아내고, 이들의 목표치를 찾아낸다. 고객 관점이란 재무적 관점을 달성하기 위해서 마케팅 측면에서 달성해야 하는 주요 지표들로서 판매량, 매출액, 고객충성도와 같은 요소들이다.
- 내부 프로세스 관점에서 관리해야 하는 주요 성과 지표를 찾아내고, 이들의 목표치를 찾아낸다. 내부 프로세스 관점이란 고객 관점의 지표들을 달성하기 위해서 회사 내부에서 달성해야 하는 주요 지표들로서, 원가, 품질, 속도 등과 같은 지표들이다.
- 학습과 성장 관점에서 관리해야 하는 주요 성과 지표를 찾아내고, 이들의 목표치를 찾아낸다. 학습과 성장 관점이란 내부 프로세스 지표들을 달성하기 위해서 회사에서 투자해야 하는 주요 지표들로서 교육훈련, 기술개발 등과 같은 지표들이다.

(3) 미션 평가 및 피드백

- 게임 전에 작성한 균형성과 지표와 실제 경영성과와 비교하면서 달성되었는지를 평가해 본다.
- 다른 팀의 균형성과 지표 분석 발표를 들으면서 균형성과 지표를 관리하는 방법과 개선 방안을 찾아본다.
- 실제 기업에서 균형성과 지표들을 도출하고, 이들 간의 연계성을 분석할 수 있

는 방법을 찾아본다.

그림 4-4 균형성과 지표 분석의 미션 양식지

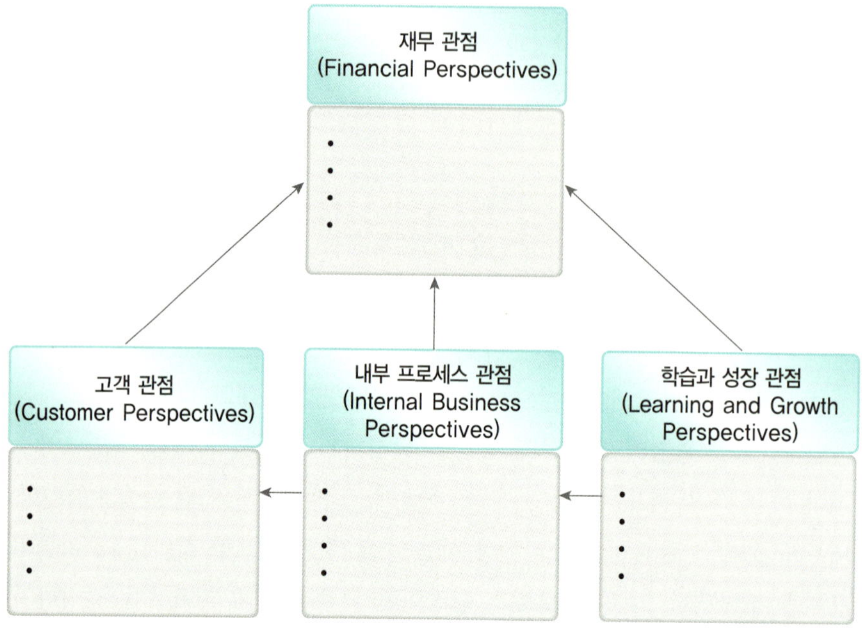

1.4 비전과 목표 수립

(1) 정의

- 비전과 목표 수립 미션은 기업의 비전과 중·장기 목표를 수립하는 능력을 향상하기 위한 미션이다. 기업이 지속적인 성장을 하기 위해서는 중장기 목표인 비전을 설정하고, 단계별 목표와 추진전략을 통해서 비전을 달성해야 한다.

(2) 작성 방법

- 비전은 달성하고자 하는 회사의 중 · 장기적 목표이다. 비전은 "2015년 PC 산업의 1위 기업"과 같이 절대적인 수치로 나타내기도 하고 "고객만족도가 가장

높은 회사"와 같은 방법으로 표현되기도 한다.

- 경영목표는 비전을 달성하기 위한 단계별 경영목표를 의미한다. 경영목표는 앞서 설명하였듯이 상대적인 수치나 절대적인 수치로 모두 표현되어야 한다.
- 추진전략은 경영목표를 달성하기 위한 방법으로 무엇을, 누가, 언제, 어떻게, 왜, 어디서 등의 관점에서 구체적이고 명확하게 수립되어야 한다. 추진전략은 마케팅, 생산, 재무와 같은 기능별로, 혹은 한국, 미국, 중국 시장별로 수립되어야 한다.

(3) 미션 평가 및 피드백

- 다른 팀의 비전, 목표 및 추진전략의 발표를 들으면서 비전, 목표와 추진전략을 효과적으로 수립할 수 있는 방법을 찾아본다.
- 실제 기업에서 비전, 목표와 추진전략이 어떻게 수립되는지를 분석해 본다.

그림 4-5 비전과 목표 수립의 미션 양식지

2. 마케팅 미션

- 마케팅 부서의 핵심업무는 제품과 서비스를 저가의 비용으로 판매해서 최대의 매출을 발생시키고 이익을 극대화하는 일이다. 이 과정에서 수요예측, 가격(price), 제품(product), 촉진(promotion), 유통(place)의 마케팅 믹스 전략을 수립하고 추진해야 한다. Biz-Master에서는 마케팅 부서가 해야 할 일을 직접 경험하고, 마케팅 분석 및 관리 능력을 높이기 위해서 네 종류의 미션을 개발하였다.

표 4-2 마케팅 미션

미션의 종류	목적
목표 판매량 예측	목표 판매량을 정확하게 예측할 수 있는 수요예측 능력을 향상
마케팅원가 분석	마케팅 활동을 수행하는 데 발생하는 원가를 이해하고 관리할 수 있는 능력을 향상
마케팅 수익성 분석	마케팅 수익성의 개념을 이해하고, 마케팅 수익성을 높일 수 있는 능력을 향상
마케팅 탄력성 분석	마케팅 믹스 요소들이 판매량에 영향을 주는 마케팅 탄력성의 개념을 이해하고 분석할 수 있는 능력을 향상

2.1 목표 판매량 예측

(1) 정의

- 목표 판매량 예측 미션은 판매량에 영향을 주는 요소들을 찾아내고, 이들 요소들의 영향을 분석해서 목표 판매량을 정확하게 예측할 수 있는 능력을 향상하

기 위한 미션이다. 기업 경영의 시작은 정확한 수요예측으로부터 출발하게 되는데, 수요예측이 틀리면 기업경영은 실패하게 되기 때문에 목표 판매량을 정확하게 예측할 수 있는 능력을 갖추어야 한다.

(2) 작성 방법

- 지난 분기의 실제 판매량은 바로 직전 분기의 실제 판매량으로서 경영성과 보고서의 실제 판매량이다.
- 현 분기 판매량의 변화는 지난 분기에 비해서 현 분기에 변동될 것으로 예상되는 판매량을 의미한다. 현 분기 판매량의 변화는 경제성장률인 GDP의 변화에 따른 변동량, 계절적 변화에 따른 변동량, 자사의 마케팅 믹스 전략 변화에 따른 변동량, 경쟁사의 마케팅 믹스 전략 변화에 따른 변동량의 합으로 구성된다.
- 현 분기 목표 판매량의 예측치는 지난 분기 실제 판매량과 현 분기 판매량의 변화를 더해서 계산한다.

(3) 미션 평가 및 피드백

- 게임 전에 입력한 목표 판매량 예측치와 시뮬레이션 종료 후 실제 판매량을 비교하면서 목표 판매량 예측의 정확성을 평가하고, 개선 방안을 찾아본다.
- 목표 판매량 예측이 잘못되었을 때 기업경영에 미치는 영향을 분석해 본다.
- 다른 팀의 목표 판매량 예측의 발표를 들으면서 자기 팀과의 차이점을 비교한 다음에 자기 팀의 목표 판매량을 예측하는 방법의 개선 방안을 찾아본다.
- 실제 기업에서 판매량 예측이 어떻게 수행되는지를 분석해 본다.

그림 4-6 목표 판매량 예측의 미션 양식지

	한국의 목표 판매량	미국의 목표 판매량	중국의 목표 판매량
1. 지난 분기의 실제 판매량			
2. 현 분기의 판매량 변화(=1+2+3+4)			
2-1. GDP 변화에 따른 변동량			
2-2. 계절적 변화에 따른 변동량			
2-3. 자사 마케팅 믹스 변화에 따른 변동량			
① 모델번호 변화에 따른 변동량			
② 가격 변화에 따른 변동량			
③ 광고비 변화에 따른 변동량			
④ 영업사원 수 변화에 따른 변동량			
⑤ 기본급 변화에 따른 변동량			
⑥ 수당 변화에 따른 변동량			
2-4. 경쟁사 마케팅믹스 변화에 따른 변동량			
3. 현 분기 목표 판매량의 예측치(=1+2)			
4. 시뮬레이션 후의 실제 판매량			
5. 판매예측오차 및 GAP 분석			

2.2 마케팅원가 분석

(1) 정의

- 마케팅원가 분석 미션은 마케팅 영역에서 발생하는 마케팅원가의 구성 요소를 이해하고, 마케팅원가의 관리 능력을 향상하기 위한 미션이다. 마케팅 부서에서는 판매량과 매출액을 높이기 위해서 여러 비용이 발생하게 되는데 이러한 마케팅원가의 개념을 정확하게 이해할 필요가 있다.

(2) 작성 방법

- 광고비는 한국과 미국, 중국에서 투입하는 광고비를 의미한다.
- 영업사원 인건비는 한국과 미국, 중국의 영업사원의 기본급 및 수당이다.
- 물류비용은 한국 공장에서 한국, 미국, 중국의 각 영업지점까지 제품을 운송하는 데 발생하는 비용이다.
- 판매촉진비용은 한국, 미국, 중국의 각 영업지점에서 판매를 촉진하기 위해 발생되는 비용이다.
- 영업지점 유지비용은 한국, 미국, 중국 영업지점의 직원들의 급여와 건물 임대료를 포함한 영업지점의 유지비용이다.
- 영업사원의 교육훈련비는 신입 영업사원의 교육훈련비이다.
- 재고유지비용은 각 영업지점에서 보유하고 있는 분기 말 재고를 유지하는 데 발생하는 유지비용이다.
- 임원 급여는 본사 및 공장 임원들과 영업지점 임원들의 급여이다.
- 기타 비용은 기업을 운영하는 데 발생하는 영원사원 퇴직금+제세 공과금 및 사무용품비 등이다.

(3) 미션 평가 및 피드백

- 게임 전에 추정한 마케팅원가 예측치와 실제 마케팅원가와 비교하면서 마케팅원가의 구성 요소를 이해하고, 관리 방안을 찾아본다.
- 다른 팀의 마케팅원가 분석 발표를 들으면서 자기 팀의 마케팅원가 관리의 개선 방안을 찾아본다.
- 실제 기업의 마케팅원가의 구성 요소를 분석해 본다.

그림 4-7 마케팅원가 분석의 미션 양식지

	마케팅원가의 예측치				마케팅원가의 실제비용	예측치와 실제원가 간의 GAP 분석
	한국시장	미국시장	중국시장	합계		
1. 광고비						
2. 영업사원 인건비						
3. 물류비용						
4. 판매촉진비용						
5. 영업지점 유지비용						
7. 영업사원 교육훈련비						
8. 재고유지비용						
9. 임원급여						
10. 기타 비용						
원가 총합						

2.3 마케팅 수익성 분석

(1) 정의

- 마케팅 수익성 분석은 각 영업지점별로 수익성을 분석해서 마케팅 의사결정의 타당성을 분석하기 위한 미션이다. 모든 마케팅 의사결정을 수행할 때는 단위당 제품 판매의 수익성을 분석해야 한다.

(2) 작성 방법

- 가격에 단위당 판매가격을 입력한다.
- 생산원가에 단위당 생산원가를 입력한다.
- 물류비용에는 단위당 물류비용을 입력한다.
- 판매 및 일반 관리비에는 단위당 판매 및 일반 관리비를 입력한다.
- 영업이익에서는 가격에서 생산원가, 물류비용, 판매 및 일반관리비를 차감한다.

- 시장별 영업이익 추정치에서는 단위당 영업이익에 판매량을 곱해서 계산한다.

(3) 미션 평가 및 피드백

- 게임 전의 시장별 영업이익과 실제 시뮬레이션 종료 후 시장별 영업이익 실제치와 비교하고, 시장별 수익성을 비교 · 분석한다.
- 다른 팀의 마케팅 수익성 발표를 들으면서 마케팅 수익성을 개선할 수 있는 방안을 찾아본다.
- 실제 기업의 마케팅 수익성을 분석해 본다.

그림 4-8 마케팅 수익성 분석의 미션 양식지

	한국시장	미국시장	중국시장
1. 단위당 가격(원화)			
2. 단위당 생산원가			
3. 단위당 물류비용			
4. 단위당 판매 및 일반관리비			
5. 단위당 영업이익			
6. 시장별 영업이익 추정치			
7. 시장별 영업이익 실제치			

2.4 마케팅 탄력성 분석

(1) 정의

- 마케팅 탄력성 분석 미션은 마케팅 믹스 의사결정 요소들이 판매량에 미치는 영향을 분석해서 마케팅 믹스 의사결정의 효과를 극대화할 수 있는 능력을 향상하기 위한 미션이다.

(2) 작성 방법

- 자사의 마케팅 믹스 의사결정이 판매량에 미치는 영향을 추정해 본다. 먼저, 제품모델 번호, 가격, 광고비, 영업사원 수, 영업사원 기본급, 영업사원 수당의 지난 분기 의사결정과 이번 분기의 의사결정 값을 입력한 다음에, 이들 변수들의 변화율을 계산한다.
- 앞에서 계산한 자사 마케팅 믹스 변수들의 변화율에 의해서 판매량이 어떻게 변화할 것인지를 추정해 본다.
- 동일한 방법으로 경쟁사의 마케팅 믹스 의사결정이 자사의 판매량에 미치는 영향을 분석해 본다. 먼저, 경쟁사의 제품모델 번호, 가격, 광고비, 영업사원 수, 영업사원 기본급, 영업사원 수당의 지난 분기 의사결정과 이번 분기의 의사결정 값을 입력한 다음에, 이들 변수들의 변화율을 계산한다.
- 경쟁사 마케팅 믹스 변수들의 변화율에 의해서 자사의 판매량이 어떻게 변화할 것인지를 추정해 본다.
- 자사의 마케팅 믹스 의사결정과 경쟁사의 마케팅 믹스 의사결정에 의한 판매량의 변화를 더해서 마케팅 탄력성을 추정해 본다.

(3) 미션 평가 및 피드백

- 다른 팀의 마케팅 탄력성 분석 발표를 들으면서 자기 팀과의 마케팅 탄력성 추정치를 조정해 본다.
- 실제 본인이 속한 기업의 마케팅 탄력성을 분석해 본다.

그림 4-9 마케팅 탄력성 분석의 미션 양식지

		한국 영업지점				미국 영업지점				중국 영업지점				총합계
	마케팅믹스 변수	2012년 4분기	2013년 1분기	변화율	판매량 변화	2012년 4분기	2013년 1분기	변화율	판매량 변화	2012년 4분기	2013년 1분기	변화율	판매량 변화	판매량 변화
자사 마케팅 믹스	제품모델 번호													
	가격													
	광고비													
	영업사원 수													
	영업사원 기본급													
	영업사원 수당													
	자사 마케팅 믹스 결과													
경쟁사 예상 마케팅 믹스	제품모델 번호													
	가격													
	광고비													
	영업사원 수													
	영업사원 기본급													
	영업사원 수당													
	경쟁사 마케팅 믹스 결과													
총합	판매량 예상 변화량													

3. 생산 미션

- 생산부서의 핵심 업무는 마케팅부서가 원하는 제품과 서비스를 적기에 저렴한 비용으로 생산하는 일이다. 이 과정에서 단기 및 중·장기 생산계획을 수립해야 하고, 원가를 낮출 수 있는 방안을 수립해야 한다. Biz-Master에서는 생산부서가 해야 할 일을 직접 경험하고, 생산 분석 및 관리 능력을 높이기 위해서 네 종류의 미션을 개발하였다.

표 4-3 생산 미션

미션의 종류	목적
생산량과 판매량 분석	생산량, 판매량, 주문량, 재고량 간의 관계를 분석해서 마케팅과 생산부서의 협업 능력을 향상
생산원가 분석	생산원가의 구조를 이해하고, 생산원가를 관리할 수 있는 능력을 향상
생산계획의 경제성 분석	생산계획의 경제성을 분석해서 최적의 생산계획을 수립할 수 있는 능력을 향상
생산라인의 손익분기 분석	생산 능력 조정 의사결정의 손익분기 분석을 수행할 수 있는 능력을 향상

3.1 생산량과 판매량 분석

(1) 정의

- 생산량과 판매량 분석은 마케팅부서와 생산부서의 유기적 협업의 중요성을 이해하고, 생산량, 주문량, 판매량, 재고량의 관계를 분석하는 능력을 향상하기 위

한 경영 미션이다.

(2) 작성 방법

- 정상생산량은 생산하고자 하는 생산라인 수와 작업시간에 의해서 결정되는 생산량을 의미한다. 예를 들어서 6개 라인에 40시간이면 120,000개(6개 라인× 20,000개)가 된다(제2장 생산량 결정 방법 참고).
- 실제생산량은 계절적 요인과 교육훈련비에 의해서 실제로 생산되는 생산량이다.
- 기초재고량은 각 영업지점에서 보유하고 있는 기초재고량을 의미한다(제3장 경영성과 보고서 참고).
- 지점주문량은 각 영업지점에서 공장에 주문하는 양으로서 의사결정 입력 양식에서 입력한 주문량이다.
- 지점구매량은 각 영업지점의 주문량을 기초로 생산 공장에서 생산해서 각 영업지점으로 분배되는 구매량을 의미한다(제2장 구매량 결정 방법을 참고).
- 판매가능량은 기초재고량과 지점주문량의 합으로서 각 영업지점에서 판매할 수 있는 최대량을 의미한다.
- 판매량은 각 영업지점에서 판매할 것으로 예상되는 판매량으로서 목표판매량 예측 미션 양식에서 목표판매량 값이 된다.
- 기말재고량은 기초재고량과 지점구매량의 합인 판매가능량에서 판매량을 뺀 기말재고량을 의미한다.
- 청산매출량은 제품모델 번호가 올라간 다음에, 구 모델이 판매되고 남은 재고량을 의미한다.

(3) 미션 평가 및 피드백

- 시뮬레이션 종료 후 실제생산량, 지점구매량, 판매가능량, 판매량, 기말재고량, 청산매출량의 차이가 발생하였는지를 확인한 다음에, 생산부서와 마케팅부서의 협업이 잘못되었을 때 기업경영에 미치는 영향을 분석한다.
- 실제 기업에서 생산부서와 마케팅부서의 연계성을 분석해 본다.

그림 4-10 생산량과 판매량 분석의 미션 양식지

		한국			미국			중국		
		예상량	실제량	차이	예상량	실제량	차이	예상량	실제량	차이
생산	1. 정상생산량				×			×		
	2. 실제생산량				×			×		
마케팅	1. 기초재고									
	2. 지점주문량									
	3. 지점구매량									
	4. 판매가능량									
	5. 판매량									
	6. 기말재고량									
	7. 청산매출량									
GAP 분석										

3.2 생산원가분석

(1) 정의

- 생산원가 분석은 생산 과정에서 발생하는 원가의 구조를 이해하고, 원가관리 능력을 향상하기 위한 경영 미션이다. 생산원가를 분석하고 원가를 관리하는 능력은 모든 기업경영 활동의 출발점이다.

(2) 작성 방법

- 생산계획 의사결정에서 결정한 모델 번호, 생산라인 수, 조업중지 라인 수, 폐쇄라인 수, 작업시간을 기반으로 생산원가의 구성 요소인 노무비, 재료비, 제조간

접비, 조업중지비용, 라인폐쇄비용을 추정한 다음에, 총제조원가를 계산한다.

- 총제조원가에 설비 감가상각비와 공장 감가상각비를 더해서 총생산원가를 추정한다.
- 총생산원가를 생산량으로 나누어서 단위당 생산원가를 추정한다.

(3) 미션 평가 및 피드백

- 의사결정 전에 추정한 단위당 생산원가와 시뮬레이션 종료 후 실제 생산원가를 비교한 다음에, 차이가 발생하면 원인과 해결 방안을 분석한다.
- 실제 기업의 생산원가 구조와 생산원가 관리 방안을 분석해 본다.

그림 4-11 생산원가 분석의 미션 양식지

	한국		
	예상치	실제치	GAP 분석
1. 노무비			
2. 재료비			
3. 제조간접비			
4. 조업중지비용			
5. 라인폐쇄비용			
6. 총제조원가			
7. 설비 감가상각비			
8. 공장 감가상각비			
9. 총생산원가			
10. 생산량			
11. 단위당 생산원가			

3.3 생산계획의 경제성 분석

(1) 정의

- 생산계획의 경제성 분석은 생산계획에 관련한 여러 대안들의 생산원가를 분석해서 최적의 생산계획을 수립하는 능력을 향상하기 위한 경영 미션이다. 생산계획에 따라서 생산량 및 생산원가가 달라지기 때문에 생산원가를 정확하게 추정해서 최적의 생산계획을 수립해야 한다.

(2) 작성 방법

- 생산계획 과정에서 검토하고 있는 여러 대안들의 모델 번호, 생산라인 수, 조업중지 라인 수, 폐쇄하는 생산라인 수, 작업시간을 입력하고, 그에 따른 예상 생산량을 추정해 본다.
- 각 대안을 선택했을 때 발생하는 노무비, 재료비, 제조간접비, 조업중지비용, 라인폐쇄비용을 기초로 총제조원가를 추정한다.
- 총제조원가에 설비 감가상각비와 공장 감가상각비를 더해서 총생산원가를 추정한다.
- 생산 대안별로 총생산원가를 생산량으로 나누어서 단위당 생산원가를 계산한 다음에, 최적의 생산계획을 선택한다.

(3) 미션 평가 및 피드백

- 시뮬레이션 종료 후 선택한 대안의 생산원가 추정치와 실제 생산원가를 비교한 다음에, 원인과 해결 방안을 분석한다.
- 실제 기업에서 최적의 생산계획을 수립하는 방법을 분석해 본다.

그림 4-12 생산계획의 경제성 분석 미션 양식지

	한국			
	대안 1	대안 2	대안 3	대안 4
1. 노무비				
2. 재료비				
3. 제조간접비				
4. 조업중지비용				
5. 라인폐쇄비용				
6. 총제조원가				
7. 설비 감가상각비				
8. 공장 감가상각비				
9. 총생산원가				
10. 생산량				
11. 단위당 생산원가				

3.4 생산라인의 손익분기 분석

(1) 정의

- 생산라인의 손익분기 분석 미션은 생산라인의 증설 및 공장 신설과 같은 중요한 의사결정의 경제성을 분석하는 능력을 향상하기 위한 미션이다.

(2) 작성 방법

- 검토하고 있는 중요한 의사결정에 관하여 모델번호, 신설 생산라인 수, 작업시간, 정상생산량, 가격, 제품가격의 마케팅비용 비율을 입력한다.
- 공장 건설비용, 생산라인 건설비용, 노무비, 제조간접비와 같은 고정비를 추정하고 고정비의 합계를 계산한다.
- 개당 재료비 및 개당 마케팅비용, 재료비, 마케팅비용과 같은 변동비를 추정하

고 변동비의 합계를 계산한다.

- 고정비와 변동비를 더해서 총원가를 추정한다.
- 예상되는 총매출액을 추정한다.
- 예상 수익을 추정한다.
- 손익분기점을 추정한다.

(3) 미션 평가 및 피드백

- 생산라인 손익분기 분석의 추정치와 손익분기 실제치와 비교한 다음, 손익분기 분석의 개선방안을 찾아본다.
- 다른 팀의 생산라인 손익분기 분석 발표를 들으면서 손익분기 분석의 개선 방안을 찾아본다.
- 실제 기업에서 중요한 투자 의사결정을 할 때 손익분기 분석을 적용할 수 있는 방법을 찾아본다.

그림 4-13 생산라인의 손익분기 분석 미션 양식지

<table>
<tr><td colspan="2" rowspan="2"></td><td colspan="2">한국</td></tr>
<tr><td>A. 2교대 생산라인의 신설</td><td>B. 정규 생산라인의 신설</td></tr>
<tr><td colspan="2">모델번호</td><td></td><td></td></tr>
<tr><td colspan="2">신설 생산라인 수</td><td></td><td></td></tr>
<tr><td colspan="2">작업시간</td><td></td><td></td></tr>
<tr><td colspan="2">정상생산량</td><td></td><td></td></tr>
<tr><td colspan="2">가격</td><td></td><td></td></tr>
<tr><td colspan="2">제품가격의 마케팅비용 비율</td><td colspan="2"></td></tr>
<tr><td rowspan="5">1. 고정비</td><td>공장 건설비용</td><td></td><td></td></tr>
<tr><td>생산라인 건설비용</td><td></td><td></td></tr>
<tr><td>노무비</td><td></td><td></td></tr>
<tr><td>제조간접비</td><td></td><td></td></tr>
<tr><td>고정비 총계</td><td></td><td></td></tr>
<tr><td rowspan="5">2. 변동비</td><td>개당 재료비</td><td></td><td></td></tr>
<tr><td>개당 마케팅비용</td><td></td><td></td></tr>
<tr><td>재료비</td><td></td><td></td></tr>
<tr><td>마케팅비용</td><td></td><td></td></tr>
<tr><td>변동비 총계</td><td></td><td></td></tr>
<tr><td>3. 총원가</td><td></td><td></td><td></td></tr>
<tr><td>4. 총매출</td><td></td><td></td><td></td></tr>
<tr><td>5. 예상수익</td><td></td><td></td><td></td></tr>
<tr><td>6. 손익분기점</td><td></td><td></td><td></td></tr>
</table>

4. 재무 미션

- 재무부서의 핵심 업무는 기업경영에 필요한 자금을 조달하고, 여유자금을 투자하고, 주주의 이익을 높이기 위해서 배당 의사결정을 하는 것이다. 또한 재무부서는 중요한 의사결정의 경제적 타당성을 분석해서 합리적인 의사결정을 수행할 수 있도록 지원해 주어야 한다. Biz-Master에서는 재무부서가 해야 할 일을 직접 경험하고, 재무 분석 및 관리 능력을 높이기 위해서 네 종류의 미션을 개발하였다.

표 4-4 재무 미션

미션의 종류	목적
추정 손익계산서 분석	손익계산서의 개념을 이해하고 손익계산서를 추정할 수 있는 능력을 향상
추정 현금흐름표 분석	현금흐름표의 개념을 이해하고 현금흐름표를 추정할 수 있는 능력을 향상
추정 대차대조표 분석	대차대조표의 개념을 이해하고 대차대조표를 추정할 수 있는 능력을 향상
추정 재무비율 분석	재무비율의 개념을 이해하고, 재무비율을 추정할 수 있는 능력을 향상

4.1 추정 손익계산서

(1) 정의

- 추정 손익계산서 미션은 기업경영에서 경영성과를 나타내는 손익계산서의 개념

을 이해하고 분기별로 매출액, 원가, 판매 및 관리비 등의 항목을 계산해서 순이익을 추정할 수 있는 능력을 향상하기 위한 미션이다. 경영성과 보고서(제3장 참조)의 손익계산서 항목을 이해한 다음에 추정 손익계산서를 작성해 본다.

(2) 작성 방법

- 매출액 : 각 영업지점에서 판매한 매출액의 총합이다.
  (= 한국 매출액 + 미국 매출액 + 중국 매출액)
- 매출원가 : 제품을 생산하는 데 발생하는 총원가이다.
  (= 기초재고 제품가격 + 당분기 제품생산원가 - 기말재고 제품가격)
- 매출총이익 : 매출액에서 매출원가를 차감한 매출 측면의 총이익이다.
- 판매 및 관리비 : 제품의 판매활동 및 기업의 관리 및 유지에서 발생하는 비용이다.
- 영업이익 : 영업활동에서 발생한 이익이다.
  (= 매출총이익 - 판매 및 관리비)
- 영업외수익 : 본래의 영업활동 이외의 활동(주로 재무활동)에서 발생하는 수익을 의미한다.
- 영업외비용 : 영업활동 이외의 활동(주로 재무활동)에서 발생한 비용을 의미한다.
- 경상이익 : 재무활동을 포함한 기업의 경상거래에서 발생한 이익이다(= 영업이익 + 영업외수익 - 영업외비용). 영업외비용이 영업이익과 영업외수익의 합계액을 초과하는 경우에는 경상손실이 발생한다.
- 특별이익 : 본연의 영업활동 외 우발적 원인에 따라서 발생하는 이익으로 비경상적이고, 비반복적이고 임시적인 이익이다.
- 특별손실 : 비경상적이고, 비반복적인 임시적인 손실로서 재해손실, 영업외비용 중 임시 거액인 경우(거액의 유형자산손실) 등에 해당하는 항목 등으로 구성된다.
- 법인세비용차감전 순이익 : 세금을 내기 전 이익으로 세전이익이라고도 한다.
  (= 경상이익 + 특별이익 - 특별손실)
- 법인세비용 : 회사가 벌어들인 소득에 대해 납부할 세금을 총칭한다.

- 당기순이익 : 당기에 발생한 순이익이다.
  (=법인세비용차감전 순이익 - 법인세)
- 배당 : 당기순이익이 흑자인 경우 이익을 주주들에게 배당하는 금액을 의미한다.
- 당기 유보이익 : 다음 분기의 운영 및 투자에 사용될 수 있는 이익이다.
  (=당기순이익 - 주주에게 배당한 배당금액)

(3) 미션 평가 및 피드백

- 시뮬레이션 종료 후 실제 손익계산서와 비교하면서 추정 손익계산서의 정확성을 평가하고, 오차의 원인을 분석한다.
- 실제 기업의 손익계산서를 이해하고, 추정 손익계산서를 작성할 수 있는 방법을 찾아본다.

그림 4-14 추정 손익계산서 분석의 미션 양식지

항목	예상 금액	실제 금액	GAP
1. 매출액			
2. 매출원가			
3. 매출총이익(=1-2)			
4. 판매 및 관리비			
5. 영업이익(=3-4)			
6. 영업외수익			
7. 영업외비용			
8. 경상이익(=5+6-7)			
9. 특별이익			
10. 특별손실			
11. 법인세비용차감전 순이익(=8+9-10)			
12. 법인세비용			
13. 당기순이익(=11-12)			
14. 배당			
15. 당기 유보이익(=13-14)			

4.2 추정 현금흐름표 분석

(1) 정의

- 추정 현금흐름표 분석은 기업경영에서 현금의 흐름 개념을 이해하고 분석할 수 있는 능력을 향상하기 위해 수행하는 경영 미션이다. 경영성과 보고서(제3장 참고)의 현금흐름표 항목을 이해한 다음에 현금흐름표를 추정해 본다.

(2) 작성 방법

- 영업활동에서 발생한 현금흐름을 추정한다.
- 투자활동에서 발생한 현금흐름을 추정한다.
- 재무활동에서 발생한 현금흐름을 추정한다.
- 위의 세 항목을 더해서 현금흐름의 증가/손실을 추정한다.
- 기초현금을 입력한다.
- 현금흐름의 증가/손실과 기초 현금을 더해서 기말 현금을 추정한다.

(3) 미션 평가 및 피드백

- 게임 전에 작성한 추정 현금흐름표와 실제 현금흐름표를 비교하면서 추정 현금흐름표의 정확성을 평가하고, 오차의 원인을 분석한다.
- 실제 기업의 현금흐름표를 이해하고, 추정 현금흐름표를 작성할 수 있는 방법을 찾아본다.

그림 4-15 추정 현금흐름표 분석의 미션 양식지

항목	예상 금액	실제 금액	GAP 분석
Ⅰ. 영업활동으로 인한 현금흐름			
Ⅱ. 투자활동으로 인한 현금흐름			
Ⅲ. 재무활동으로 인한 현금흐름			
Ⅳ. 현금의 증가/손실(=Ⅰ+Ⅱ+Ⅲ)			
Ⅴ. 기초의 현금			
Ⅵ. 기말의 현금(=Ⅳ-Ⅴ)			

4.3 추정 대차대조표 분석

(1) 정의

- 추정 대차대조표 분석은 기업경영에서 대차대조표의 개념을 이해하고, 대차대조표를 추정할 수 있는 능력을 향상하기 위해 수행하는 경영 미션이다. 경영성과 보고서(제3장 참고)의 대차대조표 구성 요소를 이해한 다음에 추정 대차대조표를 작성해 본다.

(2) 작성 방법

- 유동자산과 고정자산을 계산해서 자산을 추정한다.
- 유동부채와 고정부채를 계산해서 부채를 추정한다.
- 자본 총계를 추정한다.
- 부채 총계와 자본 총계를 각각 더해서 부채와 자본 총계를 추정한다.

(3) 미션 평가 및 피드백

- 게임 전에 작성한 대차대조표와 시뮬레이션 종료 후 실제 대차대조표와 비교하면서 추정 대차대조표의 정확성을 평가하고, 오차의 원인을 분석한다.
- 실제 기업의 대차대조표를 이해하고, 추정 대차대조표를 작성할 수 있는 방법을 찾아본다.

그림 4-16 추정 대차대조표 분석의 미션 양식지

항목	예상치		실제치		GAP	
	금액	비용	금액	비용	금액	비용
Ⅰ. 유동자산						
1. 당좌자산						
2. 재고자산						
Ⅱ. 고정자산						
1. 투자자산						
2. 유형자산						
3. 무형자산						
자산 총계						
1. 유동부채						
2. 고정부채						
Ⅰ. 부채 총계						
1. 자본금						
2. 자본잉여금						
3. 이익잉여금						
4. 자본조정						
Ⅱ. 자본 총계						
부채와 자본 총계						

4.4 추정 재무비율 분석

(1) 정의

- 추정 재무비율 분석은 기업경영의 성과를 나타내는 주요 재무비율의 개념을 이해하고 분석할 수 있는 능력을 향상하기 위해 수행하는 경영 미션이다. 경영성과 보고서(제3장 참고)의 재무비율의 개념을 이해한 다음에 재무비율을 추정해 본다.

(2) 작성 방법

- 수익성을 나타내는 자본수익률, 매출액경상이익률, 주가이익비율을 추정한다.
- 유동성을 나타내는 유동비율, 당좌비율을 추정한다.
- 성장성을 나타내는 매출액증가율, 자기자본증가율을 추정한다.
- 활동성을 나타내는 총자본회전율, 재고자산회전율을 추정한다.
- 안정성을 나타내는 부채비율, 이자보상비율을 추정한다.

(3) 미션 평가 및 피드백

- 게임 전에 추정한 재무비율과 실제 재무비율을 비교하면서 재무비율의 정확성을 평가하고, 오차의 원인을 분석한다.
- 실제 기업의 주요 재무비율을 이해하고, 추정 재무비율을 추정할 수 있는 방법을 찾아본다.

그림 4-17 추정 재무비율 분석의 미션 양식지

		추정비율(%)	실제비율(%)	GAP 분석(%)
수익성	1. 자본수익률			
	2. 매출액경상이익률			
	3. 주가이익비율			
유동성	4. 유동비율			
	5. 당좌비율			
성장성	6. 매출액증가율			
	7. 자기자본증가율			
활동성	8. 총자본회전율			
	9. 재고자산회전율			
안정성	10. 부채비율			
	11. 이자보상비율			

제 5 장

Biz-Master의 경영 분석도구

1. CEO 분석도구
2. 마케팅 분석도구
3. 생산 분석도구
4. 재무 분석도구

요약

■ Biz-Master에서는 CEO, 마케팅, 생산, 재무의 영역에 따라 합리적인 의사결정을 수행할 수 있도록 분석도구를 개발하였다. Biz-Master의 분석도구는 별도의 CD로 제공하고 있다.

1. **CEO 분석도구**
   CEO 영역에서 개발된 분석도구인 경영목표와 추진전략 수립 분석도구, 균형성과 지표 분석도구의 의미와 활용방법에 대해서 설명하고 있다.

2. **마케팅 분석도구**
   마케팅 영역에서 개발된 분석도구인 목표 판매량 예측 분석도구, 마케팅원가 분석도구, 마케팅 탄력성 분석도구의 의미와 활용방법에 대해서 설명하고 있다.

3. **생산 분석도구**
   생산 영역에서 개발된 분석도구인 생산량과 판매량 분석도구, 생산원가 분석도구, 생산계획의 경제성 분석도구의 의미와 활용방법에 대해서 설명하고 있다.

4. **재무 분석도구**
   재무 영역에서 개발된 분석도구인 추정 손익계산서 작성도구, 추정 현금흐름표 작성도구, 추정 대차대조표 작성도구의 의미와 활용방법에 대해서 설명하고 있다.

표 5-1 Biz-Master의 분석도구

	분석도구
CEO	• 경영목표와 추진전략 수립 분석도구 • 균형성과 지표 분석도구
마케팅	• 목표 판매량 예측 분석도구 • 마케팅원가 분석도구 • 마케팅 탄력성 분석도구
생 산	• 생산량과 판매량 분석도구 • 생산원가 분석도구 • 생산계획의 경제성 분석도구
재 무	• 추정 손익계산서 작성도구 • 추정 현금흐름표 작성도구 • 추정 대차대조표 작성도구

1. CEO 분석도구

CEO 영역의 분석도구
▪경영목표와 추진전략 수립 분석도구 ▪균형성과 지표 분석도구

1.1 경영목표와 추진전략 수립 분석도구

1.1.1 경제동향 분석도구

(1) 분석도구의 정의

- 경제동향 분석도구는 한국, 미국, 중국의 실질 GDP, 주가지수, 환율, CD이자율과 같은 변수들의 예측치를 분석하여 4분기 동안의 경제 변화를 예측하기 위한 도구이다.
- 경제동향 분석도구의 Worksheet에는 경제동향 분석 Table, 시장별 실질 GDP 변화 그래프, 시장별 CD이자율 변화 그래프, 미국, 중국 환율 변화 그래프, 한국, 미국, 중국의 주가지수 변화 그래프를 포함하고 있다.

(2) 활용 방법

1) 파일 찾기

① 분석도구 엑셀 파일에서 1단계 Beginner 미션 폴더를 연다.

② 파일명이 'A-1. 경영목표와 추진전략 수립' 인 파일을 연다.

③ 열린 엑셀 화면 하단에 '(1)경제동향' Sheet를 클릭한다.

2) 작성방법

① 2010년부터 2012년까지 분기별로 입력되어 있는 한국, 미국, 중국의 실질 GDP, 주가지수, 환율, CD이자율의 변화를 분석한다.

② Biz-Master 사이트에 로그인하여 CEO 보고서에 나와 있는 2013년도의 실질 GDP, 환율에 대한 예측치를 직접 찾아 해당 분기 예측치를 입력한다.

③ 시장별 실질 GDP 변화, 시장별 CD이자율 변화, 미국, 중국의 환율 변화 및 한국, 미국, 중국의 주가지수 변화에 대한 그래프를 보면서 경제동향을 예측하고 분석한다.

- 경제동향 분석도구의 Worksheet는 아래와 같다.

그림 5-1 경제동향 분석도구의 Worksheet

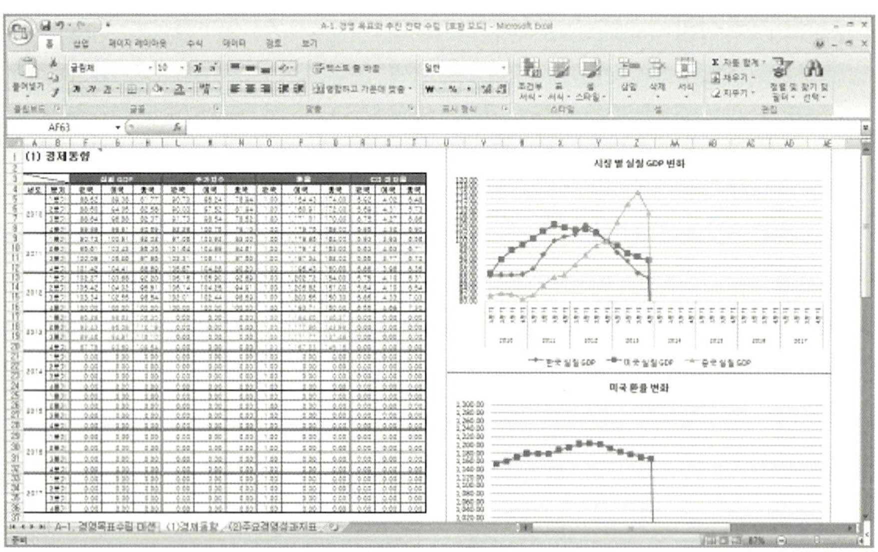

1.1.2 경영성과 지표 분석도구

(1) 분석도구의 정의

- 주요 경영성과 지표 분석도구는 개별 기업의 경영성과인 매출액, 시장점유율, 당기순이익, 주가, 신용등급을 경쟁사와 비교·분석하기 위한 도구이다.
- 주요 경영성과 지표 분석도구의 Worksheet에는 주요 경영성과 지표 분석의 Table을 포함하고 있다.

(2) 활용 방법

1) 파일 찾기

① 분석도구 엑셀 파일에서 1단계 Beginner 미션 폴더를 연다.
② 파일명이 'A-1. 경영목표와 추진전략 수립' 인 파일을 연다.
③ 열린 엑셀 화면 하단에 '(2) 주요 경영성과 지표' Sheet를 클릭한다.

2) 작성 방법

① 2010년부터 2012년까지 분기별로 입력되어 있는 한국, 미국, 중국의 주요 경영성과의 변화를 분석한다.
② 경쟁사와 자사의 주요 경영성과를 비교하여 해당 분기의 목표 경영성과를 결정한다.
③ 경쟁사와 자사의 주요 경영성과를 비교하면서, 경영목표를 달성하기 위한 전략을 어떻게 수립할 것인가, 그리고 전략에 따른 실행계획을 어떻게 수립할 것인가에 대해서 논의한다.

- 경영성과 지표 분석의 Worksheet는 아래와 같다.

그림 5-2 경영성과 지표 분석도구의 Worksheet

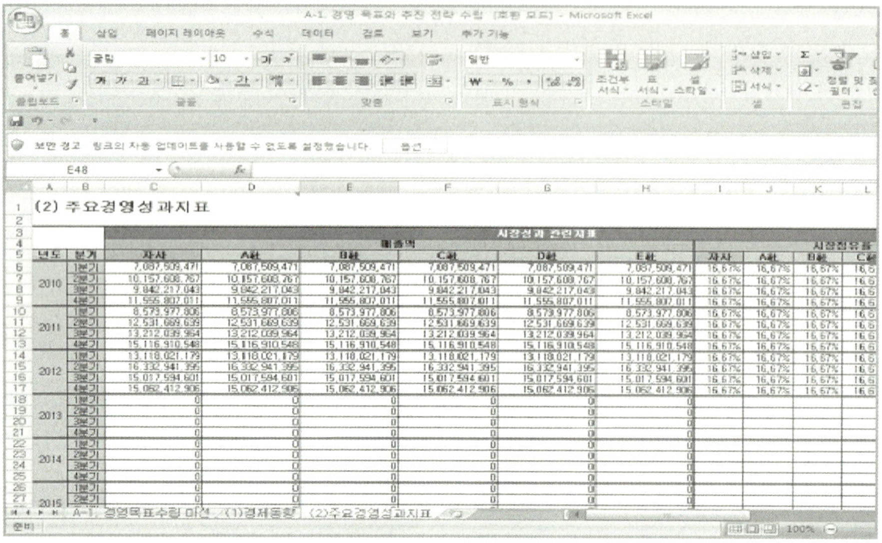

1.2 균형성과 지표 분석도구

(1) 분석도구의 정의

- 균형성과 지표 분석도구는 균형성과 지표 분석의 네 가지 관점에 대한 성과 지표를 도출하고 목표치를 설정한 뒤 실제 성과와 목표치 간의 차이를 살펴보기 위해 개발된 분석도구이다.
- 균형성과 지표 분석도구의 Worksheet에는 균형성과 지표 분석도구 Table을 포함하고 있다.

가. 재무 관점의 성과 지표

- 기업이 달성해야 할 재무적 목표의 성과 지표를 의미하는 것으로서 순이익, 혹

은 순이익/매출액과 같은 비율 등을 의미한다.

나. 고객 관점의 성과 지표

- 재무적 관점의 목표들을 달성하기 위한 고객 관점의 목표에 따른 주요 지표들로서 판매량, 매출액, 고객충성도, 영업사원 수 현황, 1인당 판매량 등과 같은 지표를 의미한다.

다. 내부 프로세스 관점의 성과 지표

- 고객 관점의 목표들을 달성하기 위한 회사 내부 프로세스 관점의 목표에 따른 주요 지표들로서, 원가, 품질, 속도 등과 같은 지표를 의미한다.

라. 학습과 성장 관점의 성과지표

- 내부 프로세스 관점의 목표들을 달성하기 위한 학습과 성장 관점의 주요 지표들로서 교육훈련, 기술개발 등과 같은 지표를 의미한다.

(2) 활용 방법

1) 파일 찾기

① 분석도구 엑셀 파일에서 3단계 Expert 미션 폴더를 연다.

② 파일명이 'A-3. 균형성과 지표 분석' 인 파일을 연다.

③ 열린 엑셀 화면 하단에 '(1) 균형성과 지표 분석도구' Sheet를 클릭한다.

2) 작성 방법

① 각 영역에 해당하는 성과 지표를 찾아낸다.

② 성과 지표에 따라 성과 지표의 목표치를 설정한다.

③ 게임에서 의사결정을 입력한 후 성과 지표의 실제 성과를 입력한다.

④ 목표치와 실제 성과와의 차이를 분석하고 달성되지 못한 목표치가 있다면 그 이유를 찾아보고 분석해 본다.

■ 균형성과 지표 분석도구의 Worksheet는 아래와 같다.

그림 5-3 균형성과 지표 분석도구의 Worksheet

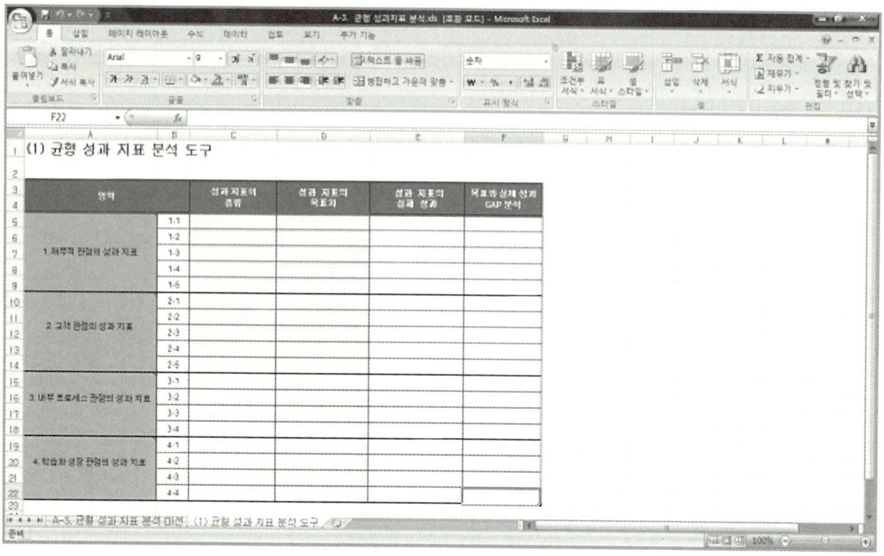

2. 마케팅 분석도구

마케팅 영역의 분석도구
■ 목표 판매량 예측 분석도구 ■ 마케팅원가 분석도구 ■ 마케팅 탄력성 분석도구

2.1 목표 판매량 예측 분석도구

2.1.1 GDP 변화 분석도구

(1) 분석도구의 정의

- GDP 변회 분석도구는 GDP 변화에 따른 판매 변동량을 예측하기 위한 도구이다. 실질 GDP는 명목 GDP 값을 소비자 물가지수로 나누어 자동계산되어신 값이다. CEO는 이러한 실질 GDP의 변화를 살펴봄으로써 시장의 규모(판매량의 변화)를 추정할 수 있다.
- GDP 분석도구의 Worksheet에는 실질 GDP 분석, 실질 GDP 추세분석 그래프, 한국시장 규모와 한국 실질 GDP 변화 그래프, 미국시장 규모와 미국 실질 GDP 변화 그래프, 중국시장 규모와 중국 실질 GDP 변화 그래프가 포함되어 있다.

(2) 활용 방법

1) 파일 찾기

① 분석도구 엑셀 파일에서 1단계 Beginner 미션 폴더를 연다.

② 파일명이 'B-1 목표 판매량 예측 분석' 인 파일을 연다.

③ 열린 엑셀 화면 하단에 '(1) GDP 변화분석' Sheet를 클릭한다.

2) 작성 방법

① 2010년부터 2012년까지 분기별로 입력되어 있는 한국, 미국, 중국의 실질 GDP의 변화를 분석한다.

② Biz-Master 사이트에 로그인하여 CEO 보고서에 나와 있는 2013년도의 실질 GDP에 대한 예측치를 찾아 직접 입력한다.

③ 각 시장의 실질 GDP의 변화를 살펴보고 그에 따른 각 시장의 규모를 추정한다.

■ GDP 변화 분석의 Worksheet는 아래와 같다.

그림 5-4 GDP 변화 분석도구의 Worksheet

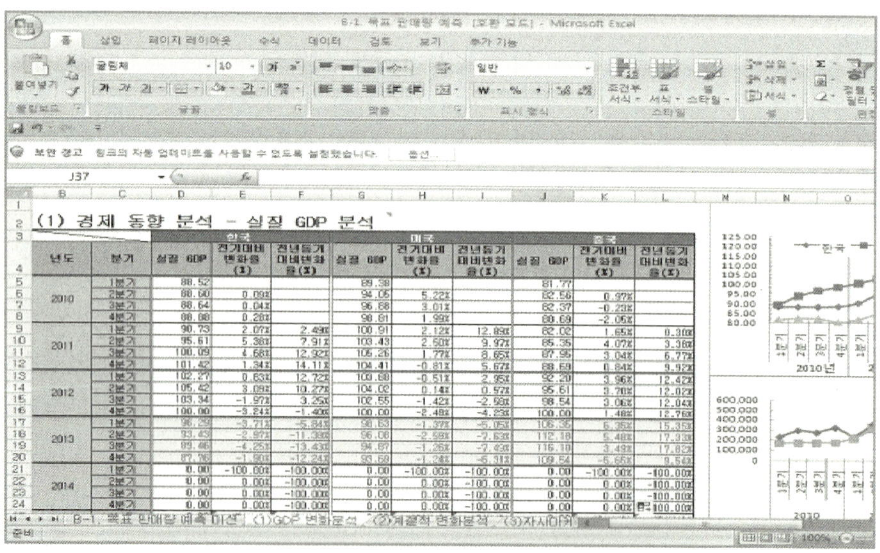

2.1.2 계절적 변화 분석

(1) 분석도구의 정의

- 계절적 변화 분석도구는 계절에 따라 변화하는 판매량을 살펴봄으로써 계절적 요인이 판매량에 미치는 영향력을 추정하기 위한 도구이다.
- 계절적 변화 분석도구의 Worksheet에는 한국시장 계절 변화에 따른 판매량 분석, 한국시장 판매량 분석 그래프, 미국시장 계절 변화에 따른 판매량 분석, 미국시장 판매량 분석 그래프, 중국시장 계절 변화에 따른 판매량 분석, 중국시장 판매량 분석 그래프가 포함되어 있다.

(2) 활용 방법

1) 파일 찾기

① 분석도구 엑셀 파일에서 1단계 Beginner 미션 폴더를 연다.

② 파일명이 'B-1 목표 판매량 예측 분석' 인 파일을 연다.

③ 열린 엑셀 화면 하단에 '(2) 계절적 변화분석' Sheet를 클릭한다.

2) 작성 방법

① 2010년부터 2012년까지 분기별로 입력되어 있는 한국, 미국, 중국의 시장별 판매량의 변화를 분석한다.

② 주어진 그래프를 보면서 분기별 계절적 요인이 자사의 판매량과 국가별 시장의 평균판매량에 미치는 영향력을 분석한다.

③ 분석한 결과를 바탕으로 해당분기의 계절적 요인이 판매량에 미치는 정도를 예측한다.

■ 계절적 변화 분석도구의 Worksheet는 아래와 같다.

그림 5-5 계절적 변화 분석도구의 Worksheet

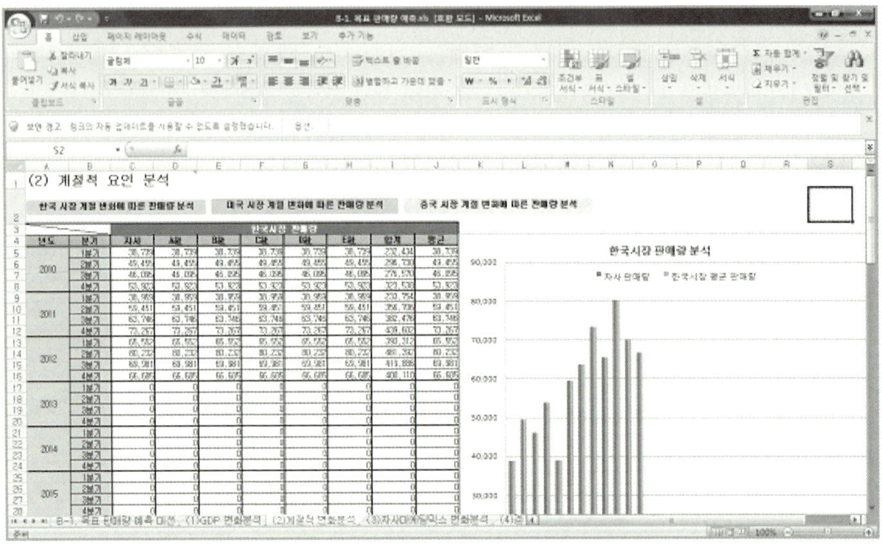

2.1.3 자사 마케팅 믹스 변화 분석

(1) 분석도구의 정의

- 자사 마케팅 믹스 변화 분석도구는 자사 마케팅 믹스에 따라 변화하는 판매량을 살펴봄으로써 자사의 마케팅 믹스가 판매량에 미치는 영향을 살펴보기 위한 도구이다.
- 자사 마케팅 믹스 변화 분석도구의 Worksheet에는 한국, 미국, 중국의 자사 마케팅 믹스의 변수와 자사 마케팅 성과에 관한 자료가 포함되어 있다.

(2) 활용 방법

1) 파일 찾기

① 분석도구 엑셀 파일에서 1단계 Beginner 미션 폴더를 연다.

② 파일명이 'B-1 목표 판매량 예측 분석'인 파일을 연다.

③ 열린 엑셀 화면 하단에 '(3) 자사 마케팅 믹스 변화분석' Sheet를 클릭한다.

2) 작성 방법

① 2010년부터 2012년까지 분기별로 입력되어 있는 한국, 미국, 중국시장의 마케팅 믹스 변수를 분석한다. 또한 마케팅 믹스의 변수에 따라 마케팅 성과(판매량과 재고량)가 어떻게 변화하는지를 분석한다.

② 주어진 정보를 바탕으로 해당 분기의 마케팅 믹스 변수 값을 예측하여 입력한다.

③ 입력한 결과에 따른 마케팅 성과를 분석한다. 특히 이 과정에서 어떤 마케팅 믹스 변수가 어떤 영향을 주고 있는지를 분석한다.

■ 자사 마케팅 믹스 변화 분석도구의 Worksheet는 아래와 같다.

그림 5-6 자사 마케팅 믹스 변화 분석도구의 Worksheet

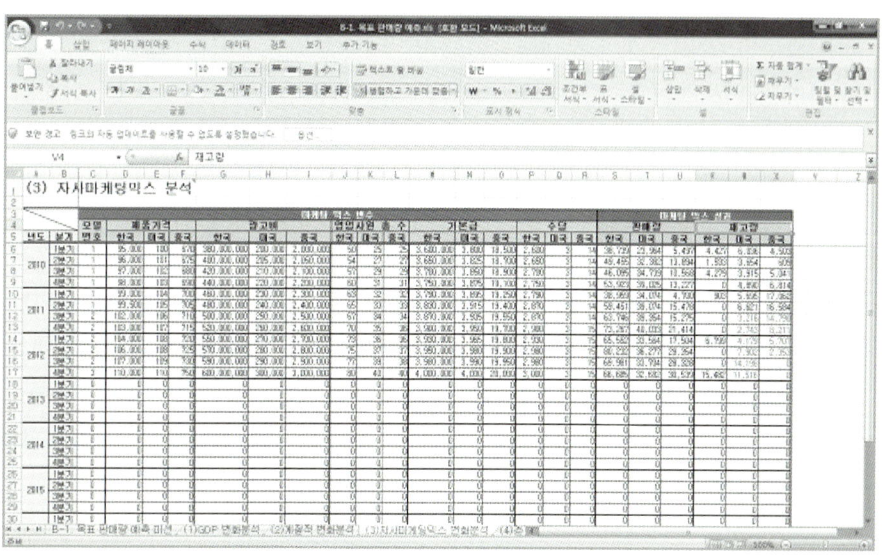

2.1.4 경쟁사 마케팅 믹스 변화 분석

(1) 분석도구의 정의

- 경쟁사 마케팅 믹스 변화 분석도구는 경쟁사 마케팅 믹스에 따라 변화하는 판매량을 살펴봄으로써 경쟁사 마케팅 믹스가 자사의 판매량에 미치는 영향을 살펴보기 위한 분석도구이다.
- 경쟁사 마케팅 믹스 변화 분석도구의 Worksheet에는 경쟁사의 마케팅 믹스 변수와, 경쟁사 마케팅 믹스 성과에 관한 자료가 포함되어 있다.

(2) 활용 방법

1) 파일 찾기

① 분석도구 엑셀 파일에서 1단계 Beginner 미션 폴더를 연다.
② 파일명이 'B-1 목표 판매량 예측 분석' 인 파일을 연다.
③ 열린 엑셀 화면 하단에 '(4) 경쟁사 마케팅 믹스 변화분석' Sheet를 클릭한다.

2) 작성 방법

① 2010년부터 2012년까지 분기별로 입력되어 있는 한국, 미국, 중국의 시장별 자사 마케팅 믹스 변수와 경쟁사의 마케팅 믹스 변수를 분석한다. 또한 마케팅 믹스의 변수에 따라 마케팅 성과(판매량과 재고량)가 어떻게 변화하는지를 분석한다.
② 주어진 정보를 바탕으로 해당 분기의 자사 마케팅 믹스 변수와 경쟁사 마케팅 믹스 변수가 어떻게 변화할 것인지를 예측하여 입력한다.
③ 입력한 결과에 따른 자사 및 경쟁사의 마케팅 성과를 분석한다. 특히 이 과정에서 자사의 어떤 마케팅 믹스 변수가 마케팅 성과에 가장 많은 영향을 주며, 경쟁사의 어떤 마케팅 믹스 변수가 경쟁사의 성과와 자사에 어떠한 영향을 주고 있는지를 분석한다.

- 경쟁사 마케팅 믹스 변화 분석도구의 Worksheet는 아래와 같다.

그림 5-7 경쟁사 마케팅 믹스 변화 분석도구의 Worksheet

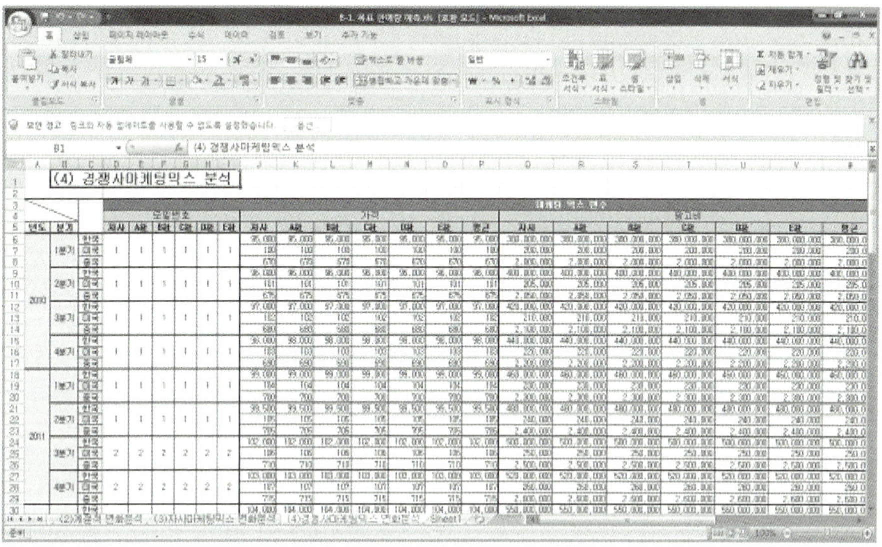

2.2 마케팅원가 분석도구

(1) 분석도구의 정의

- 마케팅원가 분석도구는 경제지표, 물류비, 영업사원 교육훈련비 등의 변수를 물가상승률과 환율의 변화에 맞추어 변화시키면서 이들 요소의 변화가 마케팅원가에 미치는 영향을 살펴 마케팅원가를 추정하기 위한 도구이다.
- 마케팅원가 분석도구의 Worksheet에는 마케팅 원가계산 Tabler과 경제지표 Table, 물류비 Table, 영업지점 유지비용 Table, 신규 영업사원 교육훈련비, 재고유지비용 Table, 임원연봉 Table에 관한 자료가 포함되어 있다.

(2) 활용 방법

1) 파일 찾기

① 분석도구 엑셀 파일에서 2단계 Manager 미션 폴더를 연다.

② 파일명이 'B-2 마케팅원가 분석' 인 파일을 연다.

③ 열린 엑셀 화면 하단에 '마케팅원가 분석도구' Sheet를 클릭한다.

2) 작성 방법

① 광고비

- 엑셀도구에 제시되어 있는 수식으로 광고비를 계산한다. 주의할 점은 한국, 미국, 중국시장의 환율을 고려해야 한다.
- 수식 = 한국시장 광고비 + (미국시장 광고비 × 환율) + (중국시장 광고비 × 환율)

② 인건비

- 전분기 마케팅 보고서에서 제공한 각 시장의 기말 영업사원과 현분기 의사결정의 각 시장별 기본급을 곱하여 계산한다.
- B-1. 목표 판매량 예측에서의 판매량 예측치와 현분기 의사결정의 각 시장별 판매 수당을 곱하여 계산한다.
- 미국시장과 중국시장은 환율을 고려하여 계산한다.
- 수식 = (한국시장 기말 영업사원 × 기본급) + (미국시장 기말 영업사원 × 기본급 × 환율) + (중국시장 기말 영업사원 × 기본급 × 환율) + (한국시장 판매량 예측치 × 영업사원 수당) + (미국시장 판매량 예측치 × 영업사원 수당 × 환율) + (중국시장 판매량 예측치 × 영업사원 수당 × 환율)

③ 물류비

- C-1. 생산과 판매량 분석에서의 각 시장별 구매량과 물류비를 곱하여 계산한다. 물류비는 물가상승률에 영향을 받으므로 이를 고려하여 계산한다.
- 수식 = 한국시장 구매량 × 물류비 + 미국시장 구매량 × 물류비 × 환율 + 중국시장 구매량 × 물류비 × 환율

④ 판매촉진비

- 영업사원 인건비에 판매촉진비율 10%를 곱하여 계산한다.

- 수식=영업사원 인건비(영업사원 급여+영업사원 수당)의 10%

⑤ 영업지점 유지비용

- 각 시장별 영업지점 유지비용에 물가상승률과 환율을 고려하여 계산한다. 물가상승률은 (현분기 CPI−전분기 CPI)/전분기 CPI임.
- 수식=(한국시장 유지비용×물가상승률)+(미국시장 유지비용×물가상승률×환율)+(중국시장 유지비용×물가상승률×환율)

⑥ 교육훈련비

- 우측 테이블에 제시된 신입사원 교육훈련비를 참조하여 계산하며, 물가상승률과 환율을 고려하여 계산한다.
- 수식=(한국시장 신규 채용한 영업사원 수×신입사원 교육훈련비)+(미국시장 신규 채용한 영업사원 수×신입사원 교육훈련비×환율)+(중국시장 신규 채용한 영업사원 수×신입사원 교육훈련비×환율)

⑦ 재고유지비

- C-1. 생산과 판매량 분석의 각 시장별 기말 재고량에 재고유지비를 곱하여 계산하며, 물가상승률과 환율을 고려하여 계산한다.
- 수식=(한국시장 재고×재고유지비×물가상승률)+(미국시장 재고×재고유지비×물가상승률×환율)+(중국시장 재고×재고유지비×물가상승률×환율)
- 단, 50,000개 이하의 재고 시 내부재고 유지비로 계산하고 50,000개 초과의 재고 시 외부재고 유지비로 계산한다.
  1. 기말재고가 50,000개 이하인 경우=기말재고량×내부 재고유지비
  2. 기말재고가 50,000개 초과한 경우=(50,000개×내부 재고유지비)+(기말재고량−50,000)×외부 재고유지비

⑧ 임원급여

- 각 시장별 임원연봉(우측에 있는 임원연봉 Table 참조)의 25%(1분기 급여)를 물가상승률과 환율을 고려하여 계산한다.
- 수식=[(한국공장 임원연봉+영업지점 임원연봉)의 25%×물가상승률]+[(미국공장 임원연봉+영업지점 임원연봉)의 25%×물가상승률×환율]+[(중국공장 임원연봉+영업지점 임원연봉)의 25%×물가상승률×환율]

⑨ 기타 비용

- 예상하는 각 시장별 퇴직사원 수에 전분기 의사결정의 영업사원 기본급을 곱하고, 이번 분기 총인건비(영업사원 기본급+영업사원 수당)와 총임원급여의 10%를 더한 값을 환율을 고려하여 계산한다.
- 수식=(한국 퇴직사원 수×전분기 기본급)+(미국 퇴직사원 수×전분기 기본급×환율)+(중국 퇴직사원 수×전분기 기본급×환율)+(총인건비+총임원급여)의 10%

- 마케팅원가 분석도구의 Worksheet는 아래와 같다.

그림 5-8 마케팅원가 분석도구의 Worksheet

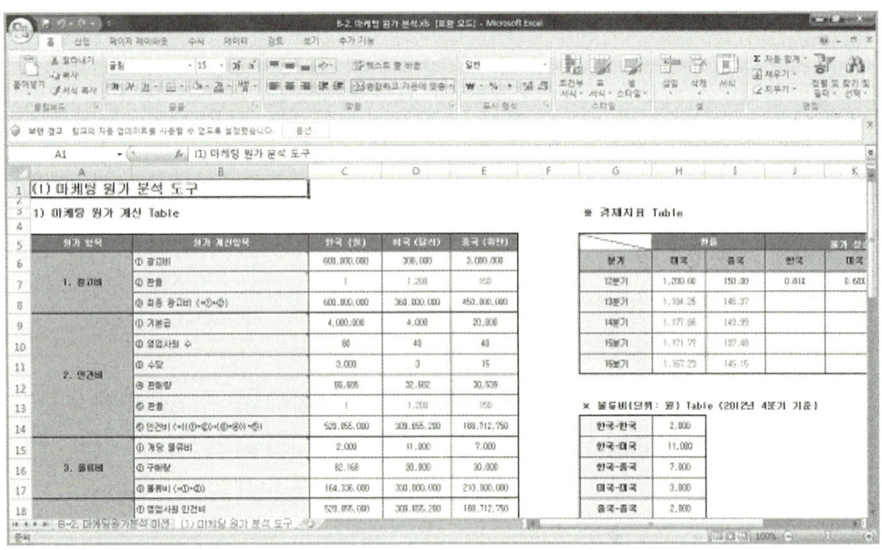

2.3 마케팅 탄력성 분석도구

2.3.1 제품모델 번호 분석도구

(1) 분석도구의 정의

- 제품모델 번호 분석도구는 생산모델과 판매량의 관계를 살펴보기 위한 도구이다.
- 제품모델 번호 분석도구의 Worksheet에는 분기별로 생산모델에 따른 판매량, 생산모델과 판매량 간의 관계 그래프가 포함되어 있다.

(2) 활용 방법

1) 파일 찾기

① 분석도구 엑셀 파일에서 4단계 Master 미션 폴더를 연다.

② 파일명이 'B-4 마케팅 탄력성 분석' 인 파일을 연다.

③ 열린 엑셀 화면 하단에 '(1) 제품모델 번호 분석' Sheet를 클릭한다.

2) 작성 방법

① 2010년부터 2012년까지 분기별로 입력되어 있는 자사의 제품모델별 판매량의 변화를 분석한다.

② 주어진 정보를 바탕으로 자사의 생산모델 번호와 신제품 생산가능모델 번호를 분석하고 제품모델 번호 변화에 따른 판매량의 변화를 분석한다.

③ 그래프를 통해 제품모델 번호와 판매량 간의 관계를 분석한다.

- 제품모델 번호 분석도구의 Worksheet는 아래와 같다.

그림 5-9 제품모델 번호 분석도구의 Worksheet

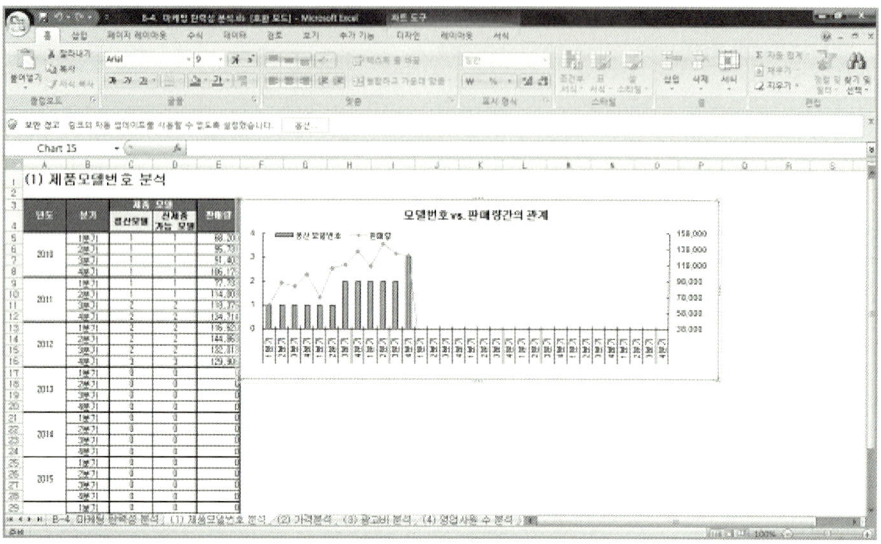

2.3.2 가격 분석도구

(1) 분석도구의 정의

- 가격 분석은 한국, 미국, 중국 영업지점의 가격변화에 따른 판매량의 변화를 살펴보기 위한 분석도구이다.
- 가격 분석도구의 Worksheet에는 각 영업지점별 제품의 가격변화와 판매량, 경쟁사의 제품가격 변화와 판매량에 관한 Table, 한국시장 가격 분석 그래프, 미국시장 가격 분석 그래프, 중국시장 가격 분석 그래프가 포함되어 있다.

(2) 활용 방법

1) 파일 찾기

① 분석도구 엑셀 파일에서 4단계 Master 미션 폴더를 연다.

② 파일명이 'B-4 마케팅 탄력성 분석' 인 파일을 연다.

③ 열린 엑셀 화면 하단에 '(2) 가격 분석' Sheet를 클릭한다.

2) 작성 방법

① 2010년부터 2012년까지 분기별로 입력되어 있는 자사의 제품 가격과 판매량의 변화를 분석한다.

② 주어진 정보를 바탕으로 의사결정 분기의 자사 제품가격을 입력하고 가격 변화에 따른 시장별 판매량의 변화를 분석한다.

③ 그래프를 통해 제품 가격과 판매량 간의 관계를 분석한다.

■ 가격 분석도구의 Worksheet는 아래와 같다.

그림 5-10 가격 분석도구의 Worksheet

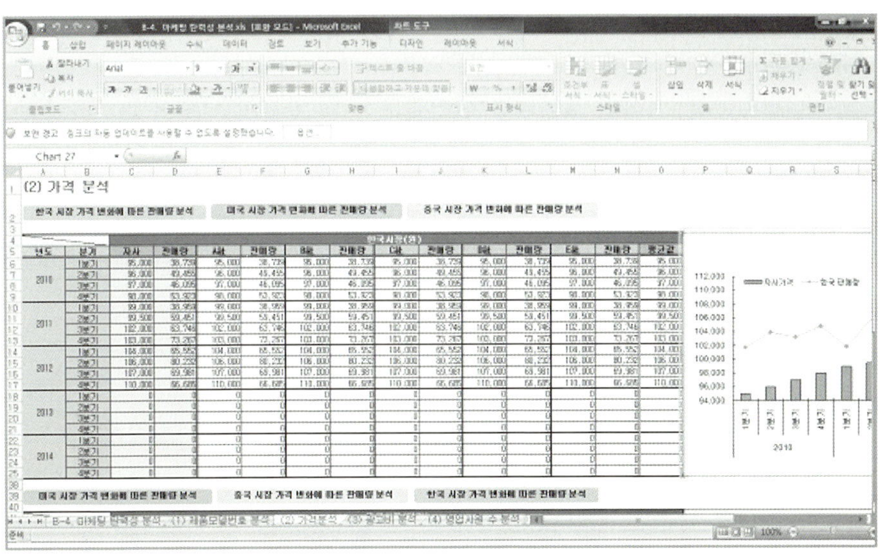

2.3.3 광고비 분석도구

(1) 분석도구의 정의

- 광고비 분석도구는 한국, 미국, 중국 영업지점의 광고비 변화에 따른 판매량의 변화를 살펴보기 위한 도구이다.
- 광고비 분석도구의 Worksheet에는 각 영업지점별 광고비 변화와 판매량, 경쟁사의 광고비 변화와 판매량에 관한 Table, 한국시장 광고비와 판매량 분석 그래프, 미국시장 광고비와 판매량 분석 그래프, 중국시장 광고비와 판매량 분석 그래프가 포함되어 있다.

(2) 활용 방법

1) 파일 찾기

① 분석도구 엑셀 파일에서 4단계 Master 미션 폴더를 연다.

② 파일명이 'B-4 마케팅 탄력성 분석' 인 파일을 연다.

③ 열린 엑셀 화면 하단에 '(3) 광고비 분석' Sheet를 클릭한다.

2) 작성 방법

① 2010년부터 2012년까지 분기별로 입력되어 있는 자사의 시장별 광고비와 판매량의 변화를 분석한다.

② 주어진 정보를 바탕으로 의사결정 분기의 자사의 광고비를 입력하고 광고비 변화에 따른 시장별 판매량의 변화를 분석한다. 이때 환율을 고려하여 입력하여야 한다.

③ 그래프를 통해 광고비와 판매량 간의 관계를 분석한다.

■ 광고비 분석도구의 Worksheet는 아래와 같다.

그림 5-11 광고비 분석도구의 Worksheet

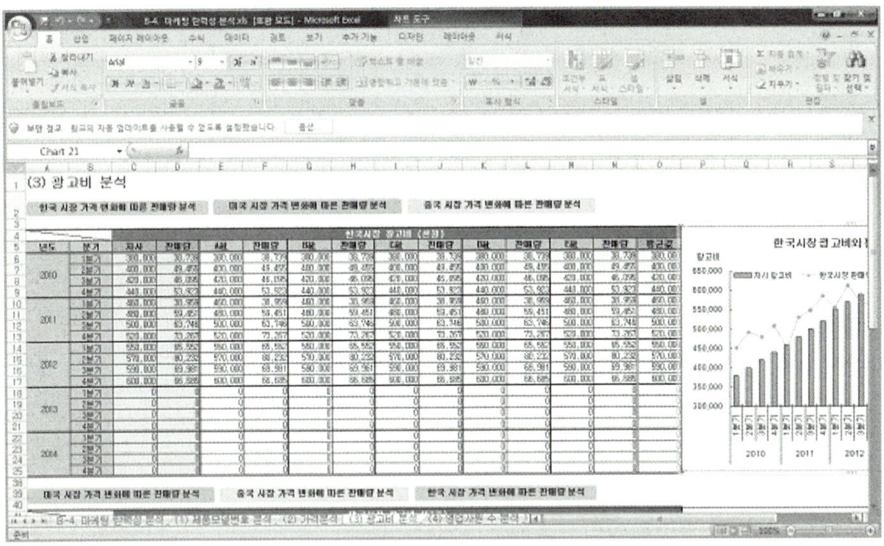

2.3.4 영업사원 수 분석도구

(1) 분석도구의 정의

- 영업사원 수 분석도구는 한국, 미국, 중국 영업지점의 영업사원 수의 변화에 따른 자사 판매량의 변화를 살펴보기 위한 도구이다.
- 영업사원 수 분석도구의 Worksheet에는 각 영업지점별 영업사원의 1인당 판매량에 따른 전체 판매량의 변화를 나타낸 Table과 경쟁사의 영업사원 1인당 판매량에 따른 전체 판매량 변화를 나타낸 Table, 한국시장 영업력과 판매량 간의 관계분석 그래프, 미국시장 영업력과 판매량 간의 관계분석 그래프, 중국시장 영업력과 판매량 간의 관계분석 그래프가 포함되어 있다.

(2) 활용 방법

1) 파일 찾기

① 분석도구 엑셀 파일에서 4단계 Master 미션 폴더를 연다.

② 파일명이 'B-4 마케팅 탄력성 분석' 인 파일을 연다.

③ 열린 엑셀 화면 하단에 '(4) 영업사원 수 분석' Sheet를 클릭한다.

2) 작성 방법

① 2010년부터 2012년까지 분기별로 입력되어 있는 자사의 시장별 영업사원 수와 회사 전체 판매량, 1인당 판매량의 변화를 분석한다.

② 주어진 정보를 바탕으로 의사결정 분기의 자사의 영업사원 수의 변화를 입력하고 영업사원 수의 변화에 따른 시장별 판매량의 변화를 분석한다.

③ 그래프를 통해 영업력과 판매량 간의 관계를 분석한다.

■ 영업사원 수 분석도구의 Worksheet는 아래와 같다.

그림 5-12 영업사원 수 분석도구의 Worksheet

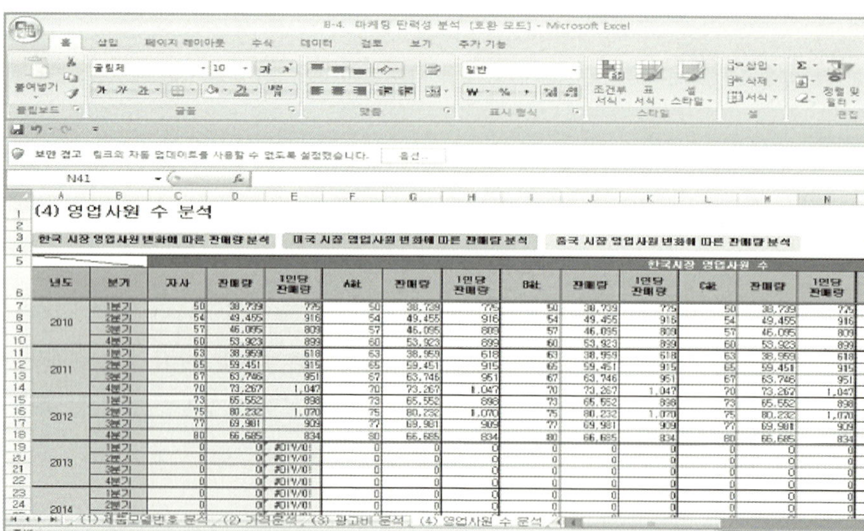

(4) 영업사원 수 분석

한국 시장 영업사원 변화에 따른 판매량 분석 | 미국 시장 영업사원 변화에 따른 판매량 분석 | 중국 시장 영업사원 변화에 따른 판매량 분석

년도	분기	자사	판매량	1인당 판매량	A社	판매량	1인당 판매량	B社	판매량	1인당 판매량	C社	판매량	1인당 판매량
2010	1분기	50	38,739	775	50	38,739	775	50	38,739	775	50	38,739	775
	2분기	54	49,455	916	54	49,455	916	54	49,455	916	54	49,455	916
	3분기	57	46,095	809	57	46,095	809	57	46,095	809	57	46,095	809
	4분기	60	53,923	899	60	53,923	899	60	53,923	899	60	53,923	899
2011	1분기	63	38,959	618	63	38,959	618	63	38,959	618	63	38,959	618
	2분기	65	59,451	915	65	59,451	915	65	59,451	915	65	59,451	915
	3분기	67	63,746	951	67	63,746	951	67	63,746	951	67	63,746	951
	4분기	70	73,267	1,047	70	73,267	1,047	70	73,267	1,047	70	73,267	1,047
2012	1분기	73	65,552	898	73	65,552	898	73	65,552	898	73	65,552	898
	2분기	75	80,232	1,070	75	80,232	1,070	75	80,232	1,070	75	80,232	1,070
	3분기	77	69,981	909	77	69,981	909	77	69,981	909	77	69,981	909
	4분기	80	66,685	834	80	66,685	834	80	66,685	834	80	66,685	834
2013	1분기	0	0	#DIV/0!	0	0	0	0	0	0	0	0	0
	2분기	0	0	#DIV/0!	0	0	0	0	0	0	0	0	0
	3분기	0	0	#DIV/0!	0	0	0	0	0	0	0	0	0
	4분기	0	0	#DIV/0!	0	0	0	0	0	0	0	0	0
2014	1분기	0	0	#DIV/0!	0	0	0	0	0	0	0	0	0
	2분기	0	0	#DIV/0!	0	0	0	0	0	0	0	0	0

(1) 제품모델번호 분석 | (2) 가격분석 | (3) 광고비 분석 | (4) 영업사원 수 분석

2.3.5 영업사원 임금 분석도구

(1) 분석도구의 정의

- 영업사원 임금 분석도구는 한국, 미국, 중국 영업지점의 영업사원 기본급과 수당 변화에 따른 판매량의 변화를 살펴보기 위한 도구이다.
- 영업사원 임금 분석도구의 Worksheet에는 각 영업지점별 영업사원의 기본급과 수당에 따른 판매량의 변화를 나타낸 Table, 한국시장 기본급과 판매량 간의 관계분석 그래프, 미국시장 기본급과 판매량 간의 관계분석 그래프, 중국시장 기본급과 판매량 간의 관계분석 그래프, 한국시장 수당과 판매량 간의 관계분석 그래프, 미국시장 수당과 판매량 간의 관계분석 그래프, 중국시장 수당과 판매량 간의 관계분석 그래프가 포함되어 있다.

(2) 활용 방법

1) 파일 찾기

① 분석도구 엑셀 파일에서 4단계 Master 미션 폴더를 연다.

② 파일명이 'B-4 마케팅 탄력성 분석'인 파일을 연다.

③ 열린 엑셀 화면 하단에 '(5) 영업사원 임금 분석' Sheet를 클릭한다.

2) 작성 방법

① 2010년부터 2012년까지 분기별로 입력되어 있는 자사의 기본급과 수당 변화에 따른 판매량 변화를 분석한다.

② 주어진 정보를 바탕으로 의사결정 분기의 자사의 영업사원 임금값을 입력하고 영업사원 임금의 변화에 따른 시장별 판매량의 변화를 분석한다. 이때 환율을 고려하여 입력하여야 한다.

③ 그래프를 통해 영업사원 기본급과 판매량, 영업사원 수당과 판매량 간의 관계를 분석한다.

■ 영업사원 임금 분석도구의 Worksheet는 아래와 같다.

그림 5-13 영업사원 임금 분석도구의 Worksheet

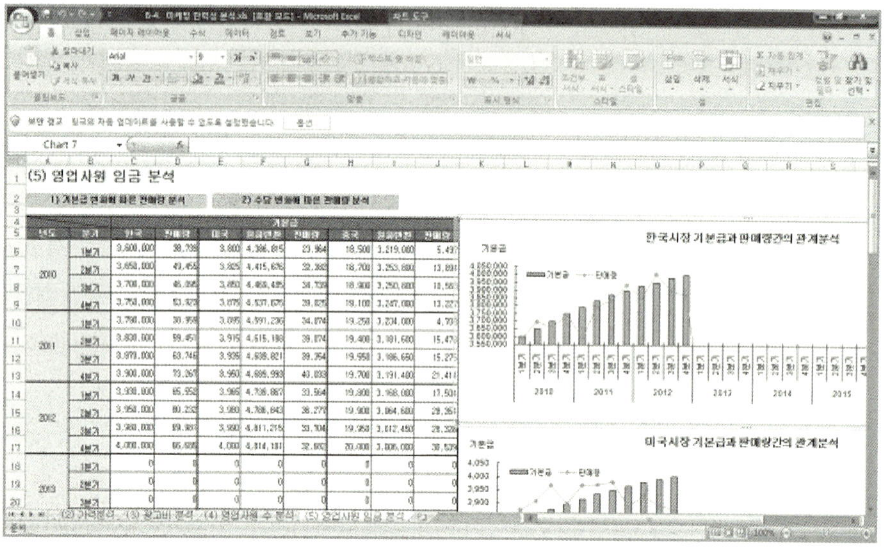

3. 생산 분석도구

생산 영역의 분석도구
▪ 생산량과 판매량 분석도구 ▪ 생산원가 분석도구 ▪ 생산계획의 경제성 분석도구

3.1 생산량과 판매량 분석도구

3.1.1 교육훈련비 분석도구

(1) 분석도구의 정의

- 교육훈련비 분석도구는 교육훈련비의 변화에 따른 생산량의 변화를 살펴보기 위한 도구이다.
- 교육훈련비 분석도구의 Worksheet에는 자사의 교육훈련비 분석에 관한 생산량 변화 Table과 교육훈련비와 생산량 관계분석 그래프, 라인당 교육훈련비와 라인당 생산량 관계분석 그래프, 라인당 교육훈련비와 라인당 생산량 관계분석 그래프가 포함되어 있다.

(2) 활용 방법

1) 파일 찾기

① 분석도구 엑셀 파일에서 1단계 Beginner 미션 폴더를 연다.

② 파일명이 'C-1 생산량과 판매량 분석'인 파일을 연다.

③ 열린 엑셀 화면 하단에 '(1) 교육훈련비 분석' Sheet를 클릭한다.

2) 작성 방법

① 2010년부터 2012년까지 분기별로 입력되어 있는 자사의 교육훈련비와 라인당 교육훈련비, 라인당 생산량, 개당 교육훈련비 대비 생산량을 분석한다.

② 주어진 정보를 바탕으로 의사결정 분기의 자사의 교육훈련비와 라인당 교육훈련비를 예측하여 입력한 뒤 교육훈련비 변화에 따른 생산량의 변화를 분석한다.

③ 그래프를 통해 교육훈련비와 생산량의 관계, 라인당 교육훈련비와 생산량의 관계를 보면서 어떻게 변화하는지 살펴본다.

■ 교육훈련비 분석도구의 Worksheet는 아래와 같다.

그림 5-14 교육훈련비 분석도구의 Worksheet

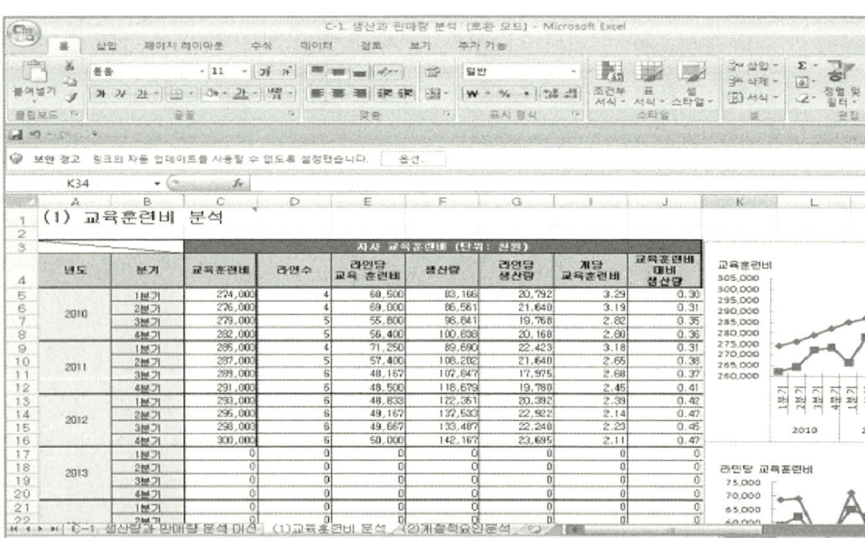

(1) 교육훈련비 분석

년도	분기	교육훈련비	라인수	라인당 교육 훈련비	생산량	라인당 생산량	개당 교육훈련비	교육훈련비 대비 생산량
2010	1분기	274,000	4	68,500	83,166	20,792	3.29	0.30
	2분기	276,000	4	69,000	86,561	21,640	3.19	0.31
	3분기	279,000	5	55,800	98,841	19,768	2.82	0.35
	4분기	282,000	5	56,400	100,838	20,168	2.80	0.36
2011	1분기	285,000	4	71,250	89,690	22,423	3.18	0.31
	2분기	287,000	5	57,400	108,202	21,640	2.65	0.38
	3분기	289,000	6	48,167	107,847	17,975	2.68	0.37
	4분기	291,000	6	48,500	118,679	19,780	2.45	0.41
2012	1분기	293,000	6	48,833	122,351	20,392	2.39	0.42
	2분기	295,000	6	49,167	137,533	22,922	2.14	0.47
	3분기	298,000	6	49,667	133,487	22,248	2.23	0.45
	4분기	300,000	6	50,000	142,167	23,695	2.11	0.47
2013	1분기	0	0	0	0	0	0	0
	2분기	0	0	0	0	0	0	0
	3분기	0	0	0	0	0	0	0
	4분기	0	0	0	0	0	0	0
	1분기	0	0	0	0	0	0	0
	2분기	0	0	0	0	0	0	0

3.1.2 계절적 요인 분석도구

(1) 분석도구의 정의

- 계절적 요인 분석도구는 각 시장의 계절변화에 따른 생산량의 변화를 살펴보기 위한 도구이다.
- 계절적 요인 분석도구의 Worksheet에는 한국시장 라인당 생산량, 미국시장 라인당 생산량, 중국시장 라인당 생산량에 관한 Table과 한국시장 생산량 분석 그래프, 미국시장 생산량 분석 그래프, 중국시장 생산량 분석 그래프가 포함되어 있다.

(2) 활용 방법

1) 파일 찾기

① 분석도구 엑셀 파일에서 1단계 Beginner 미션 폴더를 연다.

② 파일명이 'C-1 생산량과 판매량 분석' 인 파일을 연다.

③ 열린 엑셀 화면 하단에 '(2) 계절적 요인 분석' Sheet를 클릭한다.

2) 작성 방법

① 2010년부터 2012년까지 분기별로 입력되어 있는 각 시장별 라인당 생산량의 계절적 변화를 분석한다.

② 주어진 정보를 바탕으로 분기별 계절적 요인이 자사의 라인당 생산량과 각 시장의 평균 라인당 생산량에 미치는 영향력을 분석한다. 단, 게임을 시작하는 분기에는 한국에만 공장이 있으므로, 미국과 중국에서는 생산을 할 수 없다는 점을 고려해야 한다.

③ 분석한 결과를 바탕으로 해당분기의 계절적 요인이 생산량에 미치는 정도를 예측한다.

■ 계절적 요인 분석도구의 Worksheet는 아래와 같다.

그림 5-15 계절적 요인 분석도구의 Worksheet

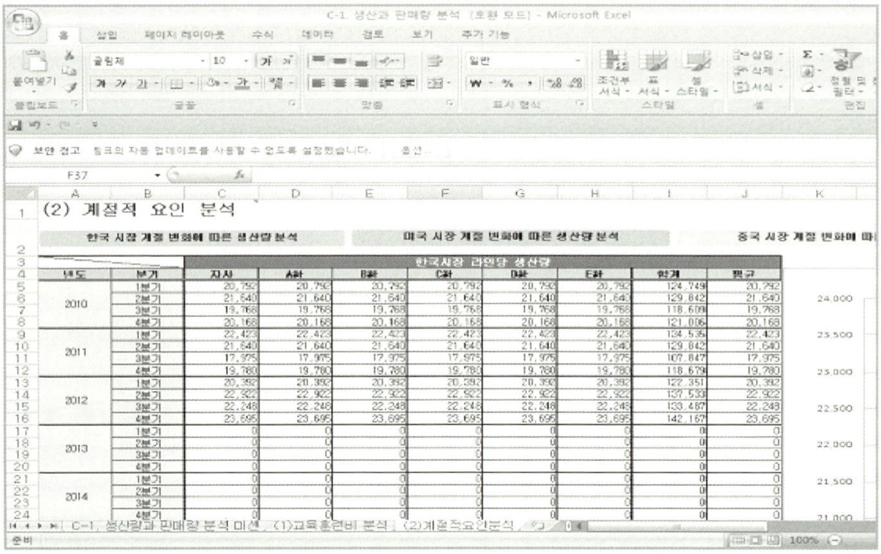

3.2 생산원가 분석도구

(1) 분석도구의 정의

■ 생산원가 분석도구는 노무비, 재료비, 제조간접비 등의 변수를 물가상승률과 환율의 변화에 맞추어 변화시키면서 이들 요소의 변화가 생산원가에 미치는 영향을 살펴 생산원가를 추정하기 위한 분석도구이다.

■ 생산원가 분석도구의 Worksheet에는 생산원가 분석 추정표, 각 항목별로 생산원가 분석을 위한 계산표가 포함되어 있다.

(2) 활용 방법

1) 파일 찾기

① 분석도구 엑셀 파일에서 2단계 Manager 미션 폴더를 연다.

② 파일명이 'C-2 생산원가 분석' 인 파일을 연다.

③ 열린 엑셀 화면 하단에 '(1) 생산원가 분석 도구' Sheet를 클릭한다.

2) 작성 방법

① 전 분기 자료를 토대로 작성된 생산원가 분석 계산표의 회색 칸에 있는 데이터를 수정하여 생산원가를 추정한다.

② 생산원가 분석 추정표의 회색 글씨를 의사결정에 맞추어 수정하면 예측 결과 값이 도출된다.

③ 실제 의사결정 성과를 입력한 후 예상치와 실제치를 비교해 본다.

■ 생산원가 분석도구의 Worksheet는 아래와 같다.

그림 5-16 생산원가 분석도구의 Worksheet

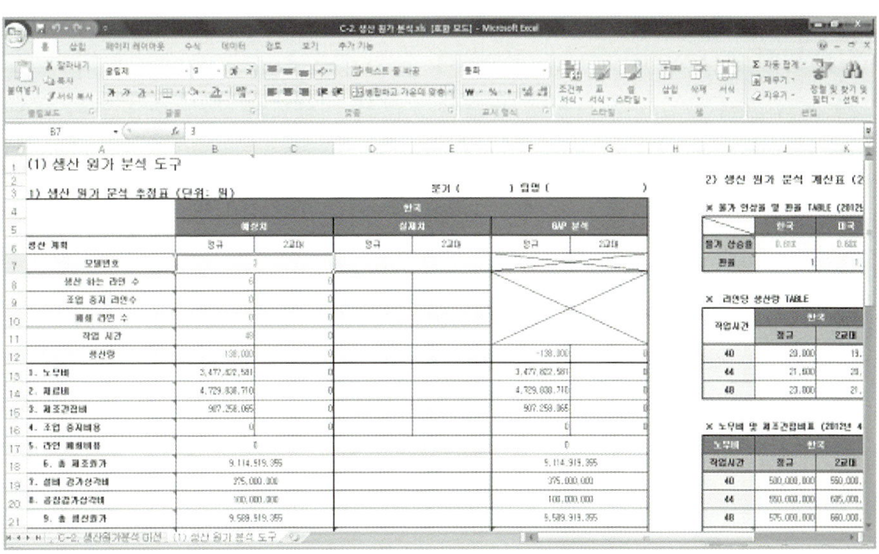

3.3 생산계획의 경제성 분석도구

(1) 분석도구의 정의

- 생산계획의 경제성 분석도구는 생산원가를 구성하고 있는 항목을 바탕으로 정규 생산라인과 2교대 생산라인의 조정에 따라 변화하는 생산원가와 생산량의 변화를 살펴보기 위한 도구이다.
- 생산계획의 경제성 분석도구의 Worksheet에는 각 대안에 따라 생산량과 생산원가를 분석할 수 있는 생산계획의 대안 Table, 생산원가 분석 계산표가 포함되어 있다.

(2) 활용 방법

1) 파일 찾기

① 분석도구 엑셀 파일에서 3단계 Expert 미션 폴더를 연다.

② 파일명이 'C-3 생산계획의 경제성 분석' 인 파일을 연다.

③ 열린 엑셀 화면 하단에 '(1) 생산계획의 경제성 분석도구' Sheet를 클릭한다.

2) 작성 방법

① 전 분기 자료를 토대로 작성된 생산원가 분석 계산표의 회색 칸에 있는 데이터를 수정하여 각 대안의 생산원가를 추정한다.

② 생산계획 대안 표의 회색 글씨를 의사결정에 맞추어 수정하면 예측 결과 값이 도출된다.

③ 목표 생산량의 달성 정도와 생산원가를 고려하여 최적의 대안을 선택한다.

■ 생산계획의 경제성 분석도구의 Worksheet는 아래와 같다.

그림 5-17 생산계획의 경제성 분석도구의 Worksheet

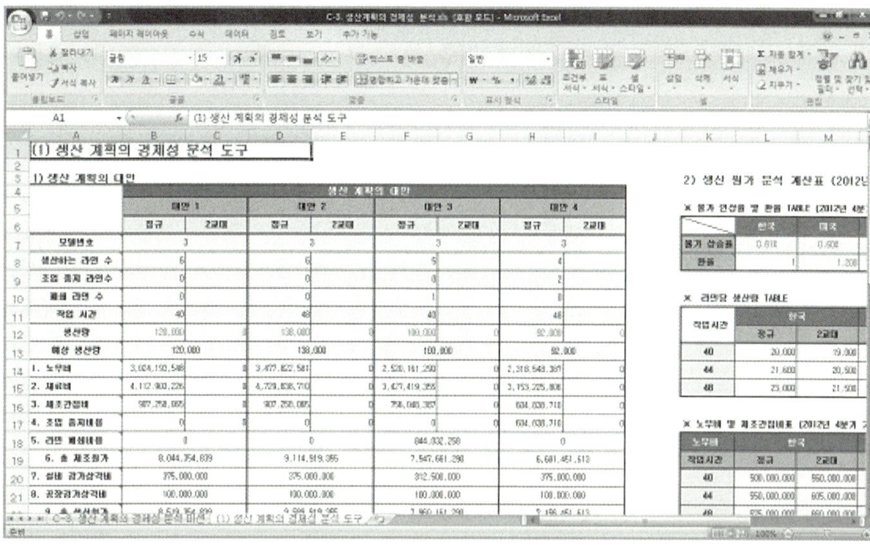

4. 재무 분석도구

재무 영역의 분석도구
▪ 추정 손익계산서 작성도구 ▪ 추정 현금흐름표 작성도구 ▪ 추정 대차대조표 작성도구

4.1 추정 손익계산서 작성도구

(1) 분석도구의 정의

- 추정 손익계산서 작성도구는 마케팅, 생산, 재무 영역의 의사결정 및 분석결과를 바탕으로 현 분기 추정 손익계산서를 작성하기 위한 분석도구이다.
- 추정 손익계산서 분석의 Worksheet에는 추정 손익계산서 작성도구 Table, 환율 및 물가상승률, 물류비, 영업지점 유지비용, 신규 영업사원 교육훈련비, 재고유지비용, 임원급여, CD이자율 Table이 포함되어 있다.

(2) 활용 방법

1) 파일 찾기

① 분석도구 엑셀 파일에서 1단계 Beginner 미션 폴더를 연다.

② 파일명이 'D-1 추정 손익계산서 분석' 인 파일을 연다.

③ 열린 엑셀 화면 하단에 '(1) 추정 손익계산서 작성도구' Sheet를 클릭한다.

2) 작성 방법

① 마케팅, 생산, 재무 영역의 의사결정 및 분석결과를 바탕으로 2013년도 1분기(회색칸)의 값을 입력한다.

② 입력할 때 필요한 나머지 정보들은 우측에 있는 Table(환율 및 물가상승률, 물류비, 영업지점 유지비용, 신규 영업사원 교육훈련비, 재고유지비용, 임원급여, CD이자율)을 참고하면 된다.

③ 도출한 값을 미션 양식지에 적용한다.

■ 추정 손익계산서 작성도구의 Worksheet는 아래와 같다.

그림 5-18 추정 손익계산서 작성도구의 Worksheet

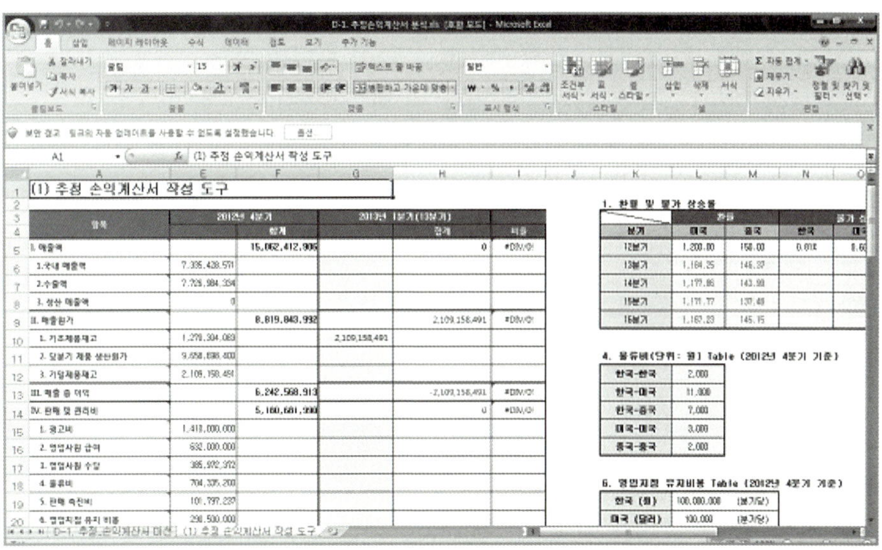

4.2 추정 현금흐름표 작성도구

(1) 분석도구의 정의

- 추정 현금흐름표 작성도구는 마케팅, 생산, 재무 영역의 의사결정 및 분석결과를 바탕으로 현 분기 추정 현금흐름표를 작성하기 위한 분석도구이다.
- 추정 현금흐름표 작성도구의 Worksheet에는 추정 현금흐름표의 작성도구 Table을 포함하고 있다.

(2) 활용 방법

1) 파일 찾기

① 분석도구 엑셀 파일에서 2단계 Manager 미션 폴더를 연다.
② 파일명이 'D-2 추정 현금흐름표 작성' 인 파일을 연다.
③ 열린 엑셀 화면 하단에 '(1) 추정 현금흐름표 작성도구' Sheet를 클릭한다.

2) 작성 방법

① 마케팅, 생산, 재무 영역의 의사결정 및 분석결과를 바탕으로 2013년도 1분기 (회색칸)의 값을 입력한다.
② 입력한 값들을 근거로 현 분기 추정 현금흐름표를 작성(회색칸에 입력)한다.
③ 도출한 값을 미션 양식지에 적용한다.

- 추정 현금흐름표 작성도구의 Worksheet는 아래와 같다.

그림 5-19 추정 현금흐름표 작성도구의 Worksheet

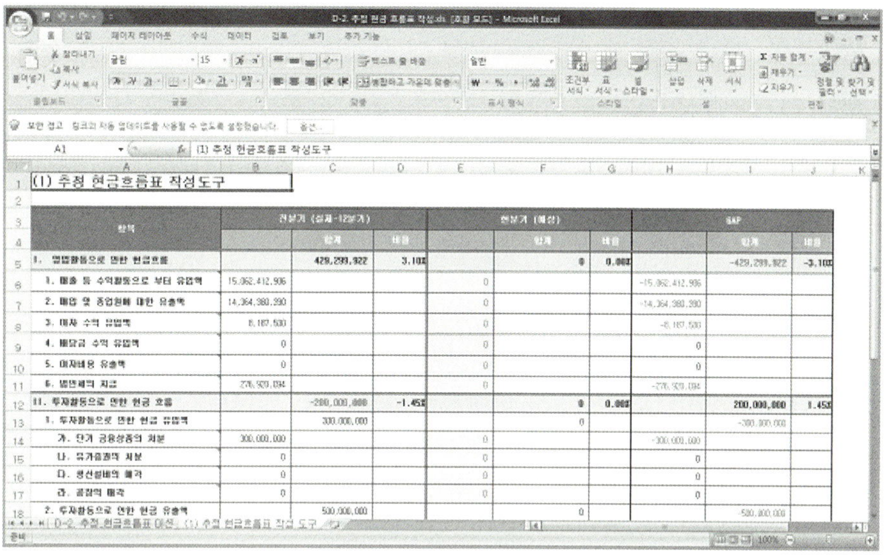

4.3 추정 대차대조표 작성도구

(1) 분석도구의 정의

- 추정 대차대조표 작성도구는 마케팅, 생산, 재무 영역의 의사결정 및 분석결과를 바탕으로 현 분기 추정 대차대조표를 작성하기 위한 분석도구이다.
- 추정 대차대조표 작성도구의 Worksheet에는 추정 대차대조표의 작성도구 Table을 포함하고 있다.

(2) 활용 방법

1) 파일 찾기

① 분석도구 엑셀 파일에서 3단계 Expert 미션 폴더를 연다.

② 파일명이 'D-3 추정 대차대조표 분석' 인 파일을 연다.

③ 열린 엑셀 화면 하단에 '(1) 추정 대차대조표 작성도구' Sheet를 클릭한다.

2) 작성방법

① 마케팅, 생산, 재무 영역의 의사결정 및 분석결과를 바탕으로 2013년도 1분기 (회색칸)의 값을 입력한다.

② 입력한 값들을 근거로 현 분기 추정 대차대조표를 작성(회색칸에 입력)한다.

③ 도출한 값을 미션 양식지에 적용한다.

■ 추정 대차대조표 작성도구의 Worksheet는 아래와 같다.

그림 5-20 추정 대차대조표 작성도구의 Worksheet

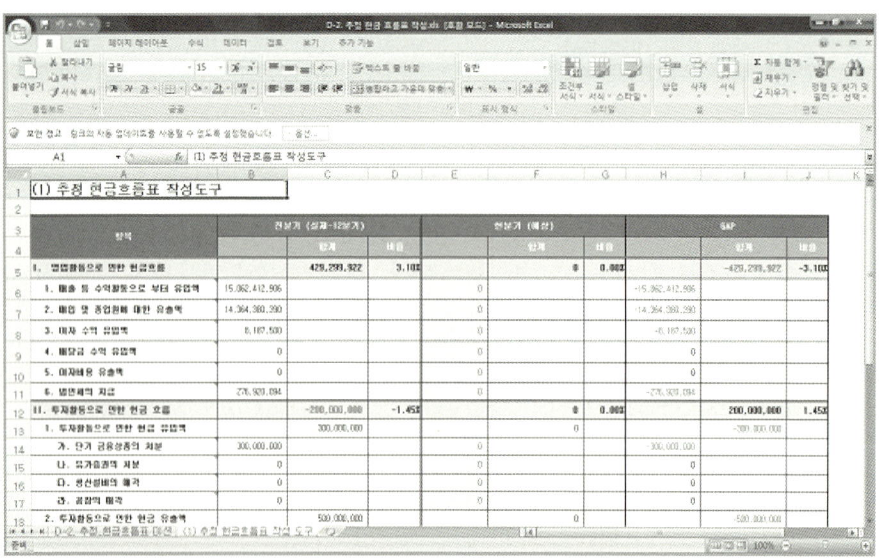

제 6 장

Biz-Master를 활용한 경영교육

1. Biz-Master의 교육방법
2. Biz-Master의 시스템사용법
3. Biz-Master의 평가방법

요약

- 본 장에서는 저자의 다양한 연구와 강의 경험을 통해 독자적으로 개발한 'Biz-Master를 활용한 경영교육 방법'을 교/강사 측면에서 설명하고 있다. 또한 Biz-Master의 시스템 사용법과 교육생의 성과를 다양한 평가기준에 의해서 평가할 수 있도록 개발한 교육생 평가방법에 대해서도 설명하고 있다.

1. Biz-Master의 교육방법

Biz-Master의 교육방법을 교/강사 측면에서 설명하고 있다.

2. Biz-Master의 시스템사용법

Biz-Master의 시스템사용법을 설명하고 있다.

3. Biz-Master의 평가방법

Biz-Master에서 교육생의 교육성과를 평가하는 방법에 대해서 설명하고 있다.

1. Biz-Master의 교육방법

1.1 Biz-Master의 교육과정

- Biz-Master의 교육과정은 미래 관리자 과정과 미래 CEO 과정으로 나누어지게 되며, 교육일정 및 교육생의 특성에 따라서 교육내용은 달라질 수 있다.

(1) 미래 관리자 과정

- 미래 관리자 과정의 교육대상은 대학생, 사원 및 초급 관리자에 해당되며 과정목표는 기업경영 및 큰 그림의 이해, 재무제표 및 원가관리 능력의 향상, 경영분석 능력의 향상, 팀워크와 협업능력의 향상을 목표로 한다. 진행분기는 교육일정과 시간에 따라 최소 4분기의 게임을 진행하는 것이 바람직하다.

(2) 미래 CEO 과정

- 미래 CEO 과정의 교육대상은 중간관리자 및 임원급에 해당되며 과정목표는 전략적 경영마인드 향상, 종합적 경영관리 능력 향상, 경영 의사결정 능력 향상, 목표성과 관리 능력 향상을 목표로 한다. 진행분기는 교육일정과 시간에 따라 최소 4분기 이상 진행하는 것이 바람직하며, 미래 관리자 과정에 비해서 다양한 미션이 추가되어야 한다.

(3) Biz-Master의 교육진행

■ 16시간 기준으로 Biz-Master의 미래 CEO 과정은 다음과 같은 일정으로 진행되게 된다.

| 표 6-1 | 16시간, 미래 CEO 과정의 게임진행

단계	구분	주요 내용	주요 경영 미션 및 분석
1. 준비단계 (1시간)	교육소개	• Biz-Master 교육목표 및 진행방법 • Biz-Master 의사결정 및 성과 이해	1. 팀 구성 및 역할결정
2. 게임진행 단계 (14시간)	13분기 기업경영	• 13분기 의사결정 및 경영 미션 수행	1. 경영목표 및 전략수립 2. 목표판매량 예측 3. 생산량과 판매량 분석 4. 추정 손익계산서 분석
		• 경영성과 분석 및 피드백	
	14분기 기업경영	• 14분기 의사결정 및 경영 미션 수행	1. 핵심성과 지표 분석 2. 마케팅원가 분석 3. 생산원가 분석 4. 추정 현금흐름표 작성
		• 경영성과 분석 및 피드백	
	15분기 기업경영	• 15분기 의사결정 및 경영 미션 수행	1. 균형성과 지표 분석 2. 마케팅 수익성 분석 3. 생산계획의 경제성 분석 4. 추정 대차대조표 분석
		• 경영성과 분석 및 피드백	
	16분기 기업경영	• 16분기 의사결정 및 경영 미션 수행	1. 비전과 목표수립 2. 마케팅 탄력성 분석 3. 생산라인의 손익분기 분석 4. 추정 재무비율 분석
		• 경영성과 분석 및 피드백	
3. 평가단계 (1시간)	업무적용 및 평가	• OO그룹의 적용방안	
		• 종합 평가	

1) 준비단계 : 1시간

■ Biz-Master 교육을 소개하는 부분으로 교육목표 및 진행방법, Biz-Master의 의사결정, 보고서 및 경영 미션을 설명한다.

그림 6-1 Biz-Master 교육의 주요 내용

■ 주요 내용

1. Biz-Master의 교육의 목표 및 진행방법을 이해
2. Biz-Master의 경영환경을 이해
3. Biz-Master의 경영 팀 구성 및 역할을 결정
4. Biz-Master에서 수행해야 하는 의사결정을 이해(교재 참고)
5. Biz-Master의 경영성과 보고서를 이해(교재 참고)
6. Biz-Master의 경영 미션을 이해(교재 참고)

2) 게임 진행

- 게임 진행 단계에서는 의사결정 및 미션을 수행하고 경영성과 분석 및 피드백을 반복하는 과정이다. 예를 들어서 13분기의 기업경영은 다음과 같은 단계를 거쳐서 진행되어야 한다.

가. 13분기 의사결정 및 미션 수행

- 13분기에 수행해야 하는 경영 의사결정과 미션 수행 방법에 대해 설명한다. 특히 정해진 시간 안에 의사결정 입력과 미션을 제출해야 함을 주의시킨다.

그림 6-2 13분기 의사결정과 미션 수행의 주요 내용

■ 주요 내용

- 13분기 경영 의사결정 수행
- 13분기 경영 미션 수행
- 13분기 학습 포인트

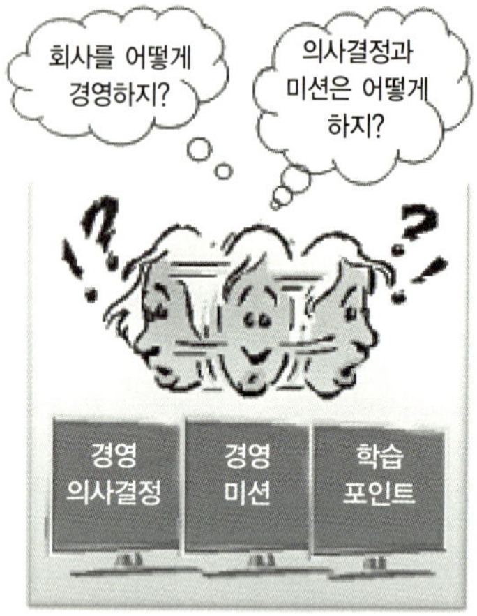

그림 6-3 13분기 의사결정과 미션 수행

경영 의사결정 수행

1. 의사결정 입력 :
   - 의사결정 양식에 의사결정 입력 후 입력 오류를 줄이기 위해서 교수의 확인 필요
   - 교수 확인 후 팀별 ID로 bsg1.b21soft.co.kr에서 직접 입력
2. 입력시간 :

경영 미션 수행

1. 미션의 종류 :
   가. CEO 미션 : 경영목표와 전략수립
   나. 마케팅 미션 : 목표 판매량 예측
   다. 생산 미션 : 판매와 생산량 분석
   라. 재무 미션 : 추정 손익계산서
2. 제출시간 :

■ 13분기에 수행해야 하는 의사결정 입력양식에 대해 설명한다.

그림 6-4 의사결정 입력양식

		한국	미국	중국
마케팅	1. 제품모델 번호		×	×
	2. 주문량			
	3. 가격			
	4. 광고비			
	5. 영업사원 채용			
	6. 영업사원 기본급			
	7. 영업사원 수당			
생 산	1. 정규 생산라인 수		×	×
	2. 정규 작업시간		×	×
	3. 정규 생산라인의 조업중지		×	×
	4. 정규 생산라인의 폐쇄		×	×
	5. 정규 생산라인의 신설		×	×
	6. 2교대 생산라인 수		×	×
	7. 2교대 작업시간		×	×
	8. 2교대 생산라인의 조업중지		×	×
	9. 2교대 생산라인의 폐쇄		×	×
	10. 2교대 생산라인의 신설		×	×
	11. 공장의 건설		×	×
	12. 연구개발비		×	×
	13. 교육훈련비		×	×
재 무	1. 은행대출		×	×
	2. 회사채발행		×	×
	3. 주식발행		×	×
	4. CD투자		×	×
	5. 주식투자		×	×
	6. 배당비율(%)		×	×

■ 13분기에 CEO 영역에 해당되는 '경영목표와 추진전략 수립' 미션 양식지를 보여주면서 미션 작성방법에 대해 설명한다.

그림 6-5 경영목표와 추진전략 수립 미션 양식

■ 13분기에 마케팅 영역에 해당되는 '목표 판매량 예측' 미션 양식지를 보여주면서 미션 양식 작성방법에 대해 설명한다.

그림 6-6 목표 판매량 예측 미션 양식

(　　)분기 (　　)팀

	한국의 목표판매량	미국의 목표판매량	중국의 목표판매량
1. 지난 분기의 실제 판매량			
2. 현 분기의 판매량 변화(=1+2+3+4)			
2-1. GDP 변화에 따른 변동량			
2-2. 계절 변화에 따른 변동량			
2-3. 자사 마케팅믹스 변화에 따른 변동량			
① 모델번호 변화에 따른 변동량			
② 가격 변화에 따른 변동량			
③ 광고비 변화에 따른 변동량			
④ 영업사원 수 변화에 따른 변동량			
⑤ 기본급 변화에 따른 변동량			
⑥ 수당 변화에 따른 변동량			
2-4. 경쟁사 마케팅믹스 변화에 따른 변동량			
3. 현 분기 목표 판매량의 예측치(=1+2)			
4. 시뮬레이션 후의 실제 판매량			
5. 판매 예측 오차 및 GAP 분석			

- 13분기에 생산 영역에 해당되는 '생산량과 판매량 분석' 미션 양식지를 보여주면서 미션 양식 작성방법에 대해 설명한다.

그림 6-7 생산량과 판매량 분석 미션 양식

(　　)분기 (　　)팀

		한국			미국			중국		
		예상량	실제량	차이	예상량	실제량	차이	예상량	실제량	차이
생산	1. 정상생산량					×			×	
	2. 실제생산량					×			×	
마케팅	1. 기초재고									
	2. 지점주문량									
	3. 지점구매량									
	4. 판매가능량									
	5. 판매량									
	6. 기말재고량									
	7. 청산매출량									
	GAP 분석									

- 13분기에 재무 영역에 해당되는 '추정 손익계산서 분석' 미션 양식지를 보여주면서 미션 양식 작성방법에 대해 설명한다.

그림 6-8 추정 손익계산서 분석 미션 양식

( )분기 ( )팀

항목	예상 금액	실제 금액	GAP
1. 매출액			
2. 매출원가			
3. 매출총이익(=1-2)			
4. 판매 및 관리비			
5. 영업이익(=3-4)			
6. 영업외수익			
7. 영업외비용			
8. 경상이익(=5+6-7)			
9. 특별이익			
10. 특별손실			
11. 법인세비용차감전 순이익(=8+9-10)			
12. 법인세비용			
13. 당기순이익(=11-12)			
14. 배당			
15. 당기 유보이익(=13-14)			

■ 13분기 의사결정과 미션을 수행하면서 학습해야 할 주요 학습 포인트를 설명한다.

그림 6-9 13분기 주요 학습 포인트

영역	주요 학습 포인트
기업경영 프로세스 및 전략적 마인드	기업경영의 이해 : 가상 기업을 경영하기 위한 큰 흐름을 잘 이해하고 있습니까?
	가상 경영 프로세스의 구축 : 가상 기업을 경영하는 업무 프로세스는 어떻게 구성하였습니까?
	경영기능 간의 연계 : 가상 기업의 마케팅, 생산, 재무기능 간의 연계를 어떻게 하고 있습니까?
CEO 영역	경영환경 분석 : 경영환경(시장 및 산업동향)을 어떻게 분석하고 있습니까?
	현황 분석 : 경영자원과 경영성과를 충분히 분석하고 있습니까?
	경영목표와 전략 수립 : 가상 기업의 경영목표와 전략을 어떻게 수립하고 있습니까?
마케팅 영역	수요 예측 : 목표 판매량을 어떻게 결정하였습니까?
	마케팅 믹스 : 판매량을 증가시키기 위해서 마케팅 믹스를 어떻게 결정하고 있습니까?
생산 영역	생산계획 : 마케팅 부서의 주문량을 충족시키면서 생산계획을 어떻게 수립할 수 있습니까?
	생산원가 : 생산원가의 구성요소를 분석할 수 있습니까?
재무 영역	재무제표의 이해 : 경영성과를 나타내는 재무제표를 이해할 수 있습니까?
	손익계산서 작성능력 : 예상되는 손익을 추정할 수 있습니까?
팀워크와 논리성 영역	업무 프로세스의 조정 : 팀원들 간의 업무 조정이 원활하게 이루어지고 있습니까?
	커뮤니케이션 영역 : 팀원들 간의 커뮤니케이션을 어떻게 조정하고 있습니까?
경영 의사결정 및 경영성과 영역	경영 의사결정 : 시간 및 정보부족 상황에서 경영 의사결정을 어떻게 하고 있습니까?
	흑자경영 : 흑자를 내려면 어떻게 경영해야 합니까?

- 가상 기업을 경영하는 데 필요한 주요 활동들을 프로세스 중심으로 설명한다.

그림 6-10 가상 기업의 13분기 경영 활동 프로세스

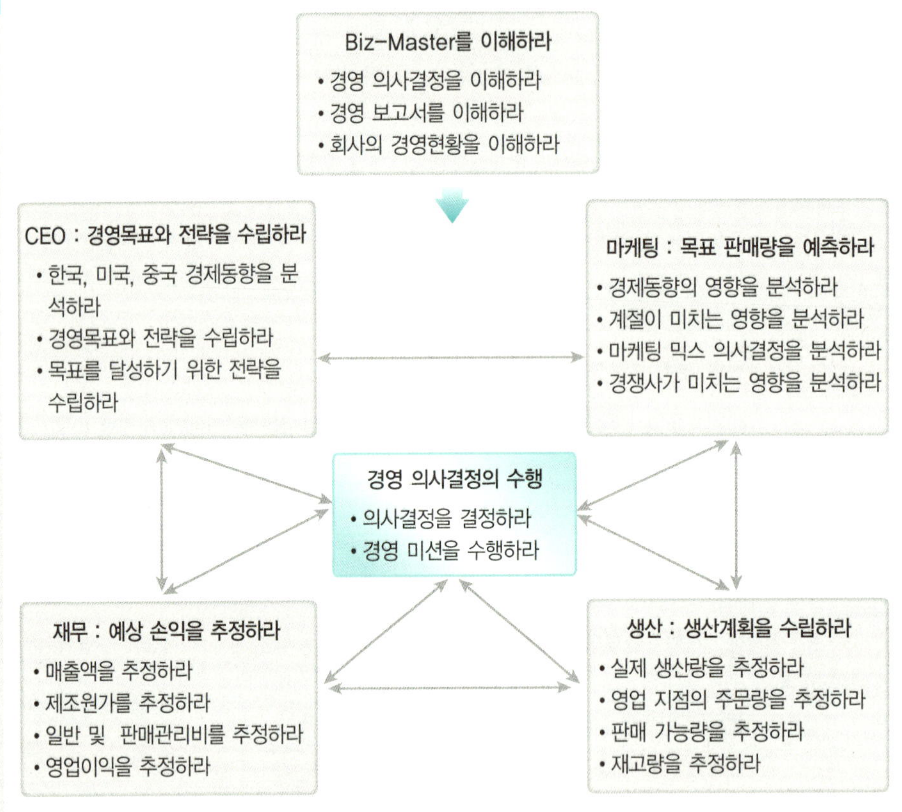

나. 경영성과 분석 및 미션 분석

- 경영성과 분석 및 미션 분석의 주요 내용은 다음과 같다.

그림 6-11 분기별 경영성과 분석 및 피드백의 주요 내용

■ 주요 내용

- 13분기 경영성과 분석
- 13분기 경영미션 분석

■ 13분기 경영성과 분석은 다음과 같이 성과지표에 대한 질문을 통해 이루어진다.

그림 6-12 경영성과 분석

성과지표	경영성과
1. 매출액은 얼마인가?	
2. 영업이익 및 당기순이익은 얼마인가?	
3. 매출경상이익률은 얼마인가?	
4. 판매량은 얼마인가?	
5. 재고량은 얼마인가?	
6. 생산원가는 얼마인가?	
7. 생산량은 몇 개인가?	
8. 영업사원 수는 몇 명인가?	
9. 기말현금은 얼마인가?	
10. 신용등급은 얼마인가?	

■ 교육생들은 각 팀이 작성한 경영 미션을 발표하고, 이에 대해서 다음과 같은 체크 포인트를 중심으로 피드백을 제공한다.

그림 6-13 경영미션 발표 및 피드백

영역	체크 포인트	결과
CEO 영역 : 경영목표와 전략수립	경영목표는 합리적이고 객관적이고 측정 가능하게 작성되었는가?	
	경영목표와 추진전략은 체계적으로 연결되었는가?	
	경영목표를 달성하였는가? 만약에 달성하지 못하였다면 원인과 해결 방안은 무엇인가?	
마케팅 : 목표판매량 예측	목표판매량은 달성되었는가? 달성되지 못하였다면 그 이유는 무엇인가?	
	수요 예측이 잘못된 결과는 기업에 어떤 영향을 주는가?	
생산 영역 : 생산량과 판매량 분석	추정된 실제 생산량과 실제 생산량 간의 차이가 발생한 이유는 무엇인가?	
	마케팅부서와 생산부서 간의 조정이 원활한가?	
재무 영역 : 추정 손익 계산서	추정 손익계산서를 작성할 수 있는가?	
	추정 손익계산서와 실제 손익계산서 간의 차이가 발생한 이유는 무엇인가?	

다. 14분기, 15분기, 16분기 의사결정과 미션 수행

- 13분기 이후에 진행되는 14분기, 15분기, 16분기의 게임 진행 단계는 13분기와 동일하게 반복하여 진행된다. 단, 매 분기 교육생의 특성 및 교육목표에 따라서 미션의 종류와 수를 다르게 진행한다.

3) 평가단계

가. 업무 적용 방안

- Biz-Master에서 학습한 내용을 교육생의 회사에 적용할 수 있도록 토의를 진행한다.

그림 6-14 업무적용 방안

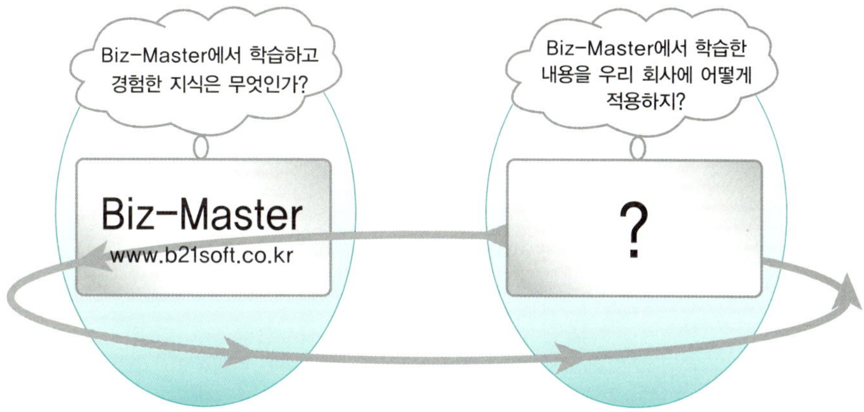

- Biz-Master에서 체험한 내용을 중심으로 교육생이 속한 기업에 적용 방안을 다음과 같은 Checklist를 중심으로 토의한다.

그림 6-15 업무적용 방안 Checklist

Checklist	Yes/No
1. 우리 회사의 경영환경과 경영프로세스를 잘 이해하고 있습니까?	
2. 우리 회사의 외부환경 및 내부현황을 분석할 수 있는 능력을 갖고 있습니까?	
3. 우리 회사의 경영목표와 추진전략을 수립할 수 있는 능력을 갖고 있습니까?	
4. 우리 회사의 목표 시장을 분석하고 수요를 예측할 수 있는 능력을 갖고 있습니까?	
5. 우리 회사의 마케팅 믹스전략 및 마케팅 수익성의 분석 능력을 갖고 있습니까?	
6. 우리 회사의 생산 프로세스를 이해하고 관리할 수 있는 능력을 갖고 있습니까?	
7. 우리 회사의 원가구조를 이해하고 원가관리 능력을 갖고 있습니까?	
8. 우리 회사의 재무제표를 이해하고 재무분석 능력을 갖고 있습니까?	
9. 우리 회사의 팀워크를 높이고 협업할 수 있는 능력을 갖고 있습니까?	
10. 우리 회사의 핵심인재로서 갖추어야 할 자기개발방법은 무엇입니까?	

나. 종합평가

- 팀별로 경영성과 및 미션수행 능력에 대한 점수를 입력하고 종합점수를 합산한다.

그림 6-16 경영성과 평가

경영성과 평가

• 경영성과 : 당기순이익 적자 : 0점, 흑자 : 2점, 흑자 및 적자 순위에 따라서 1점씩 추가 및 감점
• 경영미션 : 4점, 3점, 2점, 1점

		A팀	B팀	C팀	D팀	E팀	F팀
13분기	경영성과						
	미션수행 능력						
14분기	경영성과						
	미션수행 능력						
15분기	경영성과						
	미션수행 능력						
16분기	경영성과						
	미션수행 능력						
종합점수							

2. Biz-Master의 시스템사용법

2.1 교육생 사용 방법

(1) 사이트 접속 및 초기화면의 구성

1) Log In 방법

- 교육생은 CEO, 마케팅, 생산, 재무이사별로 별도의 ID와 Password를 부여받게 된다.
- 교육생들은 부여받은 ID와 Password로 http://bsg1.b2lsoft.co.kr로 접속한다.

그림 6-17 Biz-Master의 교육생 사이트 화면

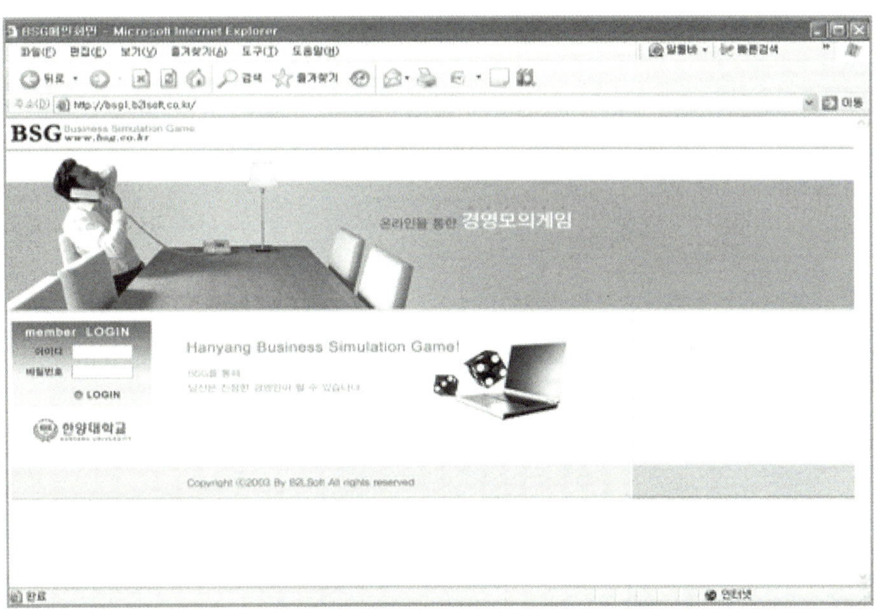

2) 초기화면의 구성

가. 초기화면의 기능

① 로그인 정보 : 직책, 성명, 개인정보 수정, 팀원정보 확인, 로그아웃 실행이 가능하다.

② 의사결정 현황 : 참여한 팀의 의사결정 제출 현황 정보를 제공하고 있다.

③ 지난분기 순위 : 참여한 팀의 지난 분기 순위(주가, 순이익 기준)를 제공하고 있다.

④ 게임진행 현황판 : 강의실 및 게임 기초 정보를 포함하고 있다.

⑤ 현 분기 미션 현황판 : 현 분기 미션 정보 및 기초 정보를 포함하고 있다.

⑥ 경영성과 보고서 : 경영성과 종합 보고서 조회, 경영성과 세부 보고서를 포함하고 있다.

⑦ 의사결정 입력 : 마케팅, 생산, 재무 직책별 의사결정 입력 및 CEO 의사결정 확인 후 송부할 수 있다.

⑧ 게시판 : 관리자 공지사항, 팀 전용게시판, 자유게시판의 기능을 포함하고 있다.

⑨ 자료실 : 분석도구, 엑셀 파일 등의 필요한 정보와 자료를 공유할 수 있다.

그림 6-18 Biz-Master의 초기화면 그림

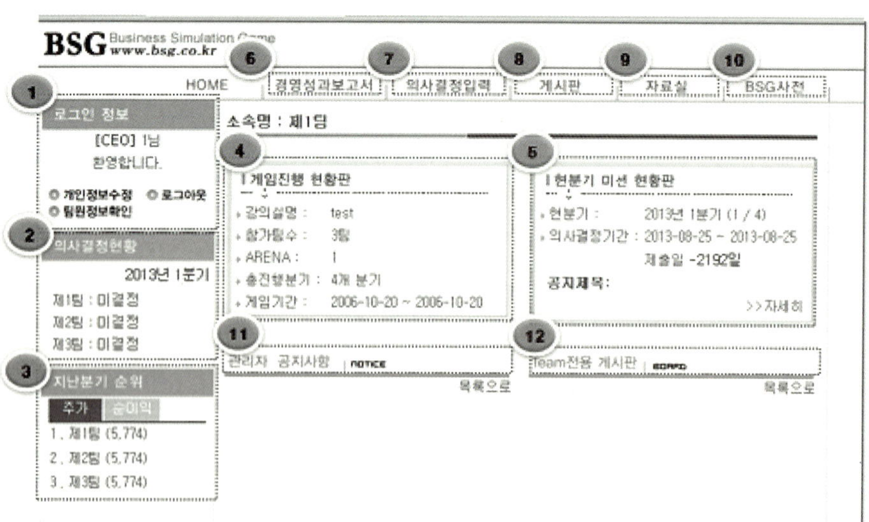

⑩ BSG 사전 : 게임을 실행하는 데 필요한 용어를 쉽게 풀이한 자료를 제공한다.
⑪ 관리자 공지사항 : 관리자가 교육생들에게 공지한 내용들에 대한 리스트를 제공한다.
⑫ Team 전용 게시판 : 각 팀별로 회의한 내용들을 공유할 수 있다.

(2) 강의실 사용

1) 강의실 사용방법

가. 개인정보 확인 및 수정
① 개인정보 및 팀 기본정보를 조회하고 수정할 수 있다.
② 커뮤니케이션 채널정보를 입력할 수 있다.
③ 소속 및 자기소개 자료를 입력할 수 있다.
④ 개인정보 수정완료 버튼을 누르면 입력이 완료된다.

그림 6-19 개인정보 수정화면 그림

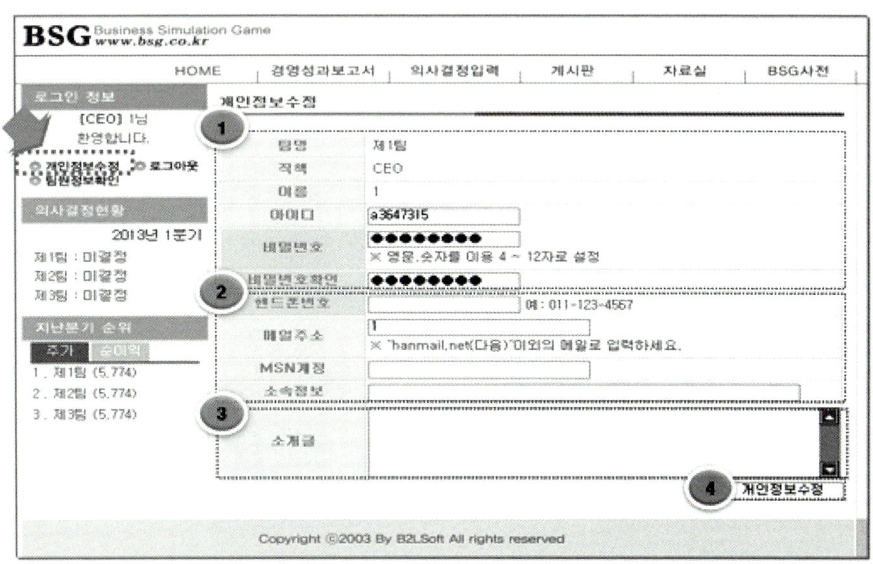

나. 경영성과 보고서 View 및 출력

- 경영성과 보고서는 가상 기업의 경영성과를 보여주는 보고서로서 경영성과 종합 보고서와 세부 보고서로 구성되어 있다. 보고서의 출력은 필요한 영역의 보고서 내용을 클릭하여 확인한 후 "인쇄하기" 버튼을 이용하여 출력한다.
- 경영성과 종합 보고서
  ① 경영성과 요약 보고서 : 지난 분기 경영성과를 요약한 보고서
  ② 의사결정 요약 보고서 : 지난 분기 의사결정을 요약한 보고서
  ③ 전체분기 요약 보고서 : 모든 분기의 경영성과 및 의사결정 요약 보고서
  ④ 경제동향 보고서 : 모든 분기의 경제동향 요약 보고서
- 경영성과 세부 보고서
  ① CEO 보고서 : CEO 성과 보고서(경제동향 보고서, 산업동향 보고서)
  ② 마케팅 보고서 : 마케팅성과 보고서(산업마케팅 보고서, 자사 마케팅운영 보고서)
  ③ 생산 보고서 : 생산성과 보고서(산업생산동향 보고서, 자사 생산운영 보고서)
  ④ 재부 보고서 : 재무성과 보고서(산업재무동향 보고서, 자사 재무동향 보고서)

그림 6-20 경영성과 보고서 화면

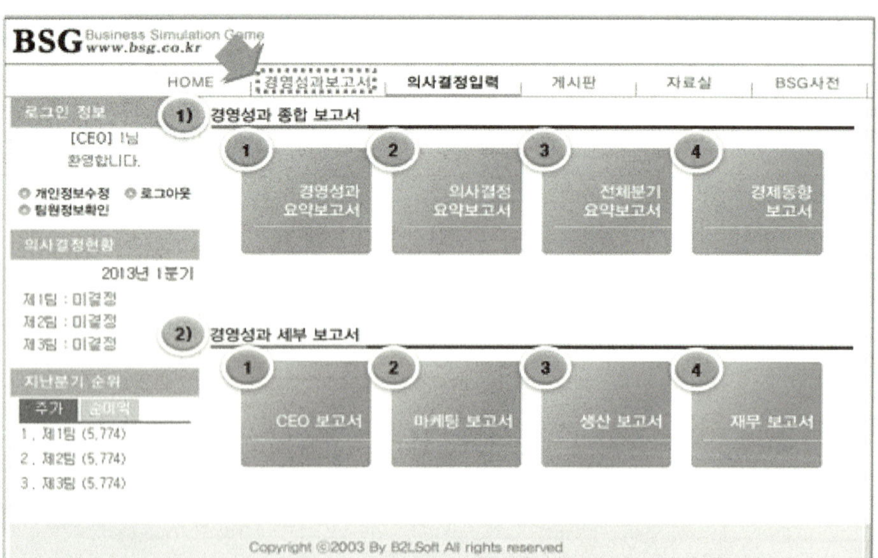

그림 6-21 의사결정 보고서 화면

>>"제1팀" 지난분기 의사결정 요약보고서 　　　　인쇄하기

	2012년 4분기		
	한국	미국	중국
1. 제품 모델 번호	3		
2. 주문량	60,000	30,000	30,000
3. 가격	110,000	110	750
4. 광고비	600,000,000	300,000	3,000,000
5. 영업사원 채용	6	4	6
6. 영업사원 기본급	4,000,000	4,000	20,000
7. 영업사원 수당	3,000	3	15
8. 정규 생산라인 수	6	0	0
9. 정규 작업 시간	48	0	0
10. 정규 생산라인의 조업 중지	0	0	0
11. 정규 생산라인의 폐쇄	0	0	0
12. 정규 생산라인의 신설	0	0	0
13. 2교대 생산라인 수	0	0	0
14. 2교대 작업 시간	0	0	0
15. 2교대 생산라인의 조업 중지	0	0	0
16. 2교대 생산라인의 폐쇄	0	0	0
17. 2교대 생산라인의 신설	0	0	0
18. 공장의 건설	0	0	0
19. 연구개발비	700,000,000		
20. 교육훈련비	300,000,000		
21. 은행대출	0		
22. 회사채발행	0		
23. 주식발행	0		
24. CD투자	500,000,000		
25. 주식투자	0		
26. 배당비율(%)	3		

2) 게임 진행

가. 의사결정 입력

- 의사결정은 마케팅, 생산, 재무의 영역별로 입력할 수 있으며, CEO는 각 영역별 의사결정 입력 후 게임 화면상에서 의사결정 보고를 받은 후에 의사결정 입력 내용을 수정할 수 있다.

그림 6-22 의사결정 입력 화면

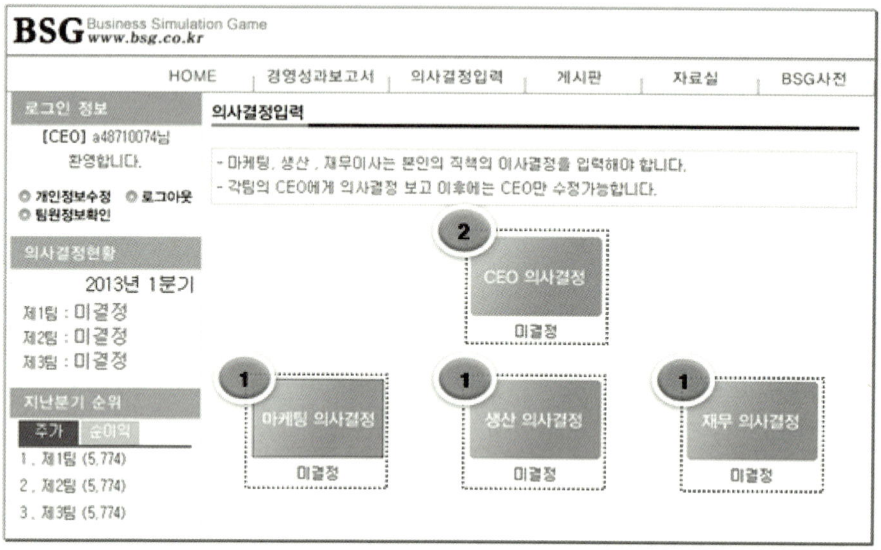

① 영역별 의사결정 입력 방법

- 분석한 내용을 토대로 마케팅, 생산, 재무이사가 해당 의사결정 입력란에 입력을 한다. 입력 후 화면 하단에 있는 의사결정 완료 버튼을 누르면 CEO에게 자동으로 보고된다.

그림 6-23 의사결정 입력 화면

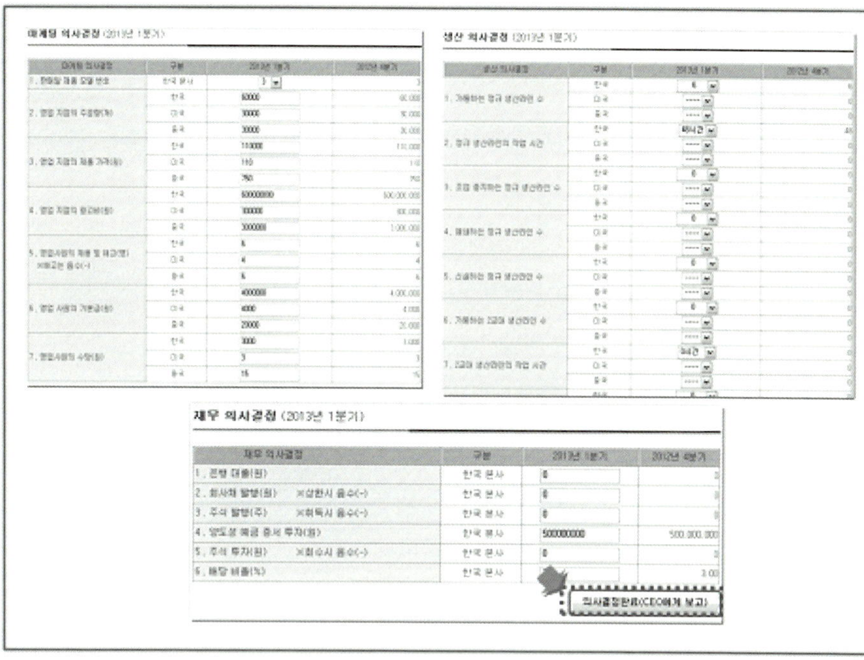

그림 6-24 의사결정 입력 화면

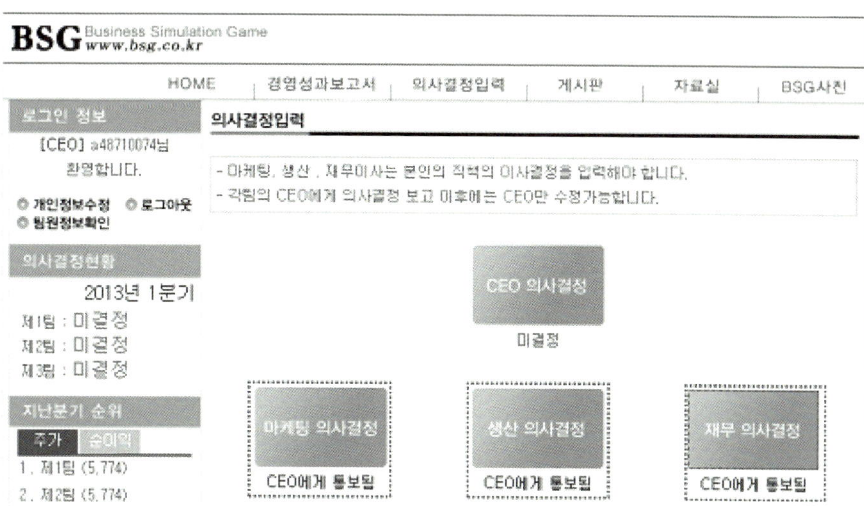

② CEO 의사결정 입력

- CEO는 마케팅, 생산, 재무이사의 의사결정을 다시 한 번 검토한다.
- 각 영역의 의사결정을 확인처리한다. 의사결정을 확인처리하면 CEO 확인란에 체크된다.
- CEO는 모든 역할에 대한 검토를 완료하면 "관리자에게 통보" 버튼을 클릭한다.
- 모든 의사결정 입력이 완료된다.

그림 6-25 CEO 의사결정 입력 화면

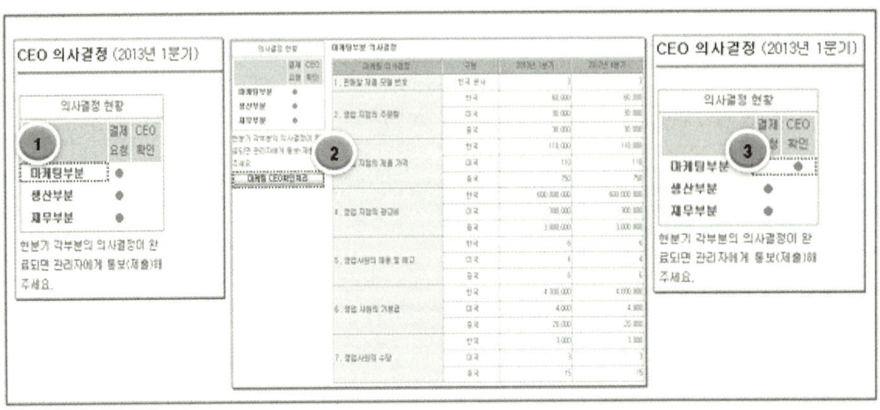

그림 6-26 관리자 통보 화면

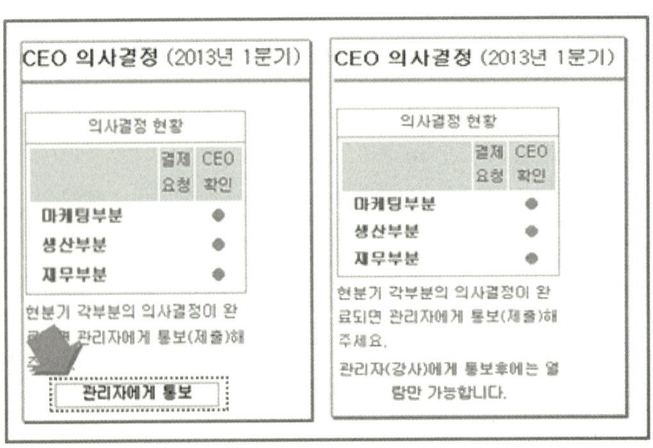

3. Biz-Master의 평가방법

- Biz-Master에서 경영능력 및 학습 평가는 경영성과, 미션수행 능력, 보고서 작성능력, 팀 기여도의 네 가지 기준으로 하는 것이 바람직하다.

| 표 6-2 | 평가기준 및 평가내용

평가기준	주요 내용	가중치
1. 경영성과	• 평가목적 : 각 팀의 경영 능력을 평가하는 기준으로서 객관적 평가기준임. • 평가방법 : 순이익, 주가, 자본 대비 순이익률, 매출 대비 순이익률과 같은 지표로 평가함. • 평가단위 : 팀 단위 • 평가시점 : 분기 단위로 평가하거나 게임종료 후 종합적으로 평가할 수 있음.	40~50%
2. 미션수행 능력	• 평가목적 : 각 팀의 분석 능력 및 예측 능력을 평가하는 기준으로서 주관적인 평가기준임. • 평가방법 : 경영목표 및 전략, 수요예측, 추정 손익계산서와 같은 미션을 부여하고, 각 팀의 수행 능력을 평가함. • 평가단위 : 팀 단위 • 평가시점 : 분기 단위로 평가함.	20~30%
3. 보고서 작성능력	• 평가목적 : 각 팀의 보고서 작성 능력을 평가하는 기준으로서 주관적인 평가기준임. • 평가방법 : 각 팀의 경영성과 분석, 의사결정 방법, Gap분석 자료를 분석하고, 그 결과를 annual report 형태로 작성 제출하게 함. • 평가단위 : 팀 단위/개인 단위 • 평가시점 : 4분기 단위로 평가함.	20~30%
4. 팀 기여도	• 평가목적 : 팀원의 팀 내 공헌도와 기여도를 평가하는 기준으로서 주관적인 평가기준임. • 평가방법 : 각 팀원의 기여도를 팀원들 간에 상호 평가하게 하는 peer evaluation 형태로 평가하게 함. • 평가단위 : 개인 단위 • 평가시점 : 게임종료 시점에 평가함.	10~20%

3.1 경영성과

경영성과에 의한 평가방법은 각 팀의 경영능력을 평가하는 객관적인 평가기준으로서 당기순이익, 매출액 대비 순이익률, 순위 등을 기준으로 평가한다. 한 분기의 의사결정이 끝날 때마다 평가를 하거나 게임이 완전히 종료가 된 후에 평가하면 된다.

표 6-3 경영성과 평가표

팀명	성과 지표 1		성과 지표 2		성과 지표 3		성과 지표 4		성과 지표 5		종합 순위
	매출액	순위	순이익	순위	시장 점유율	순위	주가	순위	신용 등급	순위	
A											
B											
C											
D											
E											
F											

3.2 미션수행 능력

미션수행 능력에 의한 평가방법은 각 팀의 경영분석을 평가하는 기준으로서 교육생들에게 부여된 미션수행 능력을 평가하게 된다. 평가시점은 한 분기 의사결정이 끝날 때마다 평가하면 된다.

| 표 6-4 | 미션수행 능력 평가표

팀명	분석 지표 1		분석 지표 2		분석 지표 3		분석 지표 4		종합 순위
	경영 목표와 추진능력	순위/ 점수	목표 판매량 예측	순위/ 점수	생산량과 판매량 분석	순위/ 점수	추정손익 계산서	순위/ 점수	
A									
B									
C									
D									
E									
F									

3.3 보고서 작성 능력

보고서 작성 능력에 의한 평가는 각 팀 또는 개인이 작성한 보고서를 가지고 평가하는 기준으로써 평가방법은 경영성과 분석, 의사결정 방법들을 annual report로 작성하여 평가하면 된다. 평가시점은 4분기마다 보고서를 작성하게 하여 평가하면 된다. 보고서 작성 능력은 대학에서 활용하는 것이 바람직하다.

| 표 6-5 | 보고서 작성 능력 평가표

팀명	분석 지표 1		분석 지표 2		분석 지표 3		분석 지표 4		분석 지표 5		종합 순위
	CEO 부분	순위/ 점수	마케팅 부분	순위/ 점수	생산 부분	순위/ 점수	재무 부분	순위/ 점수	종합 부분	순위/ 점수	
A											
B											
C											
D											
E											
F											

3.4 팀 기여도

팀 기여도에 의한 평가는 팀 내에서 팀원의 공헌도 및 기여도를 평가하는 것으로서 평가방법은 팀원들에게 양식지를 주고 상호 평가하게 하며, 평가시점은 게임이 완전히 종료가 된 후에 평가하면 된다.

표 6-6 팀 기여도 평가표

- 팀 내의 각 구성원의 기여도를 평가하는 양식으로 게임종료 시점에 모든 팀원이 평가한다. 본인을 포함한 각 이사의 기여도를 5점 기준으로 평가한다.
- 최고점수는 5점, 평균은 3점, 최저점수는 1점으로 한다.

평가대상 이사 / 평가 이사	CEO	마케팅 이사	생산 이사	재무 이사
CEO				
마케팅 이사				
생산 이사				
재무 이사				

표 6-7 팀 기여도 종합평가표

- 각 팀의 팀원이 작성한 팀 기여도 양식 점수의 평균을 계산해서 팀별로 작성한다.

팀 명(　　　　　)

팀 내 기여도 평가(Peer Evaluation)		
팀원	기여도 점수	순위

3.5 종합평가표

- 각 팀의 경영성과를 종합적으로 평가하는 양식으로 게임종료 시점에 평가한다.

| 표 6-8 | 종합평가표

팀명	분석 지표 1		분석 지표 2		분석 지표 3		분석 지표 4		종합 순위
	경영 성과	순위/ 점수	미션 수행	순위/ 점수	보고서 작성	순위/ 점수	팀기여도	순위/ 점수	
A									
B									
C									
D									
E									
F									

찾아보기

— 저자약력 —

김상수

[학력 및 주요 경력]
고려대학교 산업공학과(1980)
조지아 주립대학교 경영학 석사(1986), 조지아 주립대학교 경영학 박사(1990)
前 경기 테크노파트 ECRC 센터장
현, 한양대학교 경영학부 교수
(주)B2L Soft(www.b2lsoft.co.kr) 대표이사

[연구 분야]
경영 시뮬레이션 게임, 창의적 문제해결, 전략적 의사결정, 창조경영, 경영혁신, IT와 경영전략, 비즈니스 인텔리전스

[주요 저서]
비즈니스 시뮬레이션 게임, 창의적 의사결정과 문제해결, 위기를 기회로 바꾸는 문제해결, 창조경영의 원리와 추진전략, 경영학원론, 경영자료분석,

[주요 산학협동 실적]
경영 교육용 시뮬레이션 게임 Biz-Master 개발 및 특허
창의적 문제해결과 창조경영 포털사이트 개발
(www.bizsolver.co.kr)
창의적 문제해결 평가시스템 및 창의적 문제해결 이러닝 시스템 개발 등

최은지

[학력 및 주요 경력]
한양대학교 독일언어문화학과 학사(2007)
한양대학교 e-Business 경영대학원 석사(2009)
한양대학교 e-Business 경영대학원 박사과정 재학
현, (주)B2L Soft - 경영 시뮬레이션 게임 교육센터 책임연구원

[연구 분야]
경영 시뮬레이션 게임, 창조경영, 창의적 문제해결, IT와 경영전략

[주요 저서]
창조경영의 원리와 추진전략

경영 시뮬레이션 게임 Biz-Master 매뉴얼

2009년 8월 10일 1판 1쇄 발행
2011년 8월 10일 1판 2쇄 발행

저 자 / 김상수 · 최은지
발행인 / 이수영
발행처 / 도서출판 청람
서울특별시 마포구 대흥동 802(세양상가 109호)
TEL : 02)3272-2601~2
FAX : 02)3272-2603
E-mail : crbooks@paran.com
http://www.crbooks.co.kr

등록 : 2000. 8. 26 제6-0509호

ISBN 978-89-5972-106-1 93320 [정가 : 18,000원]